高等院校**计算机**
基础课程新形态系列

程序设计基础
C语言

第2版 | 微课版

刘颖 李远辉 姚雪梅 / 主编

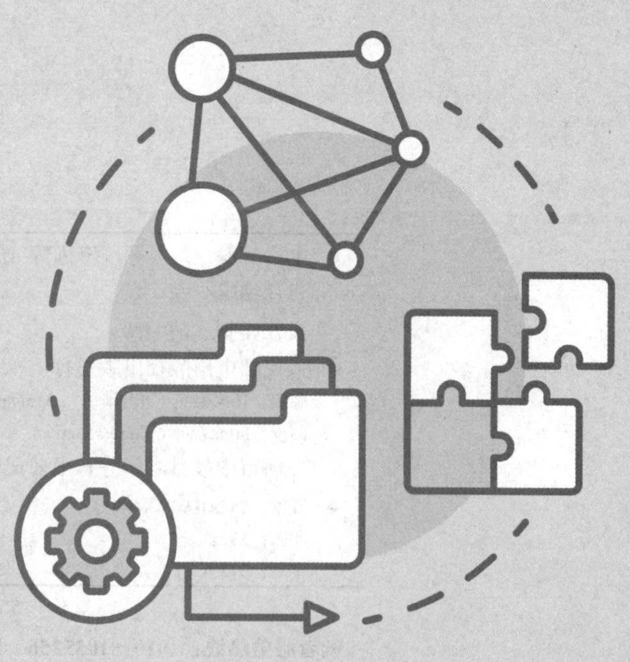

人民邮电出版社
北京

图书在版编目（CIP）数据

程序设计基础 : C语言 : 微课版 / 刘颖, 李远辉, 姚雪梅主编. -- 2版. -- 北京 : 人民邮电出版社, 2025. -- (高等院校计算机基础课程新形态系列).
ISBN 978-7-115-67581-1

Ⅰ. TP312.8

中国国家版本馆CIP数据核字第2025MD0175号

内 容 提 要

本书主要介绍C语言程序设计的相关知识。全书精心选择和设计趣味性、实用性较强的案例，通过案例由浅入深地介绍每章所涉及的知识点。

全书共10章，主要包括C语言概述，C语言基础，顺序结构程序设计，选择结构程序设计，循环结构程序设计，数组，函数与编译预处理，指针，结构体、共用体和枚举，文件系统等内容。

本书适合作为本科院校理工类专业和高职院校计算机类专业“C语言程序设计”课程的教材，还可作为各类计算机培训机构和自学C语言程序设计人员的参考书。

◆ 主　　编　刘　颖　李远辉　姚雪梅
　责任编辑　张　斌
　责任印制　胡　南

◆ 人民邮电出版社出版发行　　北京市丰台区成寿寺路11号
　邮编　100164　　电子邮件　315@ptpress.com.cn
　网址　https://www.ptpress.com.cn
　三河市中晟雅豪印务有限公司印刷

◆ 开本：787×1092　1/16
　印张：13　　　　　　　　　2025年9月第2版
　字数：372千字　　　　　　2025年9月河北第1次印刷

定价：55.00元

读者服务热线：(010)81055256　印装质量热线：(010)81055316
反盗版热线：(010)81055315

前言 INTRODUCTION

本书紧密结合学科专业人才培养目标，突出重点，坚持理论联系实际，强化育人理念，为培养时代新人提供坚实支撑。

本书以“创新精神、融入思政、源于生活”为理念，增强案例与思政的衔接，例如“港珠澳大桥行驶时间计算”“网贷还款问题”“祖冲之与圆周率”等；增强案例与生活的衔接，如“购物网站促销”“奥运会奖牌统计”“远水救不了近火”等。同时习题紧紧围绕每章内容。本书既能让读者快速地进入案例场景并掌握案例内容，又能充分激发读者的学习兴趣。每章内容相对独立，读者可根据需要选择学习。此外，每章还提供“AI 赋能：解锁未来”板块，包括 AI 大模型求知、AI 帮你写程序等内容，从多维度实现知识与 AI 的结合。

本书共 10 章，第 1 章介绍 C 语言的发展历程、特点等基础知识；第 2 章介绍 C 语言的数据类型、常量和变量、运算符与表达式、数据类型转换；第 3～5 章介绍结构化程序设计基本方法，包括顺序结构、选择结构和循环结构程序设计；第 6 章介绍数组，包括数组的概念、一维数组、二维数组、字符数组与字符串、数组常用算法；第 7 章介绍函数与编译预处理；第 8 章介绍指针；第 9 章介绍结构体、共用体和枚举；第 10 章介绍文件系统。

本书提供教学视频、习题参考答案、课程思政教学材料、教学 PPT、程序源代码等配套资源，并已搭建线上题库，提供自动组卷、自动阅卷功能，读者可在测试、练习时使用。读者可登录人邮教育社区（www.ryjiaoyu.com）查阅并下载相关资料。

本书由刘颖、李远辉、姚雪梅担任主编，并由刘颖对全书进行统稿和整理。周翔、胡勇、王勇、何立兰参与了本书的规划和资料收集工作，并提出了许多宝贵意见，在此表示感谢。

编者

2025 年 3 月

目录 CONTENTS

01 第1章　C语言概述

本章导读

本章旨在让初学C语言的读者对其有大概的了解。本章简要介绍C语言的发展历程、特点、关键字与标识符、简单实例，并讲解C语言程序在集成开发环境中的编辑、编译、连接、执行全过程。

1.1　C语言的发展历程

20世纪60年代末，美国贝尔实验室的肯·汤普森（Ken Thompson）和丹尼斯·里奇（Dennis Ritchie）合作开发了UNIX操作系统。起初，UNIX是用汇编语言开发的，但由于汇编语言依赖硬件，使用它开发的操作系统难以维护且可移植性差，他们决定寻找更好的解决方案。

肯·汤普森首先设计了B语言（一种早期程序设计语言），用于改进UNIX的开发。然而，B语言仍然存在一些局限，例如缺乏数据类型支持、难以满足系统编程的需求。于是，丹尼斯·里奇在B语言的基础上进行了重大改进，于1972年正式推出了C语言。C语言不仅保留了B语言的简洁性，还引入了更强的类型系统、更高效的编译方式，更适合用于开发操作系统。最终，UNIX被用C语言重写，可移植性和处理效率大幅提升。

为了确保C语言在不同平台和领域的广泛应用中保持统一性和兼容性，标准化工作随之展开。1983年，美国国家标准学会（American National Standards Institute，ANSI）成立了专门的委员会来制定C语言标准。1989年，ANSI制定了ANSI X3.159-1989标准，也就是常说的C89标准。1990年，国际标准化组织（International Organization for Standardization，ISO）采纳了这个标准并发布了ISO/IEC 9899:1990，其也被称为C90。该标准对C语言的语法、语义等进行了详细规定。1999年，ISO发布了C99标准，在C89的基础上进一步扩充。2011年，C11标准发布。2018年，C18标准问世，主要是对C11标准做了一些小的修正和澄清，让C语言的规范更加准确和完善。目前，最新的C语言标准是2024年发布的C23。

1.2　C语言的特点

C语言是一种面向过程的程序设计语言，其主要特点如下。

1. 语言简洁

C 语言拥有 32 个关键字和 9 种控制语句，程序书写形式自由，且主要使用小写英文字母表示，编写的代码简练，源程序较短。

2. 具有结构化的控制语句

C 语言以顺序、选择、循环结构作为结构化程序设计的 3 种基本程序结构，支持 if...else、while、do...while、switch 和 for 等控制语句，有助于实现程序的模块化。

3. 数据类型丰富

C 语言支持多种数据类型，如整型、浮点型、字符型、数组类型、指针类型、结构体类型和共用体类型等。C99 标准增强了对浮点数的支持，增加了一些新的数学函数及对复数的支持等。

4. 运算符丰富

C 语言的运算符种类繁多，包括 34 种运算符，如括号、等号、逗号等都被视为运算符，这使得 C 语言的运算类型非常丰富。

5. 允许直接访问物理地址

C 语言能进行位操作，可直接对硬件进行操作。这使得 C 语言既具有高级语言的功能，又具有接近汇编语言的功能。

6. 可移植性好

C 语言有国际标准，只要程序严格遵循 C 语言标准编写，在不同的编译器和操作系统平台上，都能正确编译和运行。

7. 目标代码质量高且程序执行效率高

C 语言生成的目标代码质量高，程序执行效率高，使其非常适合用于编写对性能要求较高的应用。

1.3 C 语言的关键字与标识符

1. 关键字

C 语言的关键字又称为保留字，是指由 C 语言标准规定的具有特定含义的一系列字符串，它们不能作为用户自定义标识符使用，主要是一些由小写英文字母组成的字符序列。C89 标准规定了 C 语言的 32 个关键字。我们可以将它们分为如下几类。

（1）数据类型：void、short、int、unsigned、signed、long、double、struct、union、enum、char、float。

（2）流程控制：if、else、switch、case、default、do、while、for、break、continue、goto、return。

（3）存储类别及其他：auto、register、static、extern、const、volatile、sizeof、typedef。

在 C89 标准后续的各个标准中，还新增了一些关键字。例如，C99 标准新增了 5 个关键字，包括_Bool、_Complex、_Imaginary、inline、restrict。C11 标准新增了 7 个关键字，包括_Alignas、_Alignof、_Atomic、_Generic、_Noreturn、_Static_assert、_Thread_local。

2. 标识符

在 C 语言中，不同的符号常量、变量、数组、函数等都需要有各自的名称以相互区分，我们把这种名称称为标识符。C 语言标识符的命名规则如下。

（1）只能由字母、数字和下画线组成。

（2）以字母或下画线开头。

（3）区分大小写。

（4）不能和 C 语言标准规定的关键字重名。

例如，_max、score1、x、A_1、SumOfNumber 均为合法的标识符。

1.4　C 语言的简单实例

下面我们通过几个 C 语言的简单实例，介绍 C 语言程序的基本结构。

【例 1.1】输出一串字符“知识点亮人生，学习成就未来！欢迎进入 C 语言的世界!”。

程序如下：

```
1    #include<stdio.h>
2    int main()
3    {
4        printf("知识点亮人生，学习成就未来！欢迎进入 C 语言的世界！\n");
5        return 0;
6    }
```

程序运行结果：

```
知识点亮人生，学习成就未来！欢迎进入 C 语言的世界！
```

程序说明：

（1）因为在程序中使用了标准库函数中的输出函数 printf()，所以要将其所在的头文件“stdio.h”包含进本程序，程序的第 1 行完成了这一任务。

为方便用户进行程序开发，C 语言的各种编译系统通常都会提供一些非常有用的公用函数，我们称之为标准库函数。用户在编写程序时，可以直接调用这些标准库函数，从而加快开发进度，提高开发效率。例如，C 语言没有输入/输出函数，也没有直接处理字符串的函数，而一般的 C 语言编译系统都提供了完成这些功能的函数。这些标准库函数根据功能分类，被放入不同的头文件里。当我们在程序中使用到这些标准库函数时，需要将它们所在的头文件包含进程序，一般是在程序开始部分用如下形式来完成：

```
#include <头文件名>
```

或

```
#include "头文件名"
```

注意，以“#”开头的语句是预处理命令，不属于 C 语言的标准语句。

（2）一个 C 语言程序是由一个或一个以上用户自定义函数组成的，其中必须有且只有一个“主函数”，它的函数名为“main”，一个 C 语言程序总是从主函数开始执行的。本程序仅由一个用户自定义函数组成，因此它的函数名必须为“main”。一个函数由函数头和函数体两部分组成。在本程序中，第 2 行为主函数的函数头，第 3～6 行为主函数的函数体。函数体是由一对花括号括起来的一组语句。

（3）语句以“;”作为结束符。

（4）第 4 行调用了标准库中的输出函数 printf()，其功能是输出一串字符“知识点亮人生，学习成就未来！欢迎进入 C 语言的世界!”。其中，“\n”是换行符，其功能是让光标移动到下一行的行首。

（5）第 5 行表示程序运行结束时用 return 语句返回。

【例 1.2】输入两个整数，求两数之和。

程序如下：

```
#include<stdio.h>
int main()
{
    int a, b, sum;              //定义变量
    scanf("%d%d",&a,&b);        //输入变量的值
    sum = a + b;                //求和
    printf("sum=%d\n",sum);     //输出两数的和
```

```
8        return 0;
9    }
```

程序运行结果：

```
12 81
sum=93
```

程序说明：

（1）“//”为 C 语言的注释符号，注释主要用以对程序的语义进行解释说明，帮助人们快速理解程序的功能，提高程序的可读性，也可用“/*”“*/”标识多行注释。编译形成目标文件时，注释部分会被编译器忽略。

（2）第 5 行使用了标准库函数中的输入函数 scanf()，用于获取用户输入的两个整型数据并传递给变量 a 和 b。“%d”表示要输入一个十进制有符号数。“&”是取地址运算符，“&a”表示变量 a 的地址。

（3）第 7 行使用 printf()函数输出变量 sum 的值。其中“%d”表示要以十进制有符号的整型格式输出变量 sum 的值。

在实际软件开发过程中，当我们面对规模较大、功能较复杂的任务时，通常会采用“自顶向下，逐步求精”的方法来将复杂任务的解法分解和细化成若干个模块，然后用一个个函数来分别实现每个模块的功能。因此，例 1.2 也可由如下程序来完成。

【例 1.3】输入两个整数，求两数之和（求和功能使用自定义函数完成）。

程序如下：

```
1    #include<stdio.h>
2    int sum_f(int x, int y)          //定义函数 sum_f()，形式参数 x、y 为整型
3    {
4        int s;                       //定义整型变量 s
5        s = x + y;                   //将 x 与 y 相加求和，并存入变量 s 之中
6        return s;                    //将 s 的值作为函数运算结果返回本函数被调用之处
7    }
8    int main()
9    {
10       int a, b, sum;               //定义变量
11       scanf("%d%d", &a, &b);       //输入变量的值
12       sum =sum_f(a,b);             //调用函数 sum_f()求出 a、b 之和，存入变量 sum 之中
13       printf("sum=%d\n", sum);     //输出两数的和
14       return 0;
15   }
```

程序运行结果：

```
2 3
sum=5
```

程序说明：

（1）第 2 行为 sum_f()函数的函数头，sum_f 为函数名，x、y 为形式参数（后文简称为形参），形参要说明其类型。

（2）第 12 行中 sum_f(a,b)为函数调用，将会暂停当前函数（此例中为 main()函数）的执行，转去执行 sum_f()函数，执行时将会把实际参数（后文简称实参）a 和 b 的值分别传递给 sum_f()函数中的形参 x 和 y。

1.5 集成开发环境

1. 主流集成开发环境

集成开发环境（Integrated Development Environment，IDE）也被称为开发工具，是用于提供程序

开发环境的应用程序，一般包括代码编辑器、编译器、调试器和图形用户界面等工具，集成了代码编写、分析、编译、调试等功能，所有具备以上功能的软件或者软件套（组）都可以叫集成开发环境。目前广泛使用的 C 语言的集成开发环境主要如下。

（1）Code::Blocks

Code::Blocks 是一款免费、跨平台的 C/C++集成开发环境，具有代码高亮、代码折叠、代码自动补全、调试等功能。它适合初学者和有一定开发经验的开发者使用，可以方便地构建和运行 C 语言程序。

（2）Eclipse

Eclipse 是一款免费、跨平台的集成开发环境，支持多种程序设计语言，包括 C 语言。它提供了丰富的插件，开发者可以根据需要添加各种功能。

（3）Dev-C++

Dev-C++是基于 Windows 系统的适合初学者使用的轻量级 C/C++集成开发环境，它包括多页面窗口、工程管理、调试器等，集成了 C/C++编译器以及自定义编译器配置、调试等功能，安装与调试方便，支持多种语言，是适合 C 语言初学者的集成开发环境。

（4）Visual Studio 系列

Visual Studio 系列是微软公司开发的可视化程序开发工具，支持多种程序设计语言，包含多个功能强大的集成开发环境，包括 Visual C++、Visual Basic、Visual C#等，它们都是目前流行的 Windows 系统应用程序开发环境。本书基于 Visual C++ 2010 学习版进行操作。

除了上述集成开发环境外，Xcode、NetBeans 等也是常用的 C 语言集成开发环境。这些集成开发环境各有特点，适合不同层次的开发者使用。随着技术的不断发展，新的集成开发环境将会不断涌现，因此建议读者持续关注，以获取最新的集成开发环境信息。

2. Visual C++ 2010 学习版的安装与使用

下面以集成开发环境 Visual C++ 2010 学习版为例进行介绍。

（1）安装

① 下载 Visual C++ 2010 学习版的安装文件，双击安装文件开始安装，弹出图 1-1 所示的“欢迎使用安装程序”界面，勾选界面中的复选框，然后单击“下一步”按钮。

② 在弹出的“许可条款”界面中，选择“我已阅读并接受许可条款”，再次单击“下一步”按钮，如图 1-2 所示。

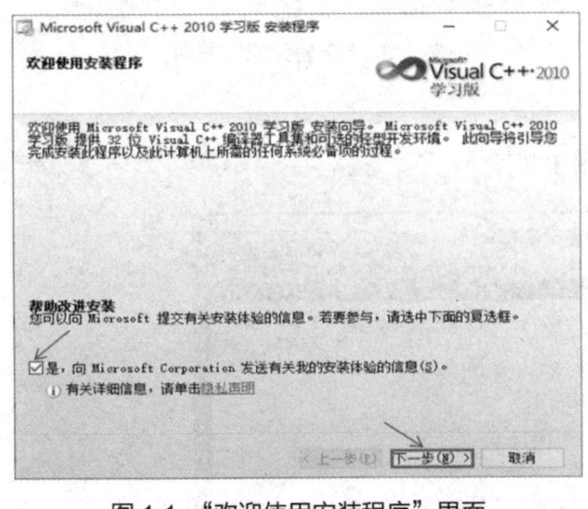

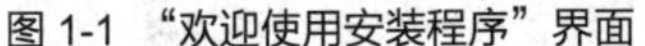
图 1-1 “欢迎使用安装程序”界面

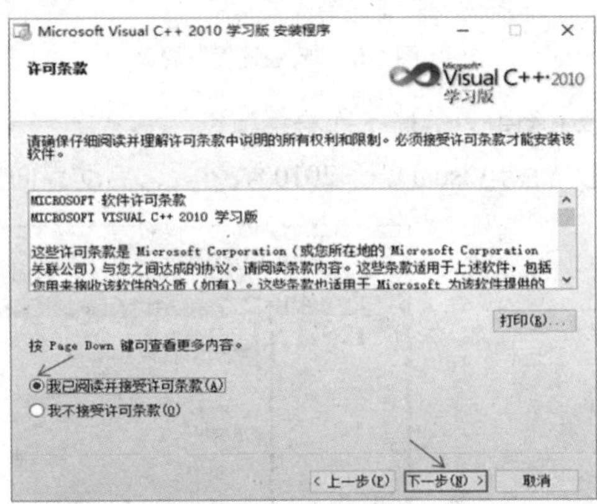

图 1-2 “许可条款”界面

③ 在弹出的“安装选项”界面直接单击“下一步”按钮，如图 1-3 所示。

④ 在弹出的“目标文件夹”界面选择安装文件夹，可以单击“浏览”按钮进行选择，完成后单击“安装”按钮，如图 1-4 所示。

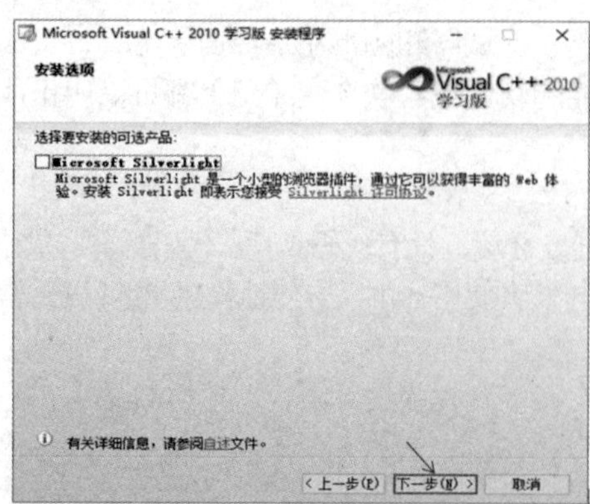

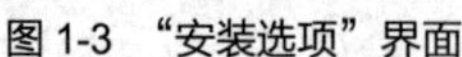
图 1-3　“安装选项”界面

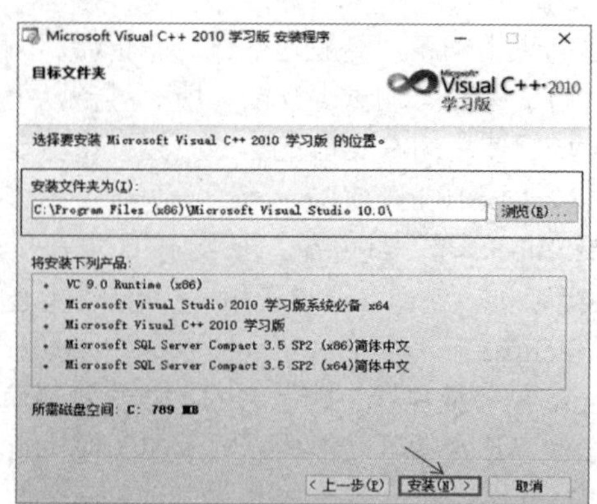

图 1-4　“目标文件夹”界面

选择的安装文件夹是以后文件存取的默认文件夹，在默认情况下，文件将自动存储在此路径下。

⑤ 进入安装环节。因为每台计算机已安装的插件不同，这个环节可能会略有不同，等待安装完成即可，“安装进度”界面如图 1-5 所示。

⑥ 安装完成后，会显示“安装完成”界面，如图 1-6 所示。

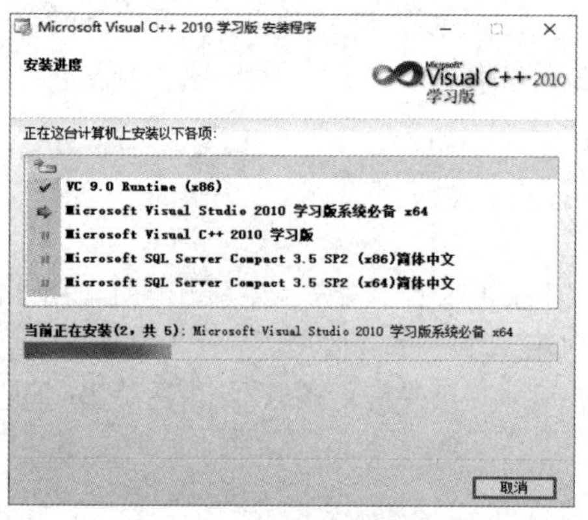

图 1-5　“安装进度”界面

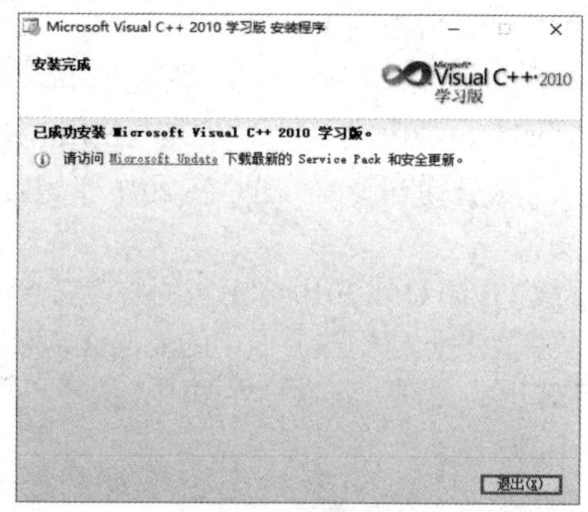

图 1-6　“安装完成”界面

（2）编辑、编译、连接、执行

① 启动 Visual C++ 2010 学习版，启动界面如图 1-7 所示。

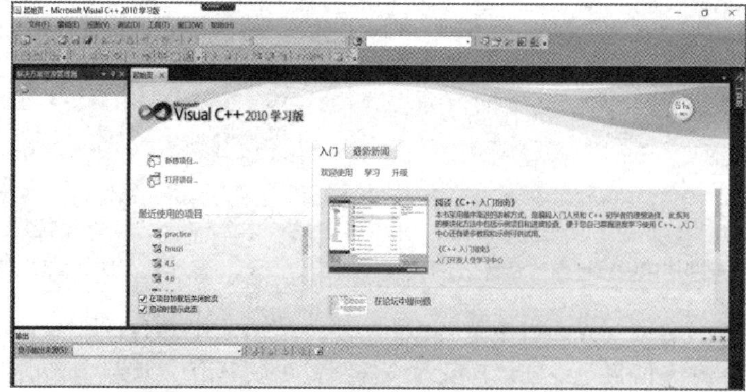

图 1-7　启动界面

② 新建项目。

第一步：选择“文件”→“新建”→“项目”选项，如图 1-8 所示。

第二步：弹出图 1-9 所示的“新建项目”对话框。在“新建项目”对话框中“已安装的模板”选项卡中选择“Visual C++”选项，并选择“Win32 控制台应用程序”项目类型；然后单击“浏览”按钮，“名称”设置为“ex1-1”，“位置”选择“D:\practice\”，单击“确定”按钮。

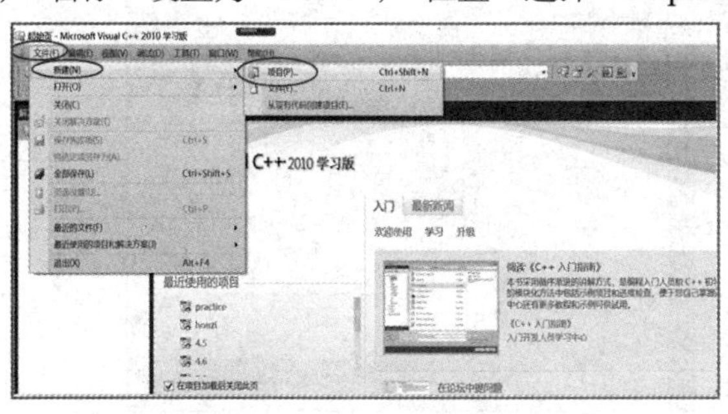

图 1-8　选择“项目”选项

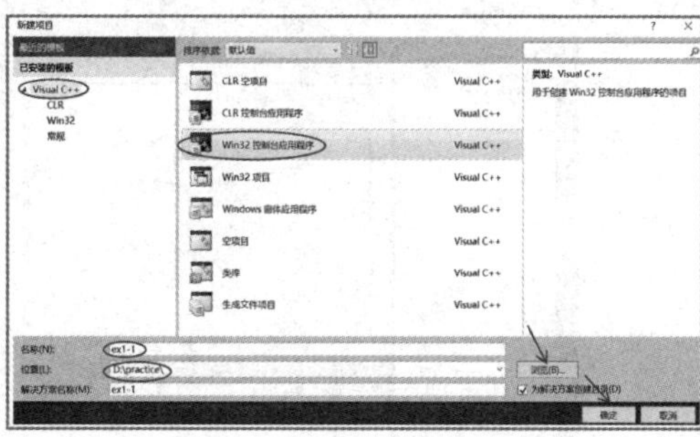

图 1-9　“新建项目”对话框

弹出图 1-10 所示的“欢迎使用 Win32 应用程序向导”界面，单击“下一步”按钮。

弹出图 1-11 所示的“应用程序设置”界面，按图中进行设置后单击“完成”按钮即可完成项目创建。

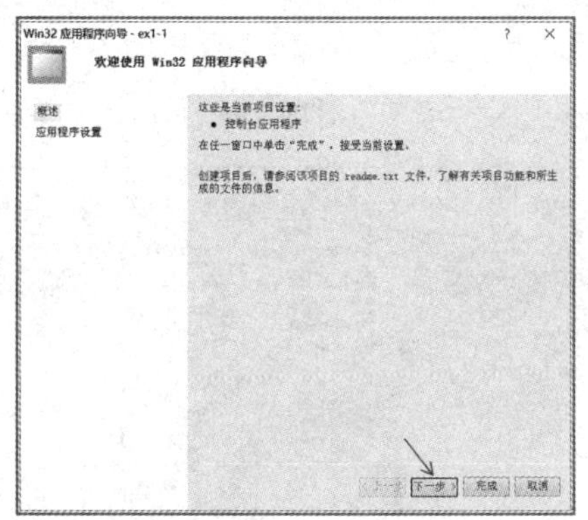

图 1-10　“欢迎使用 Win32 应用程序向导”界面

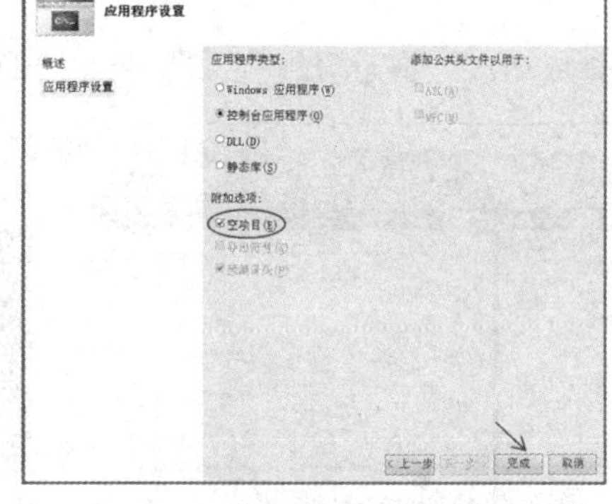

图 1-11　“应用程序设置”界面

③ 添加新建项。

第一步：在“解决方案资源管理器”面板中，在“源文件”上右击，在弹出的快捷菜单中选择“添加”→“新建项”选项，如图 1-12 所示。

第二步：弹出图 1-13 所示的“添加新项-ex1-1”对话框。在“已安装的模板”选项卡中选择“Visual C++”选项，并选择“C++文件（.cpp）”文件类型，“名称”设置为“1-1.c”，“位置”选择“D:\practice\ex1-1\ex1-1\”，单击“添加”按钮。

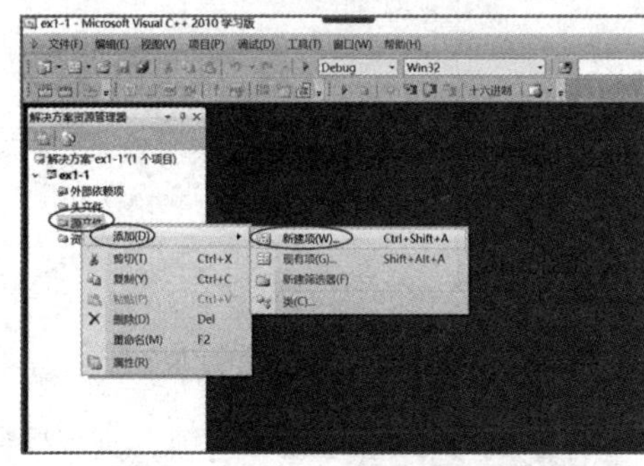

图 1-12　选择“新建项”选项

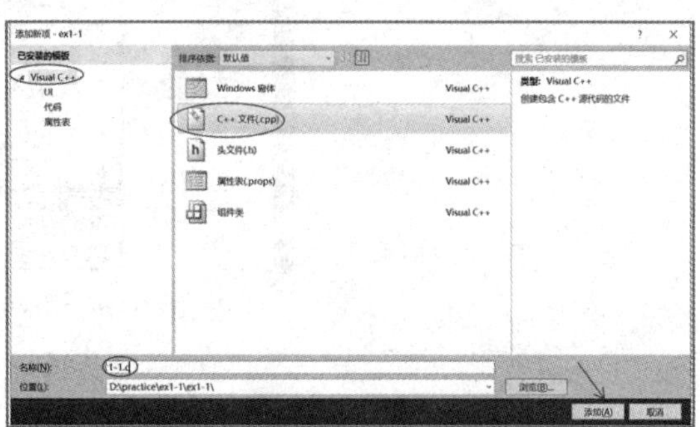

图 1-13　“添加新项-ex1-1”对话框

④ 编辑源程序代码。

在程序代码编辑区输入源程序代码，如图 1-14 所示。

⑤ 编译。

选择“生成”→“编译”选项，对源程序进行编译，如图 1-15 所示。

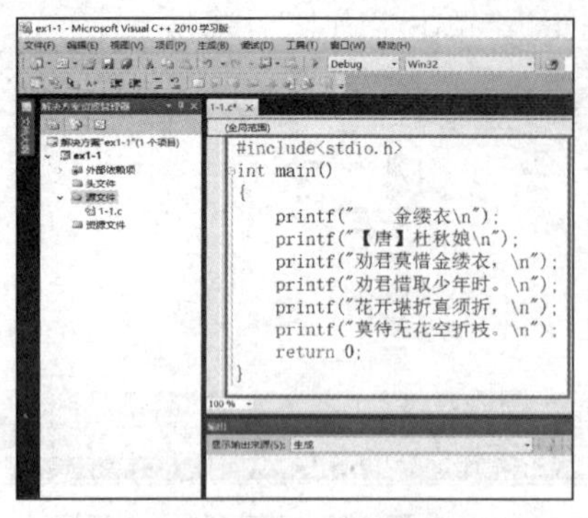

图 1-14 输入源程序代码

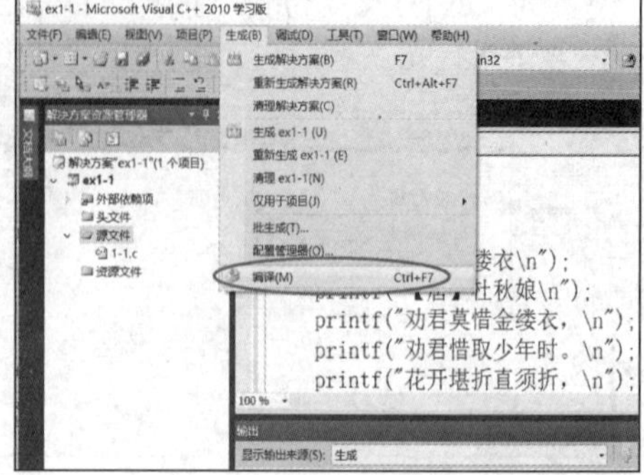

图 1-15 选择“编译”选项

如图 1-16 所示，如果下方输出区显示“成功 1 个，失败 0 个”，则编译通过；如果显示“失败 1 个”，则应修改程序后，再次进行编译。

⑥ 连接。

如果编译成功，则可以选择“生成”→“生成解决方案”选项，对项目进行连接，如图 1-17 所示。

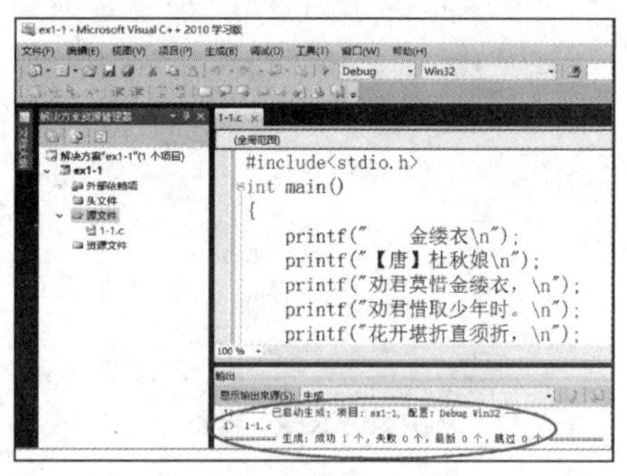

图 1-16 编译后查看输出区

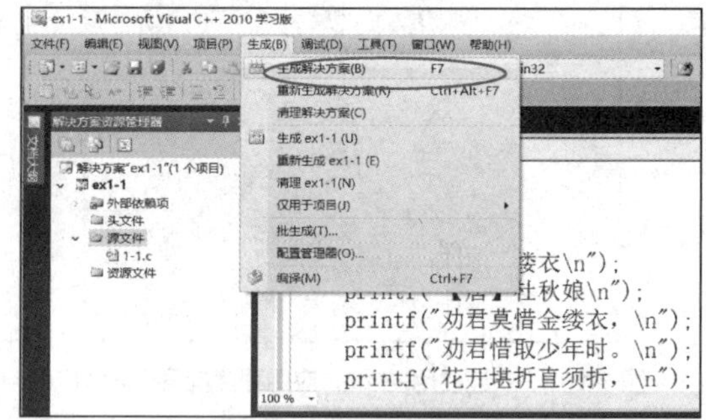

图 1-17 选择“生成解决方案”选项

操作完成后，将生成可执行文件 ex1-1.exe，如图 1-18 所示。

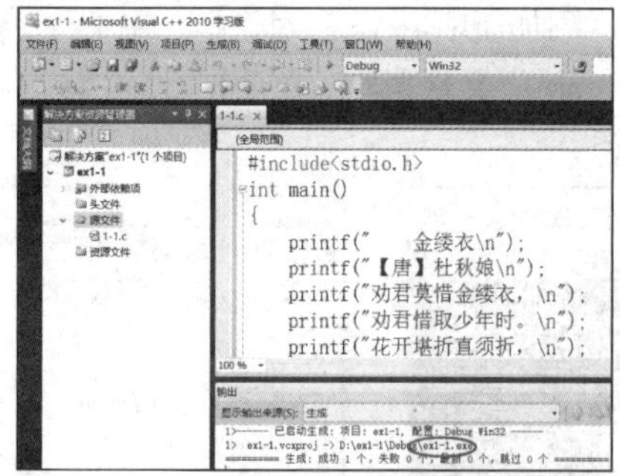

图 1-18 生成可执行文件

⑦ 执行。

如果生成可执行文件成功，则可以选择“调试”→“开始执行（不调试）”选项，执行程序，如图 1-19 所示。

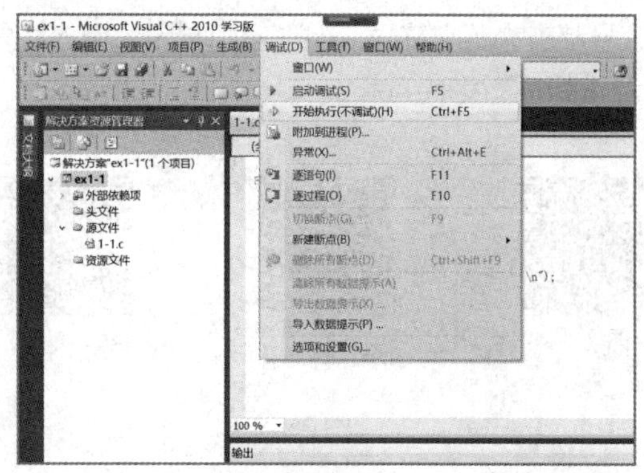

图 1-19　选择“开始执行（不调试）”选项

3. C 语言程序的执行过程

一个 C 语言程序必须经过编辑、编译和连接形成可执行文件之后才能被计算机执行。因此，C 语言程序的执行过程一般包含图 1-20 所示的 4 个步骤，即编辑、编译、连接和执行。

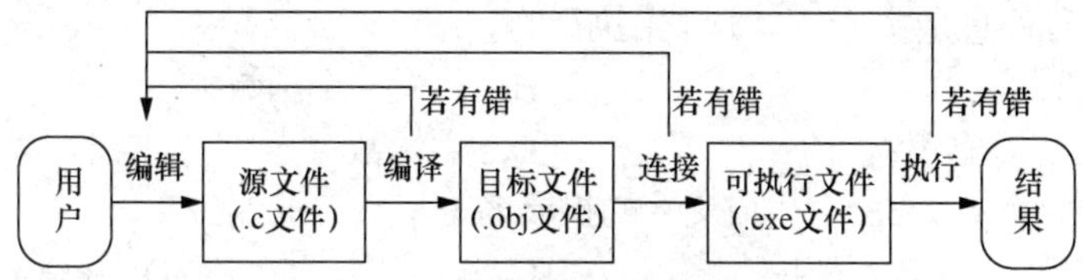

图 1-20　C 语言程序的执行过程

（1）编辑源文件，完成后将源文件以扩展名为.c 的文件保存。

（2）对源文件进行编译，将其转换成二进制代码并以扩展名为.obj 的文件保存，即目标文件，但此二进制代码仍不能运行。若源文件有错，则修改后再重新编译。

（3）将编译通过的源文件与库函数和其他二进制代码进行连接，生成扩展名为.exe 的可执行文件。在连接过程中，可能出现函数未定义等错误，此时，必须修改源文件，重新进行编译和连接。

（4）执行生成的可执行文件，若不能得到正确的结果，必须修改源文件，重新进行编译、连接和执行；若能得到正确的结果，则整个编辑、编译、连接、执行过程顺利结束。

本章小结

1. 重难点

（1）C 语言程序的基本结构，主函数在程序中的作用。

（2）C 语言程序的执行过程。

2. 常见错误

（1）头文件名或函数输入错误。

例如，stdio.h 写成 stido.h，主函数 main()写成 mian()，printf()写成 print()。

（2）符号遗漏或使用错误。

“inta,b”中 int 与 a 之间遗漏空格，b 后面遗漏英文分号；“char c=A;”中 A 前后遗漏单引号。

```
char c="A";
```

上面代码中字符的定界符单引号输入成了字符串定界符双引号。

（3）输入了中文符号。

例如：

```
printf（“中国是一个伟大的国家”）;
```

此例中的括号、引号或分号都应为英文符号，但现实中常因为输入法未及时切换，输入中文符号。上述几种常见错误，可通过扫描二维码查看。

习题 1

一、选择题

1. 以下为合法的 C 语言标识符的是（　　）。
   A. _123　　B. int　　C. name@qq　　D. 9_a
2. 一个 C 语言程序总是从（　　）开始执行的。
   A. 第一个函数　　B. 最后一个函数
   C. 随机选定一个函数　　D. 主函数
3. C 语言源文件经过编译后，生成文件的扩展名是（　　）。
   A. .c　　B. .obj　　C. .cc　　D. .exe
4. 以下关于 C 语言程序中注释的说法正确的是（　　）。
   A. 注释部分将会原封不动地出现在可执行文件当中
   B. 注释以“*”开头，以“*\”结束
   C. 注释部分可以出现在 C 语言程序中任意合适的地方
   D. 一条注释只能包括一行内容
5. 在一个 C 语言程序中，（　　）。
   A. main()函数必须出现在所有函数之前　　B. main()函数可以在任何地方出现
   C. main()函数必须出现在所有函数之后　　D. main()函数必须出现在固定位置

二、判断题

1. 一个 C 语言程序由一个或一个以上用户自定义函数组成。（　　）
2. C 语言源文件经过编译、连接后，如果没有错误，将生成扩展名为.exe 的可执行文件。（　　）
3. 预处理命令#include<stdio.h>后面必须加一个分号，否则会出现语法错误。（　　）
4. C 语言程序中的注释主要用以帮助人们快速理解程序的功能，提高程序的可读性。（　　）
5. 在编译 C 语言程序的时候，如果没有发现错误，就说明这个程序完全正确。（　　）

AI 赋能：解锁未来

AI 大模型求知

用 AI 大模型查询常用的 AI 平台及其特点，以及它们各自具有的独特功能和应用场景。

说明：本书案例均以 DeepSeek 或“文心一言”AI 大模型为例进行演示。需要注意的是，不同大模型之间、同一大模型的各版本之间，甚至相同版本在不同时间生成的回答都可能存在差异。鉴于 AI 技术发展迅速，读者应着重理解其底层方法，灵活掌握应用技巧。

02 第 2 章　C 语言基础

本章导读

简单地讲，程序的功能一般是对一系列数据进行一系列运算操作，以达到特定的目标。因此，我们首先要知道数据能够以什么样的形式存储在计算机当中，其次要知道可以对数据进行哪些运算操作。本章旨在解决以上问题，主要内容包括：

（1）通过常量和变量来介绍 C 语言的基本数据类型；

（2）对 C 语言的运算符进行分类讲解，说明它们的语法规定、语义、优先级和结合性，强调使用时的注意事项；

（3）C 语言数据类型转换的 3 种方法。

2.1　C 语言的数据类型

要使计算机能够通过程序来完成特定任务，首先要解决的是数据的存储问题，包括数据的存储编码格式、存储二进制数位、不同数据之间存在的联系等。C 语言提供了多种数据类型，用以满足不同情况的需要。数据类型不同，所表达的数据范围、精度和占据的内存空间也不同。

C 语言的主要数据类型如图 2-1 所示。

本章主要介绍基本数据类型，其他的数据类型会在后续章节中进一步介绍。

计算机中的所有信息都是以二进制形式表示的，因此不管是以整型数据和浮点型数据为代表的数值数据，还是以字符型数据为代表的非数值数据，都是以二进制形式存储在计算机中的。根据不同类型数据的特点，人们采取了不同的方式来对它们进行编码。

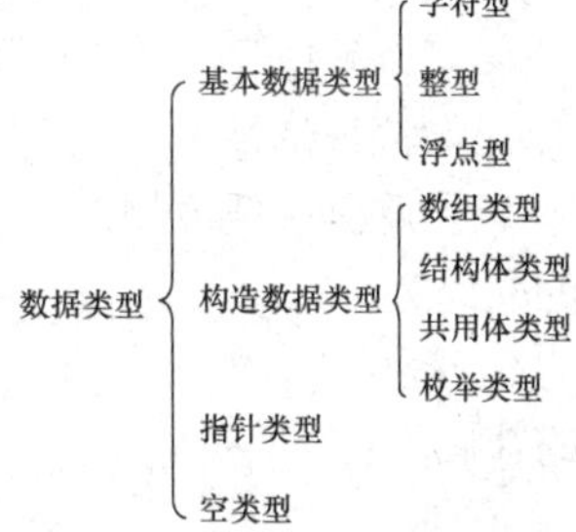

图 2-1　C 语言的主要数据类型

本书对数据类型的介绍与使用，均以 16 位操作系统环境为例。

1. 字符型

C 语言的字符型数据通常只用于存储一个西文字符。字符型数据使用单引号引起来，例如'A'、'b'、'1'、'@'等，采用的编码方式为 ASCII（American Standard Code for Information Interchange，美国信息交换标准代码）。ASCII 是由 ANSI 制定的，是一种标准的单字节字符编码方案，用于编码基于文本的数据。

字符型数据在内存中只占 1 字节，如表 2-1 所示。

表 2-1　字符型数据

类型	类型名	存储长度	取值范围
字符型	char	1 字节	0~255

2. 整型

C 语言提供了多种整型类型，根据数据所占的存储长度的不同分为 int、short、long，而根据能否存储负数，不同存储长度的数据类型又分为 unsigned、signed，故可组合出 6 种类型。

在 C 语言中，整型数据的长度（即所占用的存储空间大小）并不是固定的，而是取决于编译系统和具体的实现。C 语言标准对整型数据的存储长度、取值范围做出了规定，如表 2-2 所示。

表 2-2　C 语言标准对整型数据的规定

类型	类型名	存储长度	取值范围
有符号短整型	[signed] short [int]	2 字节（16 位）	-32768~32767（-2^{15}~$2^{15}-1$）
有符号整型	[signed] int	2 字节（16 位）	-32768~32767（-2^{15}~$2^{15}-1$）
有符号长整型	[signed] long [int]	4 字节（32 位）	-2147483648~2147483647（-2^{31}~$2^{31}-1$）
无符号短整型	unsigned short [int]	2 字节（16 位）	0~65535（0~$2^{16}-1$）
无符号整型	unsigned [int]	2 字节（16 位）	0~65535（0~$2^{16}-1$）
无符号长整型	unsigned long [int]	4 字节（32 位）	0~4294967295（0~$2^{32}-1$）

具体长度可用 sizeof 查看，为描述一致，本书案例均采用 C 语言标准定义的长度。

以 int 类型为例，数据编码时，通常用最高位（左起第一位）来表示一个数据的正负，0 表示正数，1 表示负数。整型数据可以采用原码、反码和补码等不同的表示方法。为了便于计算机运算，一般以补码表示数据。

（1）正数的原码、反码和补码相同

以计算机字长为 16 位为例，则有如下编码：

1 的原码、反码、补码均为：　　00000000 00000001

2 的原码、反码、补码均为：　　00000000 00000010

（2）负数的原码、反码和补码互不相同

① 原码：符号位是 1，其余各位表示数据的绝对值。

② 反码：符号位是 1，其余各位对原码取反。

③ 补码：反码最低位加 1。

-1 的原码为：　　10000000 00000001

-1 的反码为：　　11111111 11111110

-1 的补码为：　　11111111 11111111

3. 浮点型

浮点型数据通常采用浮点格式表示。

如果用科学记数法表示一个浮点数，我们可以得到如下形式：

$$N = M \times R^{E}$$

其中，R 为基数；M 表示 N 的全部有效数字，称为 N 的尾数，反映了数据的精确度；E 为指数，也称为阶码，表示小数点的位置，反映了数据的表示范围。

在计算机中用浮点格式表示一个浮点数时，首先要将该数转化成二进制数，然后将得到的二进制数规范化为 1.xxxxxxxx×2^E 形式，最后按标准进行编码存储。

在 1.xxxxxxxx×2^E 形式中，尾数部分有 8 个 x（即 xxxxxxxx）的原因，主要与浮点数的存储格式和精度要求有关。

这里的 8 个 x 并不是绝对的，它取决于具体的浮点数存储格式。在 IEEE 754 浮点标准中，常见的浮点数表示方式有 32 位单精度浮点数和 64 位双精度浮点数。对于 32 位单精度浮点数，其尾数部分通常有 23 位（包括隐含的 1 位）。而对于 64 位双精度浮点数，其尾数部分通常有 52 位（同样包括隐含的 1 位）。

按照 IEEE 754 浮点标准的规定，32 位单精度浮点数的存储格式如图 2-2 所示。

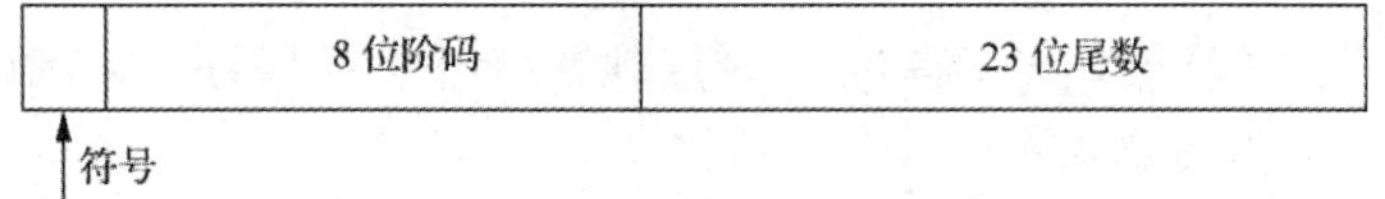

图 2-2　32 位单精度浮点数的存储格式

第一段为符号段，占 1 位。其中 1 表示负数，0 表示正数。

第二段为阶码段，占 8 位，其值为规范化形式 1.xxxxxxxx×2^E 中的指数 E 加上 127，表示范围为 −126～127。

第三段为尾数段，占 23 位，实际可存储 24 位尾数。由于规范化的尾数的第一个数位必定为 1（特殊数 0 除外），为了节省存储位数，尾数部分只存 1 后的 23 位。

C 语言提供了 3 种用于表示浮点数的浮点类型：单精度型、双精度型和长双精度型。不同类型的浮点型数据如表 2-3 所示，其中有效位是指数据在计算机中存储和输出时能够精确表示的数字位数。

表 2–3　不同类型的浮点型数据

类型	类型名	存储长度	取值范围	有效位
单精度型	float	4 字节	-3.4×10^{-38} ～3.4×10^{38}	6～7
双精度型	double	8 字节	-1.7×10^{-308}～1.7×10^{308}	15～16
长双精度型	long double	16 字节	-1.7×10^{-4932}～1.7×10^{4932}	18～19

2.2　常量和变量

2.2.1　常量

在程序运行过程中，其值不能被改变的量称为常量。常量分为直接常量和符号常量。以数据的原始形态出现的常量称为直接常量；当我们用一个标识符来代表某个直接常量时，这个标识符称为符号常量。

1. 直接常量

（1）整型常量

整型常量即数学中的整数，C 语言中的合法整型常量的值不应超过表 2-2 所示的取值范围。C 语言规定，整型常量有十进制、八进制和十六进制 3 种表现形式。

① 十进制整型常量。

十进制整型常量由正号、负号和阿拉伯数字 0～9 组成，但首位数字不能是 0。

如：123、24、−5。

② 八进制整型常量。

八进制整型常量由正号、负号和阿拉伯数字 0～7 组成，首位数字必须是 0。

如：−053、0251、06。

③ 十六进制整型常量。

十六进制整型常量由正号、负号和阿拉伯数字0～9、英文字符a～f或A～F组成，首位数字前必须有前缀0x或0X。

如：0x1af、-0x1af、0X1af。

也可以在一个整型常量尾部加一个后缀来标识它的具体子类型，后缀为l或L表示其为有符号长整型常量，如123L、053L；后缀为u或U表示其为无符号整型常量，如24u、06U、0x1afU等；后缀为lu或LU表示其为无符号长整型常量，如4294967295LU。

（2）浮点型常量

浮点型常量都为双精度浮点型。C语言规定，浮点型常量有十进制小数形式和指数形式两种表现形式。

① 十进制小数形式浮点型常量。

十进制小数形式浮点型常量由正号、负号、阿拉伯数字0～9和小数点组成，必须有小数点，并且小数点的前、后至少一边有数字。

如：-3.14、0.、.34。

② 指数形式浮点型常量。

指数形式浮点型常量由正号、负号、数字和字母e或E组成，e或E是指数的标志，在e或E之前要有数据，之后的指数只能是整数。

如：2.5E-6、67e2、-5e-3。

（3）字符型常量

字符型常量是指ASCII表（参见附录1）中的单个字符。C语言规定，字符型常量有如下两种表现形式。

① 单引号引起来的单个字符。

如：'1'、'a'、'?'。

② 单引号引起来的以反斜线开头的转义字符。

ASCII表中所有字符（包括可显示的、不可显示的）均可以使用字符的转义表示法表示。转义表示格式为'\ddd'或'\xhh'（其中ddd和hh是字符的ASCII值，ddd为一个八进制数，hh为一个十六进制数）。C语言还规定了部分由反斜线和单个字符组成的代表特定控制功能的转义字符。表2-4列出了常用转义字符的形式及含义。

表2-4　常用转义字符的形式及含义

形式	含义
\n	换行
\t	横向跳格
\v	竖向跳格
\b	退格
\r	回车
\\	反斜线
\'	单引号
\"	双引号
\xhh	1～2位十六进制ASCII值所代表的字符
\ddd	1～3位八进制ASCII值所代表的字符

（4）字符串常量

字符串常量指用双引号引起来的零个、一个或多个字符序列。如"a"、"abc"、"1"。编译器自动地在每一个字符串常量末尾添加字符串结束标志'\0'，因此，字符串常量所需要的内存空间比双引号中出现的字符个数多一个字节。转义字符也可以出现在字符串常量当中，如字符串常量"A\102C"等价于字符串常量"ABC"。注意，此双引号为英文双引号。

2. 符号常量

符号常量常借助于预处理命令#define 来实现。define 命令的格式是：

```
#define  标识符  常量
```

例如在进行圆的相关计算时，常常会用到圆周率，为了在简化代码的同时使含义更明确，我们可以定义一个标识符 PI 来代替圆周率：

```
#define  PI  3.1415926
```

在定义符号常量时，应注意以下几点。

（1）习惯上，符号常量用全大写字母表示，方便与通常以小写字母命名的变量名相区分。

（2）一条#define 命令占一行，必须写在函数外部，并且通常位于源文件的顶部，即在任何函数声明或定义之前。

（3）#define 命令末尾不要加分号。

2.2.2 变量

在程序运行过程中，值可以改变的量称为变量。所有变量都必须先定义后使用。定义变量时需要确定变量的名字和数据类型。系统会根据每个变量的数据类型为其分配相应大小的内存空间。

1. 变量的定义

（1）语法格式

```
<类型名>  <变量名> {,<变量名> };
```

其中用“{ }”括起来的内容可以重复零次或多次。

例如：

```
short a,b,c;
char c1,c2;
long x;
```

（2）说明

① 变量名必须是一个合法的 C 语言标识符，尽量遵循“见名知义”的原则。

变量名中的英文字母通常使用小写字母。然而，近年来随着软件的规模越来越庞大，程序中的变量名数量也变得越来越庞大，为提高程序的可读性，程序员们在实际工作经验中总结出了许多实用的命名方法，如匈牙利命名法、驼峰命名法等。

② 数据类型应根据变量的数学含义及其值的大小范围来确定。

2. 变量的使用

定义变量后，我们就可以使用它了。在程序中使用变量，本质上就是使用该变量所代表的内存空间。我们可以对其进行写和读，即赋值和引用。

例如：

```
int a,b,y;                    //定义整型变量 a、b 和 y
scanf("%d%d",&a,&b);          //通过输入函数为 a 和 b 动态赋值
y=a+b;                        //引用 a 和 b 的值进行加法运算，并赋值给 y
```

3. 变量的初始化

如果希望系统为变量分配内存空间的同时，让该变量具有一个明确的初值，可以在定义变量时对其进行初始化。于是，变量定义的语法格式可扩展为：

```
<类型名>  <变量名>[=常量 ]{,<变量名>[=常量 ] };
```

其中方括号括起来的部分为可选语法成分。

例如：

```
int age=18;                   //定义整型变量 age，并初始化为 18
```

2.3 运算符与表达式

C 语言把除了控制语句和输入/输出以外的绝大多数基本操作都作为运算符处理。C 语言运算符种类丰富，功能强大。除了常见的算术、关系及逻辑等运算符以外，还有一些用于完成特殊任务的运算符。

C 语言运算符按操作数（运算对象）的个数可分为单目运算符、双目运算符和三目运算符。

C 语言运算符按照功能则可以大体划分为如下几类。

（1）算术运算符：+、−、*、/、%、++、--。

（2）关系运算符：<、>、==、>=、<=、!=。

（3）逻辑运算符：!、&&、‖ 。

（4）赋值运算符：=、+=、−=、*=、/=、%=、&=、^=、|=、<<=、>>=。

（5）位运算符：<<、>>、 ~ 、|、^、&。

（6）其他运算符：?:、逗号（,）、sizeof、.、->。

表达式就是用运算符将操作数连接形成的符合 C 语言语法的算式。

2.3.1 运算符优先级和结合性

C 语言中的运算符如同数学中的运算符一样，也具有优先级和结合性（参见附录 3）。当多种运算符出现在同一表达式中时，表达式的运算顺序需要依据各运算符的优先级和结合性。

优先级是用来标识运算符在表达式中的运算顺序的，在求解表达式的值的时候，总是按运算符的优先级次序由高到低进行操作。常用的运算符的优先级由高到低为：

算术运算符 > 关系运算符 > 逻辑运算符 > 条件运算符 > 赋值运算符 > 逗号运算符

其中，自增、自减、逻辑非等运算符划归单目运算符。单目运算符优先级较高，具体参见附录 3。

当一个操作数两侧的运算符的优先级相同时，则按运算符的结合性来确定表达式的运算顺序。结合性是针对同一优先级的多个运算符而言的，它是指同一个表达式中相同优先级的多个运算应遵循的运算顺序。同级运算符相遇，从左向右运算称为左结合，反之则称为右结合。C 语言中，单目运算符、条件运算符和赋值运算符的结合性为右结合，其余均为左结合。

2.3.2 算术运算符和算术表达式

1. 算术运算符

算术运算符包括：+（双目运算中为加法运算，单目运算中为正值运算，即正号）、-（双目运算中为减法运算，单目运算中为负值运算，即负号）、*（乘法运算符）、/（除法运算符）、%（求余运算符）、++（自增运算符）、--（自减运算符）。

说明如下。

（1）除法运算中，如果两个操作数都为整型，则为整除，计算结果为整型；如果两个操作数中有一个是浮点型，则计算结果为双精度浮点型。如：

5/2，计算结果为 2；

5.0/2，计算结果为 2.5。

（2）C 语言规定，求余运算的两个操作数必须都为整型，计算结果为两数相除的余数，其类型也为整型，其符号与左侧的操作数的相同。如：

5%3，计算结果为 2；

−5%3，计算结果为−2；

5%-3，计算结果为 2；

-5%-3，计算结果为-2。

2. 自增运算和自减运算

自增（自减）运算符为单目运算符，其操作数为一个变量。形式上，运算符在前，称为前自增（前自减），反之则称为后自增（后自减）。

前自增（前自减）运算过程为：先让操作数变量的内存值增（减）1，然后取其内存值作为当前自增（自减）运算表达式的值。

后自增（后自减）运算过程为：先取操作数变量的内存值作为当前自增（自减）运算表达式的值，然后让操作数变量的内存值增（减）1。

【例 2.1】自增、自减运算示例。

程序如下：

```
1    #include<stdio.h>
2    int main()
3    {
4        int i=6;                    //定义整型变量 i
5        printf("%d\n", ++i);        //前自增，i 的内存值变为 7，输出 7
6        printf("%d\n", i);          //输出 7
7        printf("%d\n", i++);        //后自增运算，输出 7，i 再自增 1 变为 8
8        printf("%d\n", i);          //输出 8
9        printf("%d\n", --i);        //第 9～12 行验证了自减运算的运算过程
10       printf("%d\n", i);
11       printf("%d\n", i--);
12       printf("%d\n", i);
13       return 0;
14   }
```

程序运行结果：

```
7
7
7
8
7
7
7
6
```

3. 算术运算的优先级和结合性

自增、自减、正值、负值运算作为单目运算，优先级较高，高于乘法、除法、求余运算（此三者同级），乘法、除法、求余运算高于加法、减法运算（此二者同级）。

单目运算的结合性为右结合，乘法、除法、求余、加法、减法运算的结合性为左结合。

如：

```
int i=4;
```

对于表达式 2+3*++i，根据优先级和结合性，先计算++i，i 值为 5，再计算 3*5=15，最后计算 2+15=17。

4. 算术表达式

用算术运算符将操作数连接起来的符合 C 语言语法的式子称为算术表达式，操作数包括常量、变量和函数调用等，如：3.14*r*r、-i++、abs(i)/x。

2.3.3　关系运算符和关系表达式

1. 关系运算符

关系运算符包括：>（大于运算符）、>=（大于等于运算符）、<（小于运算符）、<=（小于等于运

算符）、==（等于运算符）、!=（不等于运算符）。

2. 关系运算的优先级和结合性

关系运算的优先级低于算术运算。

大于、大于等于、小于、小于等于 4 个运算符优先级相同，等于和不等于两个运算符优先级相同。前 4 个运算符的优先级高于后两个运算符的优先级。

关系运算符的结合性均为左结合。

3. 关系表达式

用关系运算符将两个表达式连接起来形成的式子称为关系表达式。作为操作数的两个子表达式可以是算术表达式、关系表达式、逻辑表达式、赋值表达式或字符表达式。也可以用关系运算符对两个同类型的指针值进行比较，这部分将会在后面的章节详细介绍。

关系运算的结果只有两种情况，当指定关系成立时，表达式的值为“真”，即整型值 1；当指定关系不成立时，表达式的值为“假”，即整型值 0。

【例 2.2】关系运算示例。

程序如下：

```
#include<stdio.h>
int main()
{
   int i=6,j=7,k=8;
   printf("%d\n", i<j);
   printf("%d\n", i+k>=2*j);                    //表达式等价于(i+k)>=(2*j)
   printf("%d\n", k>j>i);                       //表达式等价于(k>j)>i
   printf("%d\n", 1==j>=i);                     //==优先级低于>=，等价于1==(j>=i)
return 0;
}
```

程序运行结果：

```
1
1
0
1
```

2.3.4 逻辑运算符和逻辑表达式

1. 逻辑运算符

逻辑运算符包括：!（逻辑非）、&&（逻辑与）、||（逻辑或）。

2. 逻辑运算的优先级和结合性

!（逻辑非）为单目运算，优先级为第 2 级，结合性为右结合（具体可参见附录 3）。

&&（逻辑与）优先级高于 ||（逻辑或），结合性为左结合。

&&和 || 的优先级低于关系运算符的优先级。

3. 逻辑表达式

由逻辑运算符将表达式连接起来形成的式子称为逻辑表达式。逻辑运算的结果也只有两种情况，“真”或者“假”。当表达式的值为“真”时，它会被转换为整型值 1；当表达式的值为“假”时，它会被转换为整型值 0。

逻辑运算的操作数可以是各种类型的表达式，当参加逻辑运算的子表达式的值不为 0（“非 0”）时，可把它看成逻辑“真”；当参加逻辑运算的子表达式的值为 0 时，可把它看成逻辑“假”。

逻辑运算真值表如表 2-5 所示。

表 2-5　逻辑运算真值表

a	b	a&&b	a ‖ b	!a	!b
假	假	假	假	真	真
假	真	假	真	真	假
真	假	假	真	假	真
真	真	真	真	假	假

在逻辑表达式的运算过程中并不是所有的运算都会被执行。例如，假设 a 和 b 为两个操作数，则在逻辑表达式 a&&b 的计算过程中，当 a 的值为“真”时，b 才会被执行；当 a 的值为“假”时，表达式 a&&b 的值一定为“假”，b 被略过不执行。同理，在逻辑表达式 a ‖ b 的计算过程中，当 a 的值为“假”时，b 才会被执行；当 a 的值为“真”时，表达式 a ‖ b 的值一定为“真”，b 被略过不执行。

【例 2.3】逻辑运算示例。

程序如下：

```
1    #include<stdio.h>
2    int main()
3    {
4        int a=1,b=3,c;
5        c = a-- || b++;                    //等价于 c =((a--) || (b++))
6        printf("%d,%d,%d\n", a,b,c);
7        c = a++ && b++;                    //等价于 c =((a++)&&(b++))
8        printf("%d,%d,%d\n", a, b, c);
9        return 0;
10   }
```

程序运行结果：

```
0,3,1
1,3,0
```

程序说明：

（1）第 5 行中的表达式由于左操作数（a--）的值为真，则表达式(a--) ‖ (b++)的值确定为真（即 1），不计算右操作数（b++），所以变量 b 的值保持为 3 不变；最后，将表达式(a--) ‖ (b++)的值 1 赋给变量 c，变量 c 的值变为 1。

（2）同理，第 7 行左操作数（a++）的值为假，则(a++)&&(b++)的值确定为假（即 0），不计算右操作数（b++），所以变量 b 的值保持为 3 不变；最后，将表达式(a++)&&(b++)的值 0 赋给变量 c，变量 c 的值变为 0。

2.3.5　赋值运算符和赋值表达式

1. 赋值运算符

赋值运算符由 1 个简单赋值运算符（=）和 10 个复合赋值运算符（+=、-=、*=、/=、%=、<<=、>>=、&=、^=、|=）组成。

2. 赋值运算的优先级和结合性

所有赋值运算符的优先级相同，处于 15 个优先级当中的第 14 级（倒数第二级），仅高于逗号运算符。

赋值运算的结合性均为右结合。

3. 赋值表达式

由赋值运算符将一个变量与一个表达式连接起来的式子称为赋值表达式。其一般形式为：

```
<变量> <赋值运算符> <表达式>
```

赋值表达式的功能为将右侧表达式的值赋给左侧变量，即用右侧表达式的值去改写左侧变量的内存值，然后取该变量的内存值作为整个赋值表达式的最终值。

一个复合赋值运算符是由一个二元运算符和基本赋值运算符组合而成的，功能上实现了两个运算符功能的组合。例如：

```
a+=3          //等价于 a=a+3
a*=a+=a       //等价于 a=(a*(a=(a+a)))
a*=b+2        //等价于 a=(a*(b+2))
```

说明　如果赋值运算符两侧的类型不一致，但都是数值型（包括整型和浮点型）或字符型，在赋值时要进行类型转换，类型转换规则是把赋值运算符右侧表达式的值的类型转换成左侧变量的类型，详细规则将在 2.4.2 小节中说明。

2.3.6 位运算符

程序运行时，所有值在计算机内存中都是以二进制形式存储的。位运算是一种直接对数据的二进制位进行操作的运算，因此位运算的操作数只能是整型或字符型的数据。利用位运算可以实现许多汇编语言才能实现的功能。

1. 位运算符简介（以下表述基于补码）

&（按位与运算符）运算规则：对应的两个二进制位都为 1 时，结果才为 1。

|（按位或运算符）运算规则：对应的两个二进制位都为 0 时，结果才为 0。

^（按位异或运算符）运算规则：对应的两个二进制位相同为 0，相异为 1。

~（按位取反运算符）运算规则：对应的二进制位由 0 变 1，1 变 0。

<<（左移运算符）运算规则：各二进制位全部左移若干位，高位丢弃，低位补 0。

>>（右移运算符）运算规则：各二进制位全部右移若干位，对于无符号数，高位补 0；对于有符号数，各编译器的处理方法不一样，有的补符号位的值（算术右移），有的直接补 0（逻辑右移）。

例：计算以下表达式的值（以 8 位编码为例）。

（1）~3

由于 3 的补码为 00000011，表达式~3 的计算过程为：将 3 的补码的每一个二进制位由 0 变 1，1 变 0。表达式的值为 11111100，将它转换为十进制有符号数，即-4。因此，表达式~3 的值为-4。

（2）3&5

由于 3 的补码为 00000011，5 的补码为 00000101，因此，该表达式的计算过程如下：

```
  00000011
& 00000101
----------
  00000001
```

所以，表达式 3&5 的值为 1。

（3）3^5

该表达式的计算过程如下：

```
  00000011
^ 00000101
----------
  00000110
```

所以，表达式 3^5 的值为 6。

（4）3|5

该表达式的计算过程如下：

```
  00000011
| 00000101
----------
  00000111
```

所以，表达式 3|5 的值为 7。

（5）5<<2

该表达式的计算过程为：将 5 的二进制补码 00000101 左移两位，高位丢弃两位，低位补两个 0，得到结果：00010100。所以，表达式 5<<2 的值为 20。

（6）5>>2

该表达式的计算过程为：将 5 的二进制补码 00000101 右移两位，低位丢弃两位，高位补两个 0（假设采用算术右移），得到结果 00000001。所以，表达式 5>>2 的值为 1。

注意　对于左移、右移运算符，第二操作数（右操作数）只能为正数，且不能超过机器字所表示的二进制位数。在数据可表示的范围内，一般左移 n 位相当于乘 2^n，右移 n 位相当于除以 2^n。

2. 位运算的优先级和结合性

按位取反运算符（~）是一个单目运算符，因此它的优先级为第 2 级，高于算术运算符（*、/、%、+、-）；结合性为右结合。

左移运算符（<<）和右移运算符（>>）两者优先级相同，低于算术运算符（*、/、%、+、-），高于关系运算符；结合性为左结合。

按位与运算符（&）优先级高于按位异或运算符（^），按位异或运算符（^）优先级高于按位或运算符（|）。这 3 个运算符的优先级都低于关系运算符，高于逻辑运算符（&&、||）；结合性为左结合。

2.3.7　其他运算符

1. 条件运算符

条件运算符“?:”是 C 语言中唯一的三目运算符，它要求有 3 个表达式，其结合性为右结合。

由条件运算符构成的条件表达式的形式为：

```
<表达式1>?<表达式2>:<表达式3>
```

条件表达式的运算过程如下：先计算表达式 1 的值，若为非 0，则计算出表达式 2 的值作为整个条件表达式的值；若为 0，则计算出表达式 3 的值作为整个条件表达式的值。

例如：

```
max=(a>b)?a:b      //将a和b二者中较大的一个赋给max
min=(a<b)?a:b      //将a和b二者中较小的一个赋给min
```

2. 逗号运算符

在 C 语言程序中，用逗号运算符将两个或多个表达式连接起来就形成了一个逗号表达式。

逗号表达式的一般语法形式为：

```
<表达式1>,<表达式2>, … ,<表达式n>
```

逗号表达式求值过程是先求表达式 1 的值，再求表达式 2 的值，依次下去，最后求表达式 n 的值，表达式 n 的值作为整个逗号表达式的值。

例如：

```
3+2,8-4            //逗号表达式的值为4
a=3*5,a*2          //变量a的值变为15，逗号表达式的值为30
a=(a=3,a*4)        //变量a的值变为12
```

逗号运算符的优先级最低，为第 15 级，结合性为左结合。

3. 长度运算符

sizeof 是一个判断数据类型或者表达式长度的运算符，语法形式为以下两种：

```
sizeof(类型名/变量名);
sizeof 变量名;
```

【例 2.4】sizeof 运算符的使用：海纳百川，有容乃大。

程序如下：

```
#include<stdio.h>
int main()
{short a;float b;double c;
printf("a=%d,b=%d\n",sizeof(a),sizeof(b));
printf("c=%d\n",sizeof c);                // sizeof 后面跟变量名时，变量名外括号可以省略
printf("a=%d,b=%d\n",sizeof(short),sizeof(float));
printf("c=%d\n",sizeof(double));          //sizeof 后面跟类型名时，类型名必须用括号括起来
return 0;
}
```

程序运行结果：

```
a=2,b=4
c=8
a=2,b=4
c=8
```

4. 特殊运算符

在 C 语言中，还有一些比较特殊的、具有专门用途的运算符，如下所示。

（1）“()”：用来改变运算顺序。

（2）“[]”：下标，用来表示数组元素，详见第 6 章。

（3）“*” 和 “&”：用来表示指针运算，详见第 8 章。

（4）“->” 和 “.”：用来表示结构体成员分量，详见第 9 章。

2.4 数据类型转换

2.4.1 自动转换

在 C 语言中，整型（包括 int、short、long 等）和浮点型（包括 float、double 等）数据可以混合运算，另外字符型数据和整型数据可以相互转换，因此，整型、浮点型、字符型数据之间可以混合运算。此时，不同类型的数据先转换成同一类型，再进行计算，这个转换过程由编译器自动完成，所以也称为隐式转换。

数据类型自动转换规则如图 2-3 所示。

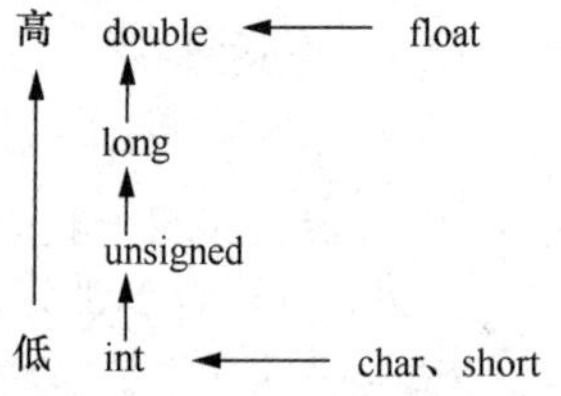

高 double ← float
long
unsigned
低 int ← char、short

图 2-3 数据类型自动转换规则

说明如下。

（1）类型不同，先转换为同一类型，然后进行运算。

（2）图中纵向的箭头表示当操作数为不同类型时转换的方向。可以看到箭头由低级别数据类型指向高级别数据类型，数据总是由低级别向高级别转换，即按数据长度增加的方向进行，保证精度不降低。当 int 和 unsigned 进行运算或赋值时，如果它们的类型长度相同（如均为 16 位），则 int 会被隐式转换为 unsigned。

（3）图中横向向左的箭头表示必定进行的转换（不必考虑其他操作数）。如 char 或 short 型数据参与运算必定转换为 int 型数据，float 型数据在运算时一律先转换为 double 型数据，以提高运算精度

（即使是两个 float 型数据相加，也先转换为 double 型数据再相加）。

例如，定义如下变量

```
float f=3.5;int i=2;
```

有表达式

```
f+'A' *i
```

该表达式计算过程为：从左到右扫描，因为加法的优先级低于乘法，所以先做乘法运算；此时乘法运算符的左操作数为字符型常量'A'，故先将'A'转换为整数 65，再与整型变量 i 进行乘法运算，结果为整型值 130；接着，再进行加法运算，此时加法运算符左操作数为 float 类型，右操作数为 int 类型，需要先将两者均转换为 double 类型，再进行加法运算，所以结果为 double 类型值 133.5。

2.4.2　赋值转换

在进行赋值运算时，如果赋值运算符两侧的数据类型不同，会将右侧表达式的值的类型转换为左侧变量的类型，再赋给左侧变量，主要分为以下几种情况。

（1）浮点型表达式赋值给整型（或字符型）变量：只取整数部分，去掉小数部分，不进行四舍五入。

（2）整型（或字符型）表达式赋值给浮点型变量：数值不变，以浮点数形式存储到变量中，在小数点后以 0 补足有效位。

（3）char、int、short、long、unsigned 类型之间互相赋值：设赋值运算符左侧变量存储长度为 a 位（二进制位），右侧表达式存储长度为 b 位（二进制位）。具体规则如下。

① a 等于 b 时，右侧表达式的值的二进制编码原样赋值至左侧变量的内存空间之中。

② a 大于 b 时，右侧表达式的值的二进制编码放入左侧变量的低位空间，若此变量为无符号型，则高位补 0，否则进行符号扩展（若符号位为 1，则全部补 1，否则全部补 0）。

例如，有以下程序段：

```
int i;
char c;
c='A';
```

则表达式 i=c 的计算过程如图 2-4 所示。

③ a 小于 b 时，将右侧表达式的值的二进制编码的低 a 位存入左侧变量的内存空间，剩下的 b-a 位丢弃。

例如，有以下程序段：

```
int i;
char c;
i=321;
```

则表达式 c=i 的计算过程如图 2-5 所示。

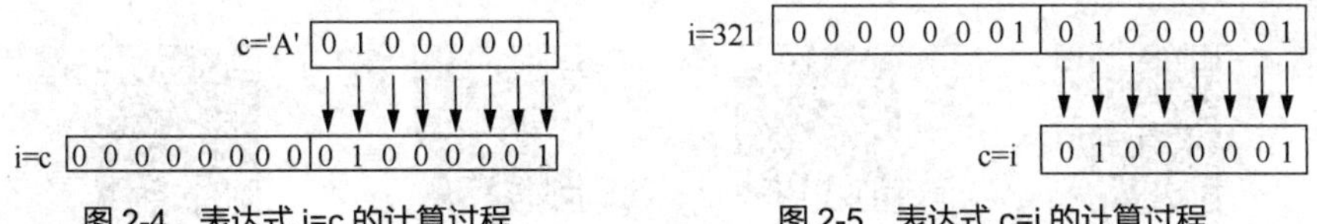

图 2-4　表达式 i=c 的计算过程　　图 2-5　表达式 c=i 的计算过程

2.4.3　强制类型转换

强制类型转换是通过类型转换运算来实现的。一般语法形式为：

```
(类型名) <表达式>
```

功能：把表达式的值的类型强制转换为类型名所表示的类型。

强制类型转换符是一种运算符，它属于单目运算，优先级较高，处于第 2 级；结合性为右结合。

强制类型转换运算操作数为一个变量时，不改变该变量本身的类型及其内存值。

例如：

```
(float)5/2          //表达式的值为2.5
```

执行过程为：因为强制类型转换符优先级高于除法运算符，所以先将整型值 5 转换为 float 类型值 5.0，再与整型常量 2 进行除法运算，此时根据自动转换规则，先将除法运算符左操作数 5.0（float 类型）和右操作数 2（int 类型）转换为 double 类型，再进行除法运算，结果为 2.5（double 类型）。

```
(float)(5/2)        //表达式的值为2.0
```

执行过程为：因为括号运算符优先级更高，所以先进行括号内的除法运算，此时，除法运算符的左右操作数均为整型常量，所以进行整除，结果为 2；再进行强制类型转换，最终结果为 2.0（float 类型）。

本章小结

1. 重难点

（1）各种运算符的语法规定，优先级顺序的规定，结合性的定义。

（2）自增、自减运算的运算规则。

（3）逻辑与和逻辑或运算执行过程的特殊之处。逻辑与先计算左操作数的值，若为假，则忽略右操作数不对其进行计算；逻辑或同样先计算左操作数的值，若为真，则忽略右操作数不对其进行计算。

2. 常见错误

（1）忽略了赋值运算符“=”与关系运算符“==”的区别。

例如：

```
a=3;         //表示将3赋给a变量
a==3;        //表示判断a的值是否与3相等，如果相等就为真，不等就为假
```

（2）使用数学函数，但未将头文件“#include<math.h>”包含进去。

（3）在写表达式时，只考虑了符合 C 语言语法，未考虑还应符合语义的要求。

例如：编程实现输入华氏温度，输出对应的摄氏温度。在程序中写转换公式时，应写为“c=5.0/9*(f-32);”，即 5 应该为 5.0，否则结果将永为 0。

（4）数学运算符使用错误，使用其他语言中的运算符。

例如求圆面积的“3.14*r*r”写成了“3.14*r^2”。

上述几种常见错误，可通过扫描二维码查看。

习题 2

一、选择题

1. 设整型变量 n=10，i=4，则赋值运算 n%=i+1 执行后，n 的值是（　　）。

A. 0　　B. 1　　C. 2　　D. 3

2. 设以下变量均为整型，则值不等于 7 的表达式是（ ）。

A. (x= y= 6, x+y,x+1)　　B. (x= y= 6,x+y,y+1)

C. (x= 6,x+1,y= 6,x+y)　　D. (y=6,y+1,x = y,x+1)

3. 设有定义语句“char a='\72';”，则变量 a（ ）。

A. 存储了 1 个字符　　B. 存储了 2 个字符

C. 存储了 3 个字符　　D. 定义不合法

4. C 语言中操作数必须是整型的运算符是（ ）。

A. %　　B. /　　C. =　　D. <=

5. 表达式“(int)2.1416”的值是（ ）。

A. 2　　B. 2.1　　C. 0　　D. 3

6. 以下各项中，属于 C 语言合法字符常量的是（ ）。

A. '\084'　　B. 'ab'　　C. '\x43'　　D. "\0"

二、判断题

1. C 语言在判断一个整数是否为真时，规定 1 为“真”，0 为“假”。（ ）

2. 定义一个值为 3.14159 的符号常量 PI 的正确形式是“define PI 3.14159”。（ ）

3. 运算符*=的优先级高于运算符+=。（ ）

4. 若有整型变量 i，执行语句“(float)i;”之后，变量 i 的类型变为单精度浮点型。（ ）

三、编程题

1. IPv6 的地址长度为 128 位，假设以每秒 100 万个地址的速度进行分配，问分配完所有的 IPv6 地址大概需要多少年？编程问答该问题（用 ldexp()函数）。

提示：IPv6 地址有 128 个二进制位，则总共有 2 的 128 次方（2^{128}）个地址，假设每秒分配 1000000 个地址，分配完共需要 2^{128}/1000000s，约（2^{128}/1000000）/（365×24×60×60）年。

2. 编写程序实现输入 4 位数的正整数，分别将个位、十位、百位、千位上的数输出。

3. 某公司销售人员的薪水是这样计算的：每星期 200 元的底薪，再加上该星期总销售额 8%的提成。编写程序，输入一个星期的销售额，计算并输出销售人员该星期的总收入。

4. 贷款中的利息按照如下公式计算：利息=本金×利率×天数/365。编写程序，输入本金（principal）、利率（rate）和天数（days），计算并输出利息（interest）。

5. 已知立方体的边长 a 的值为 5，求该立方体的体积 v，并输出结果。

AI 赋能：解锁未来

AI 大模型求知

了解 C 语言在我国大飞机研发上的应用。

与 AI 对话

在用大模型辅助编程时，我们需要了解语言的特色，合理设计提示词。

例如，我们想要模拟 1000 个粒子的运动过程，并在运动中实现弹性碰撞效果。由于 C 语言并不擅长处理图形和动画，因此选择用 HTML 实现。操作步骤如下。

① 打开 DeepSeek 的主页。

② 在输入框中输入提示词：你是一位物理学家，擅长用 HTML 模拟物理模型和动画，请设计一个模拟 1000 个粒子运动的程序，实现粒子间的弹性碰撞，并将结果导出为 HTML 文件。

③ 新建记事本文件，将 DeepSeek 产生的代码粘贴到此文件中，并另存为“文件名.html”。

④ 运行此 HTML 文件，观看效果。

03 第 3 章　顺序结构程序设计

本章导读

我们要想编写出 C 语言程序，还需要：

（1）有正确的解题思路，学会程序的“灵魂”（即算法）的设计；

（2）能采用自顶向下、逐步求精、模块化的程序设计方法设计算法；

（3）掌握 C 语言语法，知道如何用 C 语言表示算法，编写一个完整、正确的 C 语言程序。

因此，本章将从算法入手，介绍结构化程序设计思想，介绍 C 语言基本语句与数据的输入/输出，并从简单案例开始，由浅入深地引导读者学会简单 C 语言程序的编写方法。

3.1　程序的“灵魂”——算法

3.1.1　算法概述

在日常生活中，我们做任何事情都需要遵循一定的操作顺序，例如做菜，要先准备原材料，再按需求洗、切，最后制作，这就是生活中的“算法”。

菜谱记录了做出各色各样美味菜品的方法和步骤。例如制作回锅肉的菜谱，会把制作回锅肉所必需的材料及其用量都标注清楚，并且把烹饪的过程、每一步需要的时间等都详细记录下来。按菜谱做菜的流程如图 3-1 所示，只要完全按照菜谱的烹饪顺序去做，就可以烹饪出美味的菜肴。而“算法”就是能让程序员编写出可靠、高效的计算机程序的“菜谱”。

算法是指在有限的时间范围内，为解决某一问题而采取的方法和步骤的准确和完整的描述。按算法解决问题的流程如图 3-2 所示。针对给定的输入，算法能在有限步骤内获得所要求的输出。对于一个问题，可以有不同的解题方法。但如果一个算法有缺陷，或不适合用于解决某个问题，那么执行该算法将不能解决这个问题。

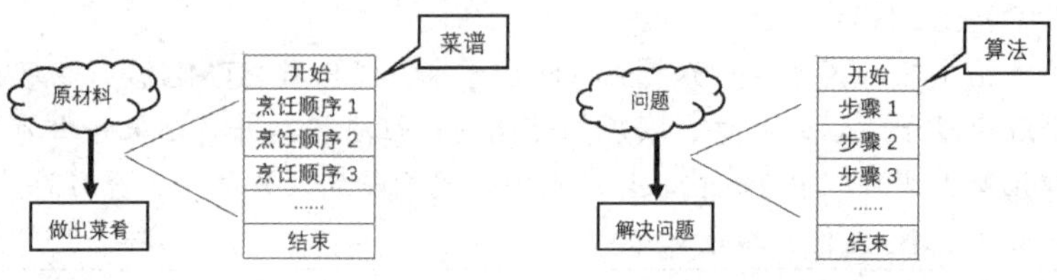

图 3-1　按菜谱做菜的流程　　图 3-2　按算法解决问题的流程

问题：找出 1～1000 中能被 9 整除的数。

算法 1
① 设 x=9。
② 输出 x 的值。
③ 将 x 的值加 9。
④ 判断 x 的值是否超过 1000，没有超过则回到步骤②，否则算法结束。

共需执行加法 111 次

算法 2
① 设 x=1。
② x 除以 9，若余数为 0，则 x 能被 9 整除，输出 x 的值。
③ 将 x 的值加 1。
④ 判断 x 的值是否超过 1000，没有超过则回到步骤②，否则算法结束。

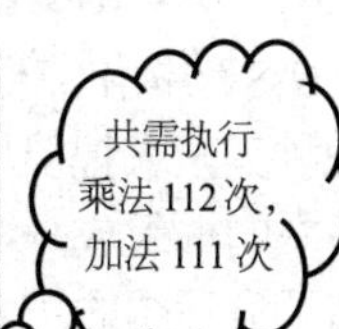

算法 3
① 设 x=1。
② 输出 x 乘 9 的值。
③ 将 x 的值加 1。
④ 判断 x 乘 9 的值是否超过 1000，没有超过则回到步骤②，否则算法结束。

共需执行乘法 112 次，加法 111 次

这 3 种算法，虽然都可以解决同一个问题，但是不难看出，算法 1 执行运算的次数最少，因此，我们称算法 1 为解决该问题的最优算法。

而不管选用什么程序设计语言，都必须明确地在程序中告诉计算机做什么及如何做。算法独立于任何程序设计语言，同一算法可以用不同的程序设计语言来实现。如下所示，算法 1 用于不同程序设计语言均可实现。因此，算法才是根本。

算法 1 用 C 语言实现：

```
#include <stdio.h>
int main()
{ int x=9;
  while (x<=1000)
  { printf("%d\n",x);
         x=x+9;}
  return 0;
}
```

算法 1 用 Python 语言实现：

```
x=9
while x<=1000:
         print(x)
         x=x+9
```

3.1.2　算法的描述

描述算法的方法有多种，下面具体介绍自然语言描述、传统流程图描述、N-S（Nassi-Shneiderman）结构化流程图描述。

1. 自然语言描述

自然语言就是我们日常使用的各种语言，可以是汉语、英语、日语等。

用自然语言表示算法就是用日常生活中使用的语言来描述算法的步骤。这种方法的优点是通俗易懂，当算法中的操作步骤都是顺序执行时比较直观、容易理解。缺点是如果算法中包含判断结构和循环结构，并且操作步骤较多时，就显得比较混乱了。因此，操作步骤较少的算法应用自然语言

描述更方便、简单。

2. 传统流程图描述

使用图形表示算法是一种很好的方法，因为千言万语不如一张图来得直接。使用特定的图形符号加上说明来表示算法的图称为流程图（Flowchart），它是算法比较直观的一种表示形式。常用流程图符号如图 3-3 所示。

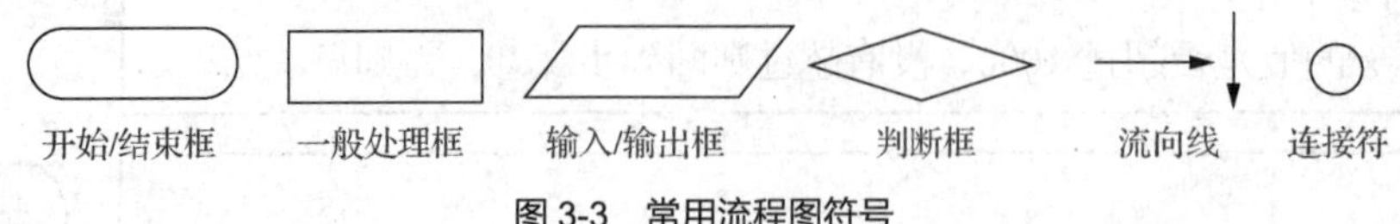

图 3-3 常用流程图符号

使用传统流程图描述算法的优点是可直接转化为程序，形象直观，各种操作一目了然，不会产生歧义，易于理解和发现算法中存在的错误；缺点是所占篇幅较大，由于使用流向线，若使用者随意改变，则算法逻辑结构可能会变得混乱，影响算法的可靠性。

3. N–S 结构化流程图描述

N-S 结构化流程图也称为盒图。1972 年，美国学者纳西（Nassi）和施奈德曼（Shneiderman）提出了一种完全去掉流向线，全部流程写在一个框内，在框内还可以包含其他框的流程图形式，即由一些基本的框组成一个大的框，这种流程图称为 N-S 结构化流程图。N-S 结构化流程图取消了流向线，提高了流程图的可靠性。

3.1.3 结构化程序设计方法

1. 结构化程序设计概念

结构化程序设计是按照模块划分原则，以提高程序可读性、易维护性、可调性和可扩充性为目标的一种程序设计。在结构化程序设计中，只允许使用 3 种基本程序结构，它们是顺序结构、选择结构（分支结构）和循环结构，这 3 种基本程序结构的共同特点是只允许有一个入口和一个出口，仅由这 3 种基本程序结构组成的程序被称为结构化程序。

2. 结构化程序设计的特点

结构化程序设计的主要特点是采用自顶向下、逐步求精、模块化的程序设计方法，即当要解决一个复杂问题时，考虑从总问题开始，把它分解为很多小问题，再用同样的方法继续分解每一个小问题，使最终问题变得非常小，以至于可以很容易地被解决。最后只需要把每一个解决小问题的模块组合起来，就可以得到一个复杂问题的解决方案，即得到一个解决复杂问题的程序。

例如，要解决洗衣问题，可将其分为注水、洗涤、脱水、停机 4 个小问题；而洗涤又可分为浸泡和搅拌 2 个小问题。这样，一个大的问题，就被逐步分为若干个小的问题，各个小的问题的解决方案组合起来，就构成了完整的洗衣问题的解决流程，如图 3-4 所示。

3. 程序的结构

上一级操作均可考虑细分为下一级操作，这个过程可将复杂的较大问题分为简单的较小问题。对应程序设计过程，我们将这个过程称为模块化。

模块化后的每个问题，均可根据需要使用顺序结构、选择结构或循环结构构造程序。

（1）顺序结构

顺序结构是较为基本和简单的一种程序结构。在顺序结构中，算法的每一个步骤从上至下按顺序执行，没有执行不到的步骤，也没有反复执行的步骤，每个步骤执行且仅执行一次。顺序结构的两种流程图如图 3-5 所示。

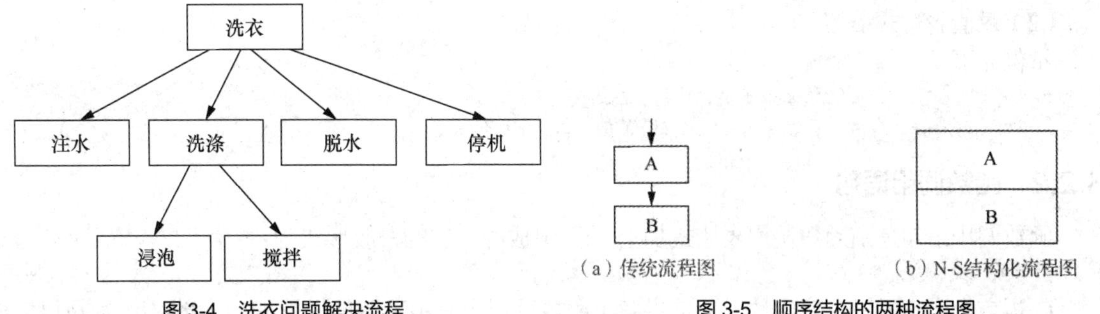

图 3-4　洗衣问题解决流程

图 3-5　顺序结构的两种流程图

（2）选择结构

在日常生活中，我们经常会根据面临的情况进行判断，做出下一步选择。在程序结构中，选择结构通过判断某些特定条件是否被满足来决定下一步的执行流程，选择结构的两种流程图如图 3-6 所示。

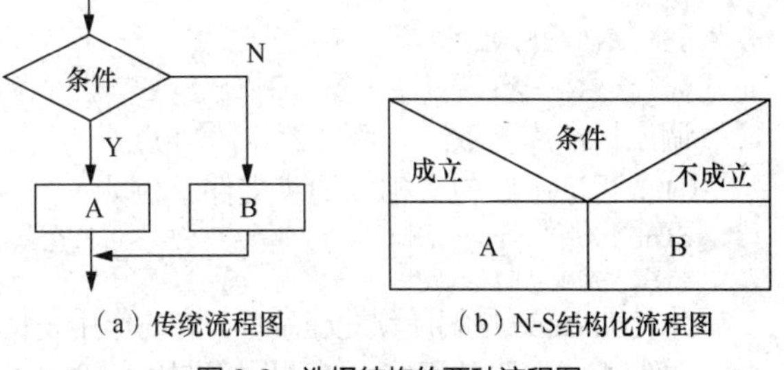

图 3-6　选择结构的两种流程图

（3）循环结构

循环结构是为了在程序中反复执行某个功能而设置的一种程序结构。它通过循环体中的条件判断是继续执行某个功能还是结束循环。

根据判断和执行的先后，循环结构又可细分为以下两种形式：先判断后执行的循环结构和先执行后判断的循环结构。两种结构分别对应的两种流程图如图 3-7 和图 3-8 所示。

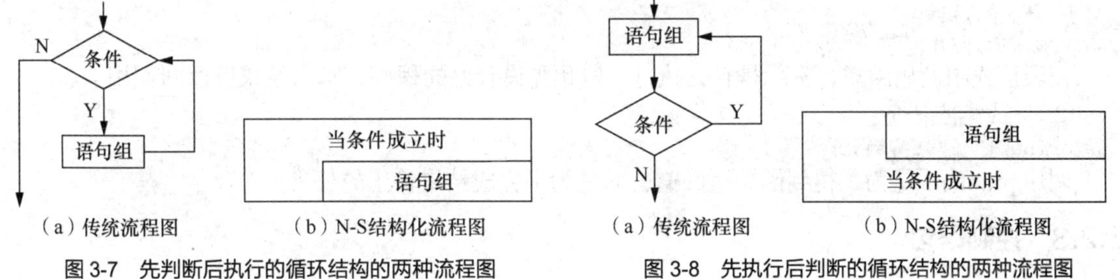

图 3-7　先判断后执行的循环结构的两种流程图

图 3-8　先执行后判断的循环结构的两种流程图

3.2　C 语言基本语句

C 语言的执行部分是由语句组成的，程序的功能也是通过执行语句实现的。C 语言的基本语句分为 5 类：表达式语句、函数调用语句、控制语句、复合语句、空语句。

3.2.1　表达式语句

表达式语句是由表达式加上“;”组成的。它的一般形式为：

```
表达式;
```

表达式语句可分为运算表达式语句和赋值表达式语句，其作用是计算表达式的值或改变变量的值。

（1）运算表达式语句

举例如下：

```
x+y;            //加法运算语句，不保留运算结果
--i;            //自减运算语句，使 i 的值减 1
```

（2）赋值表达式语句

举例如下：

```
z=x+y;         //先计算 x+y 的值，再将值赋给 z
x=x*sin(x);    //先计算表达式 x*sin(x)的值，再将值赋给 x
```

3.2.2 函数调用语句

函数调用语句是由函数调用表达式加上“;”组成的。它的一般形式为：

```
函数名(参数表);
```

C 语言有丰富的标准库函数，可提供各类函数供用户调用（参见附录 4）。标准库函数可以完成预先设定好的任务，可直接调用，不需要用户再编写程序。

例如：

```
scanf("%d",&a);                      //输入函数调用语句，输入变量 a 的值
printf("一念百草生，一念山河成！");      //输出函数调用语句，原样输出引号中的字符串
```

调用标准库函数时，应注意以下几点。

（1）程序中要包含相应的头文件。例如：

```
#include <stdio.h>          //文件名可放在角括号中或双引号中
#include "math.h"
```

此处#include 是编译预处理命令，它的作用是将某个已经存在的文件包含到程序中。如上例所示，包含头文件“stdio.h”的程序才能调用标准输入/输出函数，包含头文件“math.h”的程序才能调用数学函数。

（2）调用有的函数是为了得到函数返回值，这类函数的调用出现在表达式中，不作为函数调用语句，而作为表达式语句的一部分。调用有的函数并不是为了得到函数返回值，而是为了完成相应的任务，调用这类函数时可直接用函数调用语句。

① 得到函数返回值：

```
y=3*sin(x)+10;
y=cos(2.6);
```

在表达式中调用函数，实际是转去执行一段预先设计好的程序，求得结果后返回调用点。

② 完成相应任务：

```
printf("%6.4f",a);
```

调用 printf()不是为了得到函数返回值，而是为了完成结果输出的任务。

3.2.3 控制语句

控制语句用于控制程序流程，以实现程序的各种结构，C 语言有 11 个控制语句，分为 3 类，如表 3-1 所示。

表 3-1　C 语言的控制语句

分类	语句形式	功能	说明
条件判断语句	if()…	分别用于实现单/双/多分支选择结构	“()”表示判断条件；“…”表示内嵌语句
	if()…else…		
	if…else if()…else…		
	switch()…case…	用于实现多分支选择结构	
循环执行语句	while()…	用于实现循环结构	
	do…while()		
	for()…		
转向语句	break	改变循环执行状态语句 ——提前终止循环	
	continue	改变循环执行状态语句 ——提前结束本次循环，进入下一次循环	
	goto	改变循环执行状态语句 ——提前终止多重循环	
	return	返回调用点	

例如：

```
if(a>b)
        max=a;
else
        max=b;
```

其中，(a>b)是判断条件，max=a;和 max=b;是内嵌语句。该程序的功能是判断 a>b 是否成立，如果成立，则执行语句 max=a;，否则执行语句 max=b;。

3.2.4 复合语句

把多条语句用“{}”括起来组成的一条语句称为复合语句。在程序中应把复合语句看作单条语句而不是多条语句。

例如：

```
{
    c=a;
    a=b;
    b=c;
}
```

该复合语句完成了变量 a、b 的交换。

（1）复合语句中每条语句都必须以“;”结尾，右花括号“}”后不能有“;”

（2）复合语句中多条语句可写在同一行：如上例也可写为{c=a; a=b; b=c;}。

3.2.5 空语句

空语句用一个分号表示，一般形式为：

```
;
```

空语句占一条简单语句位置，执行该语句不做任何操作。在程序中，空语句可用来作为空循环体。

3.3 数据的输入/输出

3.3.1 输入/输出的概念及实现

所谓输入/输出是相对计算机而言的，从外部输入设备（如键盘、鼠标等）向计算机输入数据称为“输入”，从计算机向外部输出设备（如显示器、打印机等）输出数据称为“输出”。

C 语言本身不提供输入/输出语句，输入/输出功能由 C 语言的标准输入/输出库函数提供。这样做一方面使得 C 语言的设计比较精练，另一方面也为 C 语言程序的可移植性打下了基础。C 语言的输入/输出语句就是输入/输出库函数调用语句。

C 语言有非常丰富的用于输入/输出的库函数，分为用于键盘输入和显示器输出的库函数、用于磁盘文件读写的库函数、用于硬件端口操作的库函数等。本节主要介绍用于键盘输入和显示器输出的库函数，其对应头文件为“stdio.h”。

3.3.2 单个字符的输入/输出

C 语言标准输入/输出库函数提供了 putchar()和 getchar()两个函数来分别实现对于单个字符的输出与输入。

1. 单个字符输出函数 putchar()

putchar()是单个字符输出函数，其功能是在输出设备上输出单个字符。

其调用的一般形式为：

```
putchar(字符型变量);
```

【例 3.1】可视字符的输出：用不同形式输出大写字母 A。

程序如下：

```
#include <stdio.h>
int main()
{
   int A=65;
   putchar('A');        //输出大写字母 A
   putchar(A);          //变量 A 的值为 65，输出对应在 ASCII 表中的字符 A
   putchar('\x41');     //x41 为 A 的十六进制数表示形式
   putchar('\101');     //101 为 A 的八进制数表示形式
   return 0;
}
```

程序运行结果：

```
AAAA
```

putchar()将可视字符直接输出，而对控制字符则直接执行控制功能，不进行显示。

例如：

```
putchar('\n');    //换行
putchar('\a');    //响铃
```

2. **单个字符输入函数 getchar()**

getchar()是单个字符输入函数，其功能是从输入设备上输入一个字符。

其调用的一般形式为：

```
getchar();
```

通常把输入的字符赋给一个字符型变量，构成赋值语句，例如：

```
char a;
a=getchar();
```

【例 3.2】接收用户从键盘输入的字符并输出。

程序如下：

```
1    #include <stdio.h>
2    int main()
3    {
4       char a;
5       a=getchar();          //a 不带引号，为变量，接收用户从键盘输入的字符
6       putchar('a');         //'a'带引号，为字符 a
7       putchar('=');
8       putchar(a);
9       return 0;
10   }
```

程序运行时输入（↙表示按“Enter”键，后文同理）：

```
f↙
```

程序运行结果：

```
a=f
```

使用 getchar()和 putchar()函数还应注意以下几点。

① getchar()函数只接收单个字符，输入多于一个字符时，只接收第一个字符，如例 3.2 输入 65，则输出 a=6。

② getchar()函数接收的值可赋给一个字符型变量，也可赋给一个整型变量，如例 3.2 第 4 行也可定义为 int a;。

③ 执行 getchar()函数输入字符时，输入字符后需按“Enter”键，程序才会继续执行后续语句。

④ putchar()函数只能用于输出单个字符，如例 3.2 第 6、7 行。

3.3.3 格式数据的输入/输出

1. 格式数据输出函数 printf()

printf()是格式数据输出函数，其功能是在输出设备上按指定格式输出数据。

其调用的一般形式为：

```
printf("格式控制字符串" [,输出项列表]);
```

格式控制字符串是用双引号引起来的字符串。它一般包括两部分，即格式字符串和非格式字符串（需原样输出），它的作用是控制输出项的格式和输出一些提示信息。如果只有非格式字符串，则输出项列表省略。

例如：

```
printf("面朝大海，春暖花开");
```

程序运行结果：

```
面朝大海，春暖花开
```

输出项列表用于列出要输出的数据，可以有零个、一个或多个输出项，每个输出项之间用逗号分隔。输出的数据可以是整数、浮点数、字符和字符串。

例如：

```
int x=65;
printf("x 的值为 %d, x 对应 ASCII 字符为 %c \n",x,x);
```

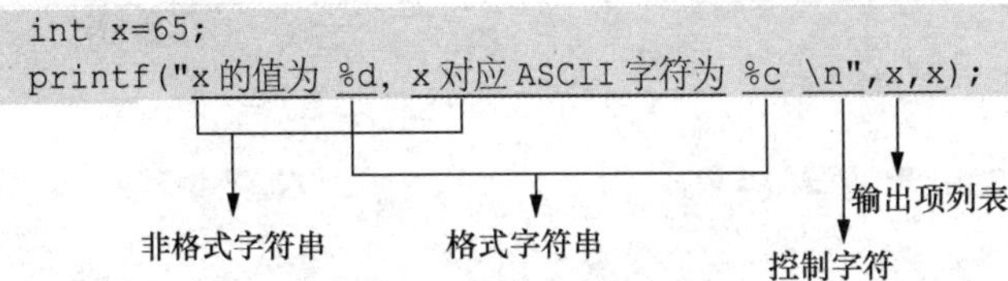

程序运行结果：

```
x 的值为 65, x 对应 ASCII 字符为 A
```

（1）格式字符串与输出项列表在数量和类型上要按顺序一一对应。

（2）格式字符串由“%”开始，并以格式字符结束，用于指定各输出项的格式。函数 printf()的常用格式字符串如表 3-2 所示。

表 3–2 函数 printf()的常用格式字符串

格式字符串	用法说明
%d	输出带符号的十进制整数，正数的符号省略。 如：int x=65; printf("%d",x); 输出为 65
%u	以无符号的十进制整数形式输出。 如：int x=-1; printf("%u" ,x); 输出为 65535
%o	以无符号的八进制整数形式输出，不输出前缀 o。 如：int x=65; printf("%o", x); 输出为 101
%x 或%X	以无符号的十六进制整数形式输出，不输出前缀 ox。 如：int x=65; printf("%x", x); 输出为 41
%c	输出一个字符。 如：int x=65; printf("%c",x); 输出为 A
%s	输出字符串。 如：char x[]="china"; printf("%s",x); 输出为 china
%f	以十进制小数形式输出浮点数（包括单精度浮点数、双精度浮点数），整数部分全部输出，小数部分输出 6 位（多出四舍五入，不足添 0）。 如：float x=4.8; printf("%f",x); 输出为 4.800000 double x=4.6786786; printf("%f",x); 输出为 4.678679
%e 或%E	以指数形式输出浮点数，要求小数点前必须有且仅有一位非零数字。 如：float x=0.06; printf("%e",x); 输出为 6.000000e-002
%g 或%G	自动选取%f 或%e 格式中输出宽度较小的一种使用，且不输出无意义的 0。 如：float x=0.0600; printf("%g",x); 输出为 0.06
%%	输出百分号%

（3）格式修饰符：在%与格式字符中间还可插入格式修饰符，用于对输出格式进行微调，如指定域宽、小数位数、对齐方式等。函数 printf()的常用格式修饰符如表 3-3 所示。

表 3-3　函数 printf()的常用格式修饰符

格式修饰符	用法说明
l	表示以长整型输出整数或以双精度浮点型输出浮点数
h	表示以短整型输出整数
m（m 为整数）	指定域宽，即输出项所占列数。 m 为正整数，数据宽度小于 m 时，在域内右对齐，左边用空格补足长度；数据宽度大于 m 时，按实际宽度全部输出。 m 为负整数，则输出数据在域内左对齐
.n（n≥0）	n 为正整数，位于域宽 m 之后，表示为 m.n。 对于浮点数，用于指定输出的小数位数。 对于字符串，用于指定从字符串左侧开始截取的子串的字符个数

%m.n 表示输出浮点数共占 m 个字符位置（包括小数点），其中有 n 位小数。

【例 3.3】格式输出。

程序如下：

```
#include <stdio.h>
int main()
{
  int x=65535;
  float y=123.1234567;
  double z=12345678.1234567;
  char w='p';
  printf("x=%hd,%ld,%6d\n",x,x,x);      //以短整型、长整型和指定长度输出整数，右对齐
  printf("y=%f,%lf,%8.2lf\n",y,y,y);   //%8.2lf 表示总共 8 位，小数占 2 位，右对齐，左边用
//空格补足长度
  printf("z=%f,%lf,%5.4lf\n",z,z,z);   //由于 5 小于 z 的实际长度，%5.4lf 表示 z 按实际长度
//输出，并保留 4 位小数
  printf("w=%c,%8c,%-8c \n",w,w,w);    //%-8c 表示将 w 左对齐，右边用空格补足长度
  return 0;
}
```

程序运行结果：

```
x=-1,65535,   65535
y=123.123459,123.123459,    123.12
z=12345678.123457,12345678.123457,12345678.1235
w=p,       p,p
```

2. 格式数据输入函数 scanf()

scanf()是格式数据输入函数，其功能是从输入设备上按指定格式输入数据。

其调用的一般形式为：

```
scanf("格式控制字符串",参数地址列表);
```

格式控制字符串也是用双引号引起来的字符串，一般包括格式字符串和非格式字符串两部分。格式字符串在 scanf()函数中的用法和在 printf()函数中的相同，非格式字符串在 scanf()中也需原样输入。

参数地址列表给出各变量的地址，地址由取地址运算符“&”加上变量名组成，地址间用逗号分隔。

&x 和&y 分别代表变量 x 和 y 在内存中的存储地址，它由 C 语言编译系统分配，用户不必关心

具体的地址是多少。

例如：

```
scanf("x= %d ,y= %d",&x,&y);
```

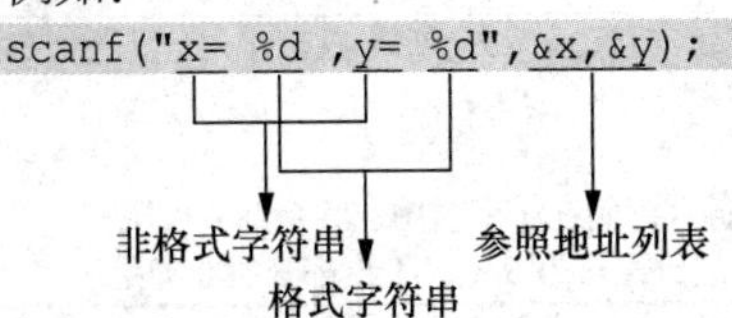

程序运行时输入：

```
x=10,y=20↙
```

注意，非格式字符串部分“x= ,y=”需原样输入。

【例 3.4】利用 scanf()与计算机交互，实现教育的本质问答。

程序如下：

```
#include<stdio.h>
int main()
{
  char userResponse;
  printf("教育的本质不在增添知识，而在唤醒灵魂\n");
  printf("同意吗？请输入 Y/N:");
  scanf("%c",&userResponse);
  printf("userResponse=%c\n",userResponse);
  return 0;
}
```

程序运行结果：

```
教育的本质不在增添知识，而在唤醒灵魂
同意吗？请输入 Y/N:
```

输入：

```
Y↙
```

输出：

```
userResponse=Y
```

（1）格式字符串与参数地址列表在数量和类型上要按顺序一一对应。

（2）格式字符串由“%”开始，并以格式字符结束，用于指定各输入项的格式。函数 scanf()的常用格式字符串如表 3-4 所示。

表 3–4　函数 scanf()的常用格式字符串

格式字符串	用法说明
%d	输入十进制整数
%o	输入八进制整数
%x	输入十六进制整数
%c	输入一个字符，空白字符（包括空格、回车符、制表符）也作为有效字符输入
%s	输入字符串，遇到空白字符（包括空格、回车符、制表符）时，系统认为输入结束（但在非空白字符之前遇到的空白字符会被系统跳过）
%f 或%e	输入浮点数，以小数或指数形式输入均可
%%	输入一个百分号%

（3）格式修饰符：与函数 printf()类似，在%与格式字符中间也可以插入格式修饰符。函数 scanf()的常用格式修饰符如表 3-5 所示。

表 3–5　函数 scanf()的常用格式修饰符

格式修饰符	用法说明
l	表示以长整型（如%ld）或双精度浮点型（如%lf）输入
h	表示以短整型或单精度浮点型输入

续表

格式修饰符	用法说明
m（m 为整数）	用十进制整数指定域宽，即输入数据的宽度（字符数），若字符数超出指定值，超出部分被截去。 如：scanf("%5f",&Pi); printf("%f",Pi); 输入：3.1415925 //只是把 3.141 这 5 个字符存储在了变量中，其余部分被截去 输出：3.141000 //浮点型数据默认小数位数通常为 6 位，不足部分添 0 补足

（4）scanf()函数不能实现精度控制，即用 scanf()输入浮点型数据时不能规定精度。如：

```
scanf("%.2f",&pi);     //非法的格式控制字符串
```

（5）在输入字符数据时，若格式控制字符串中没有指定分隔符，则所有输入的字符（包括空格）均为有效字符。如：

```
scanf("%c%c%c%c",&a,&b,&c,&d);
```

输入：

```
Hi Jerry↙
```

输出：

```
Hi J  //把 H 存储在变量 a 中，i 存储在变量 b 中，空格存储在变量 c 中，J 存储在变量 d 中，剩余部分被截去
```

（6）在输入字符串时，如果输入空格，则认为输入已结束。如：

```
char x[]="";
scanf("%s",x);
printf("%s",x);
```

输入：

```
John Smith↙
```

输出：

```
John     //scanf()只把 John 存储在字符数组 x 中，空格后的 Smith 被截去
```

3.4 顺序结构程序设计实例

【例 3.5】港珠澳大桥是世界上最长的跨海大桥，全长 55 千米，请输入车辆行驶时速，计算行驶通过港珠澳大桥所用的时间。

程序如下：

```
#include <stdio.h>
int main()
{
  int l=55;
  float s,time;
  printf("请输入时速：");
  scanf("%f",&s);
  time=l/s;
  printf("用时%.2f 小时通过港珠澳大桥！",time);
  return 0;
}
```

程序运行时输入：

```
请输入时速：81↙
```

程序运行结果：

```
用时 0.68 小时通过港珠澳大桥!
```

【例 3.6】输入 3 个字符，将它们反向输出。

程序如下：

```c
#include <stdio.h>
int main()
{
    char ch1,ch2,ch3;
    ch1=getchar();
    ch2=getchar();
    ch3=getchar();
    putchar(ch3);putchar(ch2);putchar(ch1);
    putchar('\n');
    return 0;
}
```

程序运行时输入：

```
Abc↙
```

程序运行结果：

```
cbA
```

例 3.6 也可用格式数据输入/输出函数实现，原程序可改为如下程序，运行结果相同。

```c
#include <stdio.h>
int main()
{
    char ch1,ch2,ch3;
    scanf("%c%c%c",&ch1,&ch2,&ch3);
    printf("%c",ch3);
    printf("%c",ch2);
    printf("%c\n",ch1);
    return 0;
}
```

【例 3.7】求方程 $ax^2+bx+c=0$ 的根，a、b、c 由键盘输入，设 $b^2-4ac\geqslant 0$，可知

$$x=\frac{-b\pm\sqrt{b^2-4ac}}{2a}$$

令：

$$p=\frac{-b}{2a}\qquad q=\frac{\sqrt{b^2-4ac}}{2a}$$

则：

$$x_1=p+q\qquad x_2=p-q$$

程序如下：

```c
#include <stdio.h>
#include <math.h>
int main()
{
    float a,b,c,disc,x1,x2,p,q;
    scanf("a=%f,b=%f,c=%f",&a,&b,&c);
    disc=b*b-4*a*c;
    p=-b/(2*a);
    q=sqrt(disc)/(2*a);
    x1=p+q;
    x2=p-q;
    printf("x1=%5.2f\nx2=%5.2f\n",x1,x2);
    return 0;
}
```

程序运行时输入：

```
a=3,b=6,c=2↙
```

程序运行结果：

```
x1=-0.42
x2=-1.58
```

程序说明：

例 3.7 依次计算 p、q、x1、x2 的值，程序按从上到下的顺序依次执行。注意将公式描述成表达式时，要符合 C 语言语法和语义的要求。

本章小结

1. 重难点

（1）C 语言中数据输入/输出的实现。

（2）单个字符输出函数 putchar()。

```
putchar(字符型变量);
```

（3）单个字符输入函数 getchar()。

```
getchar();
```

（4）格式数据输出函数 printf()。

```
printf("格式控制字符串" [,输出项列表]);
```

（5）格式数据输入函数 scanf()。

```
scanf("格式控制字符串",参数地址列表);
```

使用 printf()函数与格式控制字符串可以完成许多复杂格式的输出。要特别注意，使用 scanf()函数接收变量的值时，输入的值与类型必须一一对应，否则会使变量赋值不正确。

2. 常见错误

（1）C 语言中的变量名是区分大小写的。

例如：

```
#include <stdio.h>
int main()
{
int a,b,c;
scanf("%d,%d",&a,&b);
A=b*c;
printf("a=%d\n",a);
}
```

程序编译时，会出现如下错误信息：

```
error C2065: "A": 未声明的标识符(或 undeclared identifier)
```

（2）scanf()函数的参数中，参数地址项出错，遗漏&符号。

例如：

```
int a,b,c;
scanf("%d,%d",b,c);
a=b*c;
```

程序编译时会给出警告信息：

```
warning C4700: 使用了未初始化的局部变量“c”
warning C4700: 使用了未初始化的局部变量“b”
```

尽管编译通过，但在运行时，会弹出图 3-9 所示的对话框后停止运行。

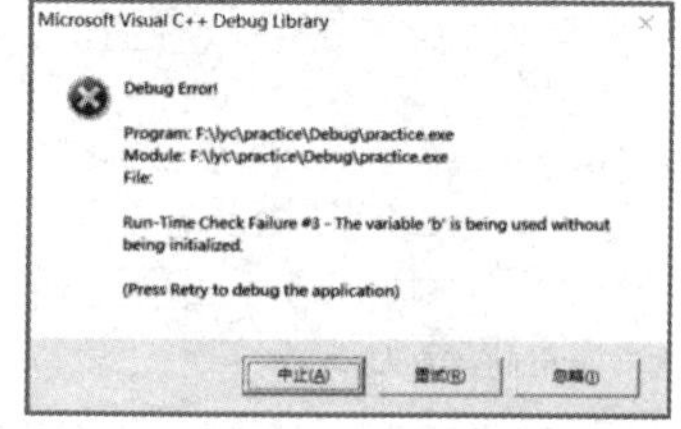

图 3-9 对话框

（3）scanf()和 printf()函数的参数中，格式字符串与对应变量类型不一致。特别是双精度浮点型，应用%lf。

例如：

```
int a;float b;double c;
scanf("%d,%f,%lf",&a,&b,&c);
printf("%d,%f,%lf",a,b,c);
```

（4）在 scanf()函数中规定精度。

```
scanf("%.2f ",&a);
```

（5）符号输入错误。

```
scanf("%lf",&a);   //此处%后面为字母“L”的小写形式，而不是数字 1
```

（6）定义的数据类型与格式字符串不能匹配，导致结果出错。

常见错误包括变量不管定义为什么数据类型，在使用格式字符串时一律用%d。

例如：

① 无法输出字符。

```
char a='s';
printf("%d",a);    //输出变量 a 中存储的字符 s 对应的 ASCII 值，无法输出字符 S，需改为%c
```

② 错误使用导致结果出错。

```
float s,a=3.57;
s=3.14*a*a;
printf("%d",s);    //结果为 536870912，变量 s 定义为 float，输出格式符为%d，导致结果出错。此处应将%d 改为%f，结果为 40.018986
```

上述几种常见错误，可通过扫描二维码查看。

习题 3

一、判断题

1. 用格式字符串“%d”输出单精度浮点型变量时，截断小数位并取整后输出。(　　)
2. 用格式字符串“%6.3f”输出 i（i=123.45）时，输出结果为 123.450。(　　)
3. printf()函数中的格式字符串“%c”只能用于输出字符型数据。(　　)

二、选择题

1. 以下程序的运行结果是（　　）。

```
int main()
{ unsigned int a;
 int b=-1;
 a=b;
 printf("%u",a);
}
```

A. -1　　B. 65535　　C. 32767　　D. -32768

2. 以下程序的运行结果是（　　）。

```
#include<stdio.h>
int main()
{
```

```
 int x=10, y=10; printf("%d %d\n", x--, --y);
}
```

A. 9 10　　B. 10 9　　C. 10 10　　D. 9 9

3. 有以下程序

```
#include <stdio.h>
int main()
{
  char a,b,c,d;
  scanf("%c,%c,%d,%d",&a,&b,&c,&d);
  printf("%c,%c,%c,%c\n",a,b,c,d);
}
```

若运行时从键盘上输入：6,5,65,66↙，则输出结果是（　　）。

A. 6,5,A,B　　B. 6,5,65,66　　C. 6,5,6,5　　D. 6,5,6,6

4. 以下程序的运行结果是（　　）。

```
#include<stdio.h>
int main()
{
      int a;
      char c=10;
      float g=123.456;
      double h;
      a=g/=c*=(h=6.5);
      printf("%d %d %3.2f  %3.2f \n",a,c,g,h);
}
```

A. 1 65 1.90 6.50　　B. 0 10 123.46 6.5　　C. 1 10 1.90 6.5　　D. 0 65 1.90 6.50

5. 设 x、y 均为整型变量，且“int x=10,y=3;”，则下列语句的输出结果是（　　）。

```
printf("%d,%d\n",x--,--y);
```

A. 10,3　　B. 9,3　　C. 9,2　　D. 10,2

6. 有语句“scanf("%d,%d,%d",&a,&b,&c);”，为使变量 a 的值为 3，b 的值为 7，c 的值为 5，从键盘上输入数据的正确格式是（　　）。

A. 375↙　　B. 3,7,5↙　　C. a=3,b=7,c=5↙　　D. 3□5□7↙

三、读程序写结果

1. 以下程序的输出结果是______。

```
int main()
{
char x='a',y='b';
printf("%d\\%c\n",x,y);
printf("x=\'%3x\',\'%-3x\'\n",x,x);
return 0;
}
```

2. 以下程序的输出结果是______。

```
#include"stdio.h"
int main()
{
int k=65;
printf("k=%d,k=%0x,k=%c\n",k,k,k);
return 0;
}
```

3. 以下程序的输出结果是______。

```
#include"stdio.h"
int main()
{
int i=1;
printf("%d\n",-i++);
```

```
printf("%d\n",i);
i=1;
printf("%d\n",-++i);
printf("%d\n",i);
return 0;
}
```

4. 以下程序的输出结果是______。

```
#include"stdio.h"
int main()
{
int a=678;
printf("%2d\n",a);
return 0;
}
```

5. 以下程序的输出结果是______。

```
#include"stdio.h"
int main()
{
int a=3;
printf("%d,%d\n",a,(a-=a*a));
return 0;
}
```

四、编程题

1. 编写一个程序，通过输入三角形的 3 条边，求该三角形的面积。例如，三角形的边长为 a、b、c，则面积为 $S=\sqrt{l(l-a)(l-b)(l-c)}$，其中 $l=(a+b+c)/2$。

要求：边长为正整数，面积保留一位小数。

2. 编写一个程序，输入某学生某课程的平时成绩和期末成绩，根据公式计算并输出该学生该课程的总评成绩——平时成绩×30%+期末成绩×70%。

要求：平时成绩、期末成绩为非负整数，总评成绩四舍五入以取整。

3. 输入 3 位正整数并反向输出，如：输入 356，输出 653。

4. 编写程序，输入一个字符，找出它的前一个字符和后一个字符，并根据 ASCII 值从小到大输出这 3 个字符及其对应的 ASCII 值。

AI 赋能：解锁未来

AI 大模型求知

了解《黑神话：悟空》主要采用的开发语言，了解 C 与 C++的异同。

与 AI 对话

输入三位正整数，反向输出，如：输入 356，输出 653。

选择大模型用 C 语言实现程序时，由于 C 标准不同代码会有区别，需了解运行环境支持 C 语言。以 VC++ 2010 为例，其默认支持的 C 语言标准主要是 C89，部分支持 C99 特性，但不完全兼容 C99。为了让大模型准确写出在环境中能运行的 C 程序，我们在 DeepSeek 中输入提示词时，可加上“请按 C89 标准用 C 语言实现”。请自行尝试并运行程序。

04

第 4 章　选择结构程序设计

本章导读

顺序结构是较为基本和简单的一种结构，但它不能解决所有的问题。在工作生活中，我们常需要判断结果做出选择，执行下一步操作。这类问题需采用选择结构。选择结构也称为分支结构，它是三大基本程序结构之一。

本章将介绍在选择结构程序设计中，用于实现简单选择结构和多分支选择结构的语句。这些语句增强了程序的功能，也增强了程序的逻辑性与灵活性。

4.1　简单选择结构

简单选择结构有单分支选择结构和双分支选择结构两种，用 if 语句实现。程序根据判断结果的真与假，选择分支语句组执行。

4.1.1　单分支 if 语句

单分支 if 语句的一般形式为：

```
if(表达式) 语句;
```

其语义为：首先判断表达式的值，如果表达式的值为真（非 0），则执行后面的语句，否则不执行。语句与表达式可写在一行，也可换行写。

"if(表达式)"不是单独的语句，所以无分号。

单分支 if 语句执行流程如图 4-1 所示。

【例 4.1】从键盘输入一个数，如果是正数则输出，否则不输出。

程序如下：

```
#include <stdio.h>
int main()
{
  int a;
  printf("输入 a 的值:");
  scanf("%d",&a);
  if(a>0)printf("a=%d\n",a);
  return 0;
}
```

程序运行结果：

```
输入 a 的值:5↙
a=5

输入 a 的值:-5↙
```

程序说明：

当 a 为正数时，程序输出 a 的值；当 a 为负数时，程序什么都不输出。其中第 7 行改写为：

```
if(a>0)
printf("a=%d\n",a);
```

也能得到正确运行结果。

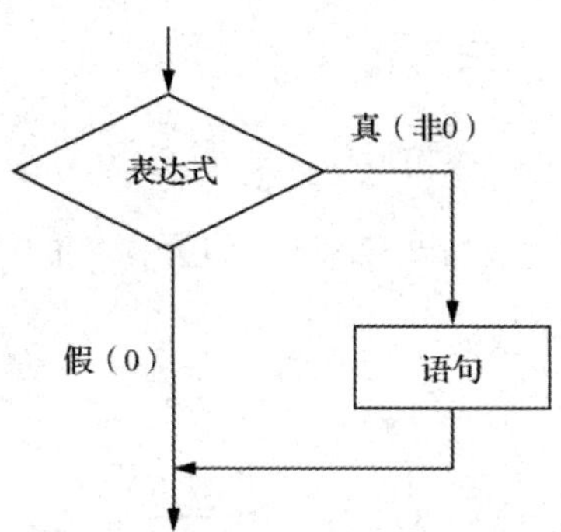

图 4-1　单分支 if 语句执行流程

【例 4.2】从键盘输入两个数，将较小的一个数输出。

程序如下：

```
#include <stdio.h>
int main()
{
    int min,a,b;
    printf("输入 a,b 两个整数: ");
    scanf("%d,%d",&a,&b);
    if(a>b) min=b;              //判断 a 是否大于 b，若条件成立，则将 b 的值赋给 min
    if(a<=b) min=a;             //判断 a 是否小于等于 b，若条件成立，则将 a 的值赋给 min
    printf("min=%d\n",min);
    return 0;
}
```

程序运行结果：

```
输入 a,b 两个整数: 7,5↙
min=5
```

【例 4.3】小明的姐姐在旅行社工作，旅行社为了争取更多的游客，给出优惠措施：5 人（及以上）团购，团费 8 折。姐姐请小明帮忙，设计一个可以根据输入的人数和团费，计算实际应付团费的程序。小明该怎么设计这个程序呢？

程序如下：

```
#include<stdio.h>
int main()
{
    int p;
    float c;
    printf("输入人数 p=");
    scanf("%d",&p);
    printf("输入团费 c=");
    scanf("%f",&c);
```

```
        if(p>=5)
            c=c*0.8;
        printf("费用为:%.2f\n",c);
        return 0;
    }
```

程序运行结果：

```
输入人数 p=6↙
输入团费 c=430↙
费用为:344.00
```

4.1.2 双分支 if 语句

双分支 if 语句的一般形式为：

```
if (表达式)  语句 1;
else  语句 2;
```

其语义为：首先判断表达式的值，如果表达式的值为真（非 0），则执行语句 1，否则执行语句 2，双分支 if 语句执行流程如图 4-2 所示。

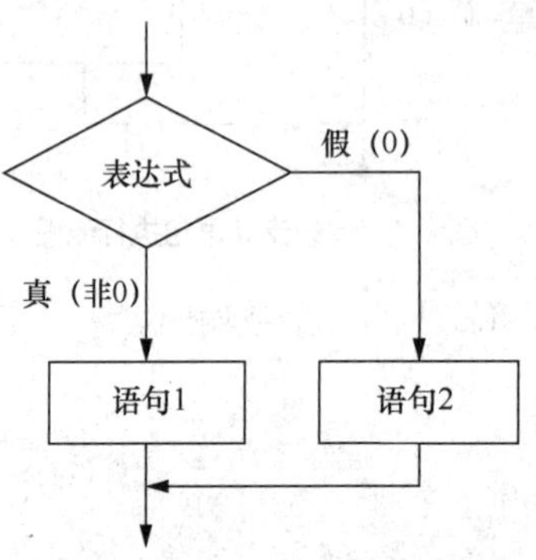

图 4-2 双分支 if 语句执行流程

【例 4.4】使用双分支 if 语句改写例 4.2。

程序如下：

```
#include <stdio.h>
int main()
{
    int min,a,b;
    printf("输入 a,b 两个整数: ");
    scanf("%d,%d",&a,&b);
    if(a>b) min=b;              //使用双分支 if 语句来解决例 4.2 的问题
    else  min=a;
    printf("min=%d\n",min);
    return 0;
}
```

【例 4.5】判断一个正整数的奇偶性。

程序如下：

```
#include <stdio.h>
int main()
{
    int a;
    printf("请输入正整数 a: ");
    scanf("%d",&a);
    if(a%2==0)                          //判断 a 是否能被 2 整除
        printf("%d 是偶数\n",a);
```

```
    else
        printf("%d 是奇数\n",a);
    return 0;
}
```

程序运行结果：

```
请输入正整数 a：13↙
13 是奇数
```

【例 4.6】小明准备考驾照，在学习相关法律法规的时候他了解到，如果道路限速为 80km/h，当车辆速度大于此值时为“超速通过”，否则为“正常通过”。小明想自己设计程序实现判断是否超速，该怎么设计呢？

程序如下：

```
#include<stdio.h>
int main()
{
    int v;
    printf("输入车辆速度：");
    if(v>80)
        printf("超速通过");
    else
        printf("正常通过");
    return 0;
}
```

程序运行结果：

```
输入车辆速度：76↙
正常通过
```

4.2　多分支选择结构

4.2.1　多分支 if 语句

if 语句有 3 种形式，除了在简单选择结构中的单分支 if 语句和双分支 if 语句两种外，还有多分支 if 语句，即 if...else if 语句。当有多个分支可供选择时，可采用第三种形式。

多分支 if 语句的一般形式为：

```
if (表达式 1)
      语句 1;
else if (表达式 2)
      语句 2;
…
else if (表达式 n)
      语句 n;
else
      语句 n+1;
```

每个 else 和 if 中间有空格。

其语义为：首先依次判断表达式的值，当某个表达式的值为真（非 0）时，则执行对应语句，然后跳到整个 if 语句之外继续执行程序。如果所有表达式的值都为假，则执行语句 n+1，然后继续执行整个 if 语句之外的后续程序。多分支 if 语句执行流程如图 4-3 所示。

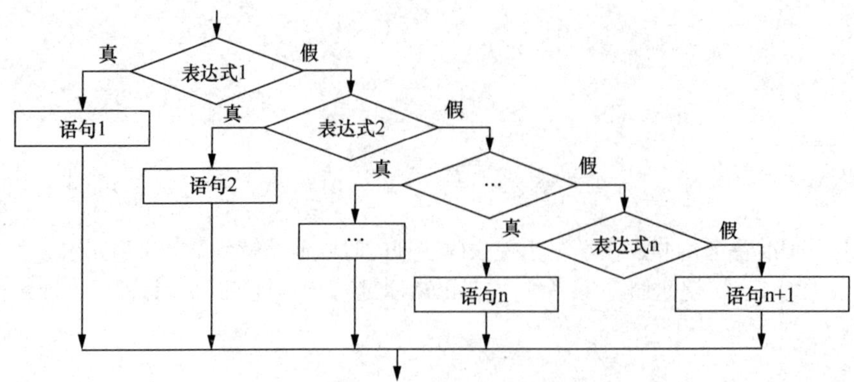

图 4-3　多分支 if 语句执行流程

【例 4.7】输入分数，要求为 0～100 的整数，输出相应的成绩等级。

（1）输入 90～100，输出 A。

（2）输入 80～89，输出 B。

（3）输入 70～79，输出 C。

（4）输入 60～69，输出 D。

（5）输入 0～59，输出 E。

程序如下：

```
#include <stdio.h>
int main()
{
    int score;
    char grade;
    printf("请输入你的分数（0～100）: ");
    scanf("%d", &score);
    if (score >= 90)
        grade = 'A';
    else if (score >= 80)
        grade = 'B';
    else if (score >= 70)
        grade = 'C';
    else if (score >= 60)
        grade = 'D';
    else
        grade = 'E';
    printf("你的成绩等级是: %c\n", grade);
    return 0;
}
```

程序运行结果：

```
请输入你的分数（0～100）: 76↙
你的成绩等级是: C
```

注意，if 后面的表达式要用“()”括起来，要掌握表达式中逻辑运算符与关系运算符的使用方法。

【例 4.8】某购物网站推出以下优惠促销活动：购物满 50 元，打 9 折；购物满 100 元，打 8 折；购物满 200 元，打 7 折；购物满 300 元，打 6 折。编程计算当购物满 s 元时，实际付款额为多少。

程序如下：

```
#include <stdio.h>
int main()
{
      float s,f;              //消费额 s 和实际付款额 f，可能存在小数，所以定义为单精度浮点型
```

```
    printf("输入消费额：\n");
    scanf("%f",&s);
    if(s<50)
        f = s;
    else  if (s<100)
        f = s*0.9;
    else if (s<200)
        f = s*0.8;
    else  if (s<300)
        f = s*0.7;
    else
        f = s*0.6;
    printf("实际付款额为：%.2f 元\n",f);    //实际付款额，输出 2 位小数的浮点数
    return 0;
}
```

程序运行结果：

```
输入消费额：
623↙
实际付款额为：373.80 元
```

4.2.2 if 语句的嵌套

if 语句用于条件判断时，哪个条件满足就执行该条件下的语句。但是当遇到需要同时满足两个或者多个条件的情况时该怎么办呢？

例如，对于任意的整数，判断其能否被 3 整除的同时被 5 或者 7 整除。

方法一，用逻辑与（&&）和逻辑或（‖）描述为：

```
num%3==0&&(num%5==0‖num%7==0)
```

方法二，用 if 语句的嵌套，参见例 4.9。

if 语句的嵌套是指在 if 语句的执行语句中又有 if 语句。

if 语句的嵌套的形式为：

```
if (表达式 1)
    if (表达式 2)
        语句 1;
 else
        语句 2;
 else
    if (表达式 3)
        语句 3;
    else
        语句 4;
```

其语义为：外层 if 表达式 1 成立，再判断内层 if 表达式 2 是否成立，如果成立执行语句 1，不成立执行语句 2；如果外层 if 表达式 1 不成立，则判断内层 if 表达式 3 是否成立，如果成立执行语句 3，不成立则执行语句 4。

当然，根据具体应用场合，if 语句的嵌套可能以不完整形式出现，可以有省略的情况。

为了避免出现二义性，C 语言中规定，在 if 语句的嵌套中，按照“就近配对”的原则，即 else 总是与它前面离它最近的未被配对的 if 配对，也可以将内层 if 语句用“{}”括起来，使得层次更清晰。

如下例，“{}”的位置不同，输出的结果不同：

原程序：默认和后一个 if 配对

```
#include "stdio.h"
int main()
{
     int n=3,z,a=5,b=2;
     if(n>0)
         if(a>b)
             z=a;
         else
             z=b;
         printf("%d",z);
         return 0;
}
```

输出：5

```
#include "stdio.h"
int main()
{
      int n=3,z,a=2,b=5;
      if(n>0)
          {if(a>b)
              z=a;}
      else
          z=b;
      printf("%d",z);
     return 0;
}
```

无输出

```
#include "stdio.h"
int main()
{
      int n=3,z,a=2,b=5;
      if(n>0)
          {if(a>b)
              z=a;
          else
              z=b; }
     printf("%d",z);
     return 0;
}
```

输出：5

（加上{}，按层次缩进）

【例 4.9】对于任意的整数，判断其能否被 3 整除的同时被 5 或者 7 整除，若能则输出“yes”，否则输出“no”。用 if 语句的嵌套实现该功能。

程序如下：

```
#include <stdio.h>
int main()
{
    int num;
    printf("please input num:");
    scanf("%d",&num);
    if(num%3==0)                    //外层 if 语句
    {
       if(num%5==0 || num%7==0)   //内层 if 语句
            printf("yes\n");
       else
            printf("no\n");
    }
    else
       printf("no\n");
    return 0;
}
```

程序运行结果（进行两次输入）：

```
please input num:344↙
no

please input num:63↙
yes
```

使用 if 语句的注意事项如下。

（1）if 语句的表达式可以是逻辑表达式、关系表达式、赋值表达式，也可以是一个变量。

（2）if(k=9)、if(c)都是合法的，只要值是非 0 即可执行对应语句。

（3）表达式用括号括起来，后面不能加分号，后面跟的语句要加分号。

（4）如果表达式后面的语句不是单语句，需要用“{}”括起来，“}”后面不能加分号。

（5）嵌套关系中尽量按层次缩进，增加程序的可读性。

4.2.3 switch 语句

4.2.1 小节介绍了多分支选择结构可以用 if...else if 语句实现，但通常用它进行模糊条件匹配，当进行多个精确条件匹配时，用这种语句来解决问题，程序结构会显得很复杂，甚至凌乱。

我们也可以用 if 语句的嵌套来解决问题，但分支越多，程序嵌套层数越多，程序就越复杂，会造成程序冗余并且降低可读性。

这时可以选择 C 语言的另一种多分支结构——switch 语句。switch 语句擅长处理一些分支较多且很有规律的精确条件匹配。通常也称 switch 语句为情况语句或开关语句。

switch 语句一般形式为：

```
switch(表达式)
{
    case 常量1: 语句1;[break;]
    case 常量2: 语句2;[break;]
    …
    case 常量n: 语句n;[break;]
    default: 语句n+1;
}
```

其语义为：计算表达式的值，并依次与常量的值比较，当表达式的值与某个 case 后常量的值相等时，即执行其后的语句，然后不再进行比较，继续执行该 case 后的所有语句，这和前面讲过的 if 语句完全不同，要特别注意。如果表达式的值与所有 case 后常量的值均不相等，则执行 default 后的语句。C 语言提供了一种 break 语句，用于跳出 switch 语句。在每个 case 后面增加 break 语句，使每一次执行之后均可跳出 switch 语句，从而避免输出不应有的结果。switch 多分支选择结构流程如图 4-4 所示。

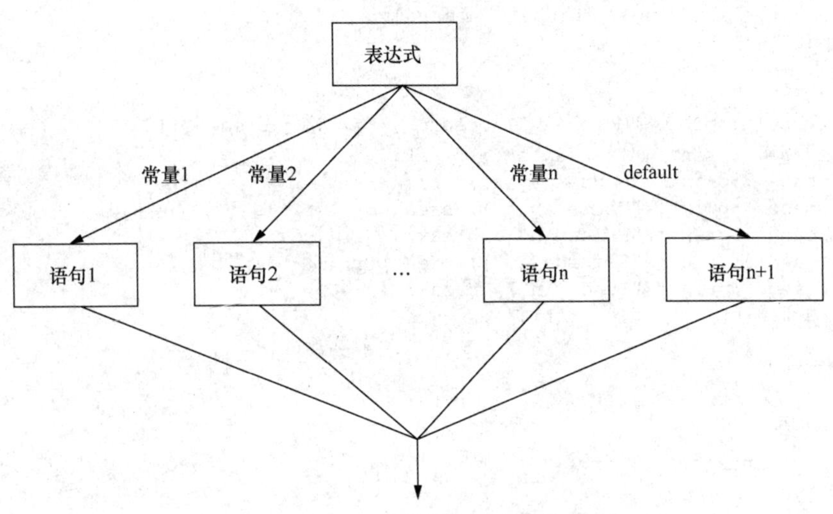

图 4-4　switch 多分支选择结构流程

【例 4.10】输入一个数字，输出对应星期几的英文单词。

程序如下：

```
#include <stdio.h>
int main()
{
  int a;
  printf("please input integer number:");
  scanf("%d",&a);
  switch(a)
  {
      case 1:printf("Monday\n");
      case 2:printf("Tuesday\n");
      case 3:printf("Wednesday\n");
      case 4:printf("Thursday\n");
      case 5:printf("Friday\n");
      case 6:printf("Saturday\n");
```

```
        case 7:printf("Sunday\n");
        default: printf("error\n");
      }
      return 0;
  }
```

程序运行结果：

```
please input integer number:4↙
Thursday
Friday
Saturday
Sunday
error
```

程序说明：

从例 4.10 程序的运行结果可以看出，当用户输入 4 时，程序输出了 Thursday 及其他内容，显然这不是我们所希望的结果。

【**例 4.11**】对例 4.10 进行改进。

程序如下：

```
#include <stdio.h>
int main()
{
 int a;
 printf("Please input integer number:");
 scanf("%d",&a);
 switch(a)
 {
     case 1:printf("Monday\n");break;     //增加了 break 语句
     case 2:printf("Tuesday\n"); break;
     case 3:printf("Wednesday\n"); break;
     case 4:printf("Thursday\n"); break;
     case 5:printf("Friday\n"); break;
     case 6:printf("Saturday\n"); break;
     case 7:printf("Sunday\n"); break;
     default: printf("error\n");
 }
 return 0;
}
```

程序运行结果：

```
Please input integer number:4↙
Thursday
```

使用 switch 语句应注意以下几点。

（1）表达式的值只能是整型或字符型。

（2）default 可以省略，根据问题实际情况选择。

（3）每个 case 后面的常量的值必须不同，否则会出现矛盾。

（4）多个 case 子句可共用同一语句。

（5）case 后面的“常量”仅起语句标号作用，即作为用于标识和区分不同 case 分支的唯一标识符，并不进行条件判断，系统一旦找到入口，就从此标号开始执行，不再进行标号判断，直到执行 break 语句，才跳出整个 switch 语句。

4.2.4　多分支 if 语句与 switch 语句的比较

多分支 if 语句与 switch 语句都可以用来解决多分支问题，两种语句的比较如下。

（1）多分支 if 语句适用于模糊条件匹配，如判断一个值是否处在某个区间；而 switch 语句适用于精确条件匹配。

（2）分支较少时，多分支 if 语句的效率比 switch 语句的高；分支较多且取值有规律时，适合使用 switch 语句。

（3）switch 语句的效率一般比多分支 if 语句的高，switch 语句的表达式只计算一次，多分支 if 语句的每个表达式都至少要计算一次。

4.3　选择结构程序设计实例

【例 4.12】3 只小猪：输入 3 只小猪的体重，比较后按从大到小的顺序输出。

程序如下：

```
#include <stdio.h>
int main()
{
    int a,b,c,t;
    printf("请任意输入 3 只小猪的体重（0～30 千克，空格分隔）：\n");
    scanf("%d %d %d",&a,&b,&c);
    if (a<b) {t=a; a=b; b=t;}     //用了 3 个并列的 if 语句解决问题
    if (a<c) {t=a; a=c; c=t;}
    if (b<c) {t=b; b=c; c=t;}
    printf("从大到小排列为：%d %d %d\n",a,b,c);
    return 0;
}
```

程序运行结果：

```
请任意输入 3 只小猪的体重（0～30 千克，空格分隔）：
21 9 16↙
从大到小排列为：21 16 9
```

程序说明：

由于满足每个 if 表达式后，需执行 3 条语句，故需给这 3 条语句加“{}”。

【例 4.13】输入两个操作数和运算符，计算组成的表达式的值。假设两个操作数均为整数且运算符有+、-、*、/。

程序如下：

```
#include <stdio.h>
int main()
{
    int a,b;
    char c;
    scanf("%d %d %c",&a,&b,&c);
    switch(c)
        {
            case '+':printf("%d%c%d=%d\n",a,c,b,a+b);break;
            case '-':printf("%d%c%d=%d\n",a,c,b,a-b);break;
            case '*':printf("%d%c%d=%d\n",a,c,b,a*b);break;
            case '/':
                {
                    if(b==0)      //当分母为 0 时，输出“Divided by zero!”
                        printf("Divided by zero!\n");
                    else
                        {
                            if(a%b==0)    //当 a 能被整除时，结果取整不要小数
                                printf("%d%c%d=%d\n",a,c,b,a/b);
                            else      //当 a 不能被整除时，保留两位小数
                                printf("%d%c%d=%.2f\n",a,c,b,(double)a/b);
                        }
```

```
                    }
                        break;
                    default:printf("Input Error!\n");
           }
      return 0;
  }
```

程序运行结果（进行 4 次输入）：

```
4 5 +↙
4+5=9

3 0 /↙
Divided by zero!

24 8 /↙
24/8=3

7 3 /↙
7/3=2.33
```

【例 4.14】输入某年某月某日，判断这一天是这一年的第几天。

程序如下：

```
#include <stdio.h>
int main()
{
    int day,month,year,sum,leap;
    printf("请输入年、月、日\n");
    scanf("%d %d %d",&year,&month,&day);
    switch(month)     //先计算某月以前月份总天数
    {
        case 1:sum=0;break;
        case 2:sum=31;break;
        case 3:sum=31+28;break;
        case 4:sum=31+28+31;break;
        case 5:sum=2*31+28+30;break;
        case 6:sum=3*31+28+30;break;
        case 7:sum=3*31+28+2*30;break;
        case 8:sum=4*31+28+2*30;break;
        case 9:sum=5*31+28+2*30;break;
        case 10:sum=5*31+28+3*30;break;
        case 11:sum=6*31+28+3*30;break;
        case 12:sum=6*31+28+4*30;break;
        default:printf("data error");
    }
    sum=sum+day;           //再加上某日对应的天数
    {
        if(year%400==0 || (year%4==0 && year%100!=0))    //判断是不是闰年
        leap=1;
        else
        leap=0;
    }
    if(leap==1 && month>2)
        sum++;
    printf("这是一年的第%d 天!",sum);
    return 0;
}
```

程序运行结果（进行两次输入）：

```
请输入年、月、日
2020 3 5↙
这是一年的第 65 天!
```

```
请输入年、月、日
2021 3 5↙
这是一年的第 64 天!
```

程序说明：

以 3 月 5 日为例，上述程序的设计思想是先把前两个月的天数加起来，然后加上 5 天得出是这一年的第几天。该程序可用 switch 语句实现，如果这一年是闰年且输入月份大于等于 3，需多加一天。

【例 4.15】自动贩卖机：1、2 或 3 代表不同饮品，显示用户选择了什么饮品。

程序如下：

```
#include<stdio.h>
#include<stdlib.h>
int main()
{
    int drink;
    printf("选择一款饮品\n");
    printf("1.Coffee\n");
    printf("2.Tea\n");
    printf("3.Coca-Cola\n");
    printf("请输入 1～3 的整数：");
    scanf("%d",&drink);
    system("cls");                          //清屏，使用时需包含头文件 stdlib.h
    switch(drink)
    {
    case 1:
        printf("The Coffee was chosen");break;
    case 2:
        printf("The Tea was chosen");break;
    case 3:
        printf("The Coca-Cola was chosen");break;
    default:
        printf("\n error! \n");break;
    }
    printf("\n");
    return 0;
}
```

程序运行结果：

```
选择一款饮品
1.Coffee
2.Tea
3.Coca-Cola
请输入 1～3 的整数：2↙
The Tea was chosen
```

【例 4.16】铁路运货的费用与里程数有关：不足 50 千米，1 元/（吨·千米）；大于等于 50 千米、小于 100 千米，0.9 元/（吨·千米）；大于等于 100 千米、小于 200 千米，0.8 元/（吨·千米）；大于等于 200 千米，0.7 元/（吨·千米）。计算里程数为 s 千米时的运费。

程序如下：

```
#include<stdio.h>
int main()
{
    float s,total;
    printf("输入里程数:");
    scanf("%f",&s);
    if(s>0&&s<50)                  //注意 if 后面的表达式中，关系运算符与逻辑运算符的用法
        total=s*1;
```

```
        else if(s>=50&&s<100)
              total=50*1+(s-50)*0.9;
        else if(s>=100&&s<200)
              total=50*1+50*0.9+(s-100)*0.8;
    else if(s>=200)
        total=50*1+50*0.9+100*0.8+(s-200)*0.7;
    else
        total=0;
    printf("%.2f",total);
    }
```

程序运行结果：

```
输入里程数:128.4↙
117.72
```

本章小结

1. 重难点

（1）对于多分支问题，可以用多分支 if 语句、if 语句的嵌套及 switch 语句 3 种方式解决，学会根据具体问题具体分析，选择更优的方案。多分支 if 语句更多用于模糊条件匹配，switch 语句更多用于精确条件匹配。

（2）使用 if 语句的嵌套解决问题时，注意 if 与 else 的配对关系。

2. 常见错误

（1）if 与 else 的配对关系，if 可以单独用，else 不可以。默认情况下，if 和 else 部分都只能执行一条语句，若要执行多条语句，要用{}来实现。

例如：

```
if(x>y)
   {x+=1;
   printf("%d",x);}        //同时执行两条语句，要加{}，否则程序会出错
else
   {y+=1;
printf("%d",y);}
```

（2）缺少 break 造成输出结果出错。例如，编写程序，当 a=3 时，输出 level 3。

程序如下：

```
switch(a)
{
 case 1:printf("level 1\n");
 case 2:printf("level 2\n");
 case 3:printf("level 3\n");
 case 0:printf("level 0\n");
}
```

程序运行，输入 3 则输出

```
level 3
level 0
```

结果出错。

根据程序执行需求，应在适当位置加上 break 语句。在 switch 语句中使用 break 的作用，是结束对应的 case 分支，并结束 switch 语句的执行。

程序修改如下：

```
switch(a)
{
 case 1:printf("level 1\n");break;
 case 2:printf("level 2\n");break;
```

```
 case 3:printf("level 3\n");break;
 case 0:printf("level 0\n");
}
```

注意，最后一个 case 后面的 break 可以省略。

（3）switch 表达式的值只能是顺序类型（除了浮点型以外的简单类型），且每个值只能在 case 分支中出现一次。

例如：

```
switch(a)
{
   case 1:printf("level 1");break;
   case 2:printf("level 2");break;
   case 3:printf("level 3");break;
   case 2:printf("level 0");break;
}
```

在 case 分支中，2 出现了两次，这个程序是错的。

上述几种常见错误，可通过扫描二维码查看。

习题 4

一、选择题

1. 以下程序的运行结果是（　　）。

```
#include "stdio.h"
int main()
{
int n='e';
switch(n--)
{
default: printf("error ");
case 'a':
case 'b': printf("good "); break;
case 'c': printf("pass ");
case 'd': printf("warn ");
}
return 0;
}
```

A. error　　B. good　　C. error good　　D. warn

2. 已知“int x=43,char ch='A',int y=0;”，则表达式“x>=y && ch<'B' && !y”的值是（　　）。

A. 0　　B. 语法错误　　C. 1　　D. “假”

3. 设有“int a=0,b=5,c=2,x=0”，下面可以执行到 x++的语句是（　　）。

A. if(a) x++;　　B. if(a=b) x++;

C. if(a>=b) x++;　　D. if(!(b–c)) x++;

4. 已知“int x=1,y=2,z=0”，执行语句“z=x>y?(10+x):(20+y,20−y)”后，z 的值为（　　）。

A. 11　　B. 9　　C. 18　　D. 22

5. 下面程序的运行结果是（　　）。

```
#include<stdio.h>
int main()
```

```
{
    int a=5,b=4,c=3,d;
    d=(a>b>c);
    printf("d=%d\n",d);
}
```

A. d=1　　B. d=12　　C. d=3　　D. d=0

6. 下面程序的运行结果是（　　）。

```
#include<stdio.h>
int main()
{
    int a=1,b=2,m=0,n=0,k;
    k=(n=b>a) || (m=a+b);
    printf("k=%d,m=%d",k,m);
}
```

A. k=2,m=3　　B. k=1,m=0　　C. k=0,m=1　　D. k=1,m=1

7. 运行两次下面的程序，如果从键盘上分别输入 6 和 4，则输出的结果是（　　）。

```
#include"stdio.h"
int main()
{
    int x;
    scanf("%d",&x);
    if(x>5)
    {
        printf("%d",x);
    }
    else
    {
        printf("%d\n",x--);
    }
    return 0;
}
```

A. 7 和 5　　B. 6 和 3　　C. 7 和 4　　D. 6 和 4

二、读程序写结果

1. 以下程序的输出结果是______。

```
#include"stdio.h"
int main()
{
    int a=2,b=2;
    if(a<0)
        a++;b++;
    printf("%5d,%d\n",a,b);
    return 0;
}
```

2. 以下程序的输出结果是______。

```
#include"stdio.h"
int main()
{
    int a=1,b=2,c=3;
    if(c=a)printf("%d",c);
    else printf("%d",b);
    return 0;
}
```

3. 以下程序的输出结果是______。

```
#include"stdio.h"
int main()
{
    int a=0,b=0;
    if(a>3)
```

```
        if(a<7)
            b=1;
    else
        b=2;
    printf("b=%d",b);
    return 0;
}
```

4．以下程序的输出结果是______。

```
#include"stdio.h"
int main()
{
    int a,b,c;
    a=1;b=2;c=3;
    if(a<c)
        a=c;
    else
        a=b;c=b;b=a;
    printf("a=%d,b=%d,c=%d",a,b,c);
    return 0;
}
```

三、编程题

1．编写一个程序，输入数字 a 和 b，如果 a^2+b^2 大于 100，则输出 a^2+b^2 之和中百位及以上的数字，否则输出两数之和。

2．输入一个不多于 5 位的正整数，要求：①输出它是几位数；②分别输出每一位数字；③按逆序输出各位数字，例如原数为 321，输出 123。

3．输入一个 5 位数，判断它是不是回文数。例如，12321 是个回文数，个位与万位相同，十位与千位相同。

4．农历一般规定 1～3 月为春季，4～6 月为夏季，7～9 月为秋季，10～12 月为冬季。编写程序，实现当输入农历月份（1～12）时，输出对应的季节（用 switch 语句编程）。

AI 赋能：解锁未来

☛ AI 大模型求知

了解我国航母的发展历程，以及其使用了哪些现代化信息技术。

☛ AI 帮你写程序

从键盘输入一个小写字母，输出其对应的大写字母。使用文心一言，输入提示词，生成相应的代码。

在 C 语言中，可以通过 ASCII 值来实现小写字母到大写字母的转换。小写字母的 ASCII 值范围是 97（'a'）～122（'z'），而大写字母的 ASCII 值范围是 65（'A'）～90（'Z'），因此小写字母和大写字母 ASCII 值之间的差值是 32。使用文心一言生成的代码如图 4-5 所示。

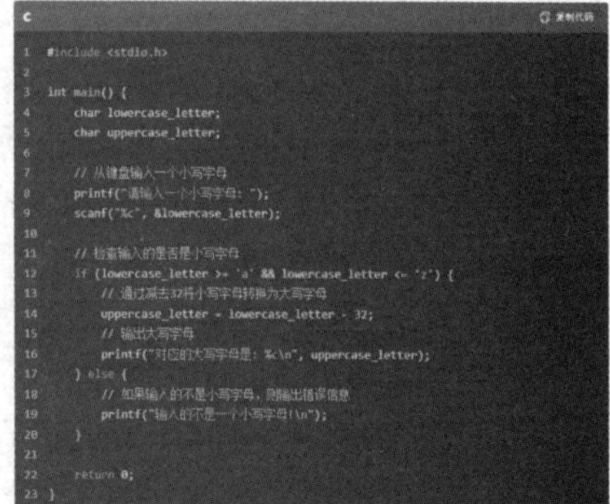

图 4-5　文心一言生成的代码

在这个程序中，首先声明了两个字符变量 lowercase_letter 和 uppercase_letter。其次，使用 printf()函数提示用户输入一个小写字母，并使用 scanf()函数读取用户输入的字符。然后，使用 if 语句来检查输入的字符是否是小写字母。如果是，就通过减去 32 将其转换为大写字母，并输出结果；如果不是，则输出错误信息。

执行程序并分析运行结果，思考是否还有其他解决方案？

05 第 5 章　循环结构程序设计

本章导读

日常生活中总会有许多有规律的重复工作，我们完成这些工作需要花费很多时间，而使用编写程序的方式来完成这些工作可以节省大量时间。处理这些工作的程序需要将某些语句或语句组重复执行多次，被重复执行的语句或语句组称为循环体；决定是否继续进行循环的条件称为循环控制条件；这种由循环体及循环控制条件所构成的程序被称为循环结构程序。

要编写循环结构程序，我们需要学习 C 语言提供的 3 种实现循环结构的语句：while 语句、do...while 语句和 for 语句。同时还要区分 3 种循环语句各自的特点和嵌套使用方法，掌握改变默认循环执行状态的语句的使用方法，这样，我们才能正确编写程序，高效率地完成更多有规律的重复工作。

5.1　实现循环结构的 3 种语句

5.1.1　while 语句

while 语句构成的循环又称为当型循环，它的一般形式为：

```
while(表达式)
    循环体;
```

其语义为：while 后的表达式为循环控制条件，当表达式的值为真时，重复执行循环体，直到表达式的值为假时才结束循环。当第一次判断表达式的值就为假时，跳过循环体，直接执行后面的语句。

while 语句执行流程如图 5-1 所示。

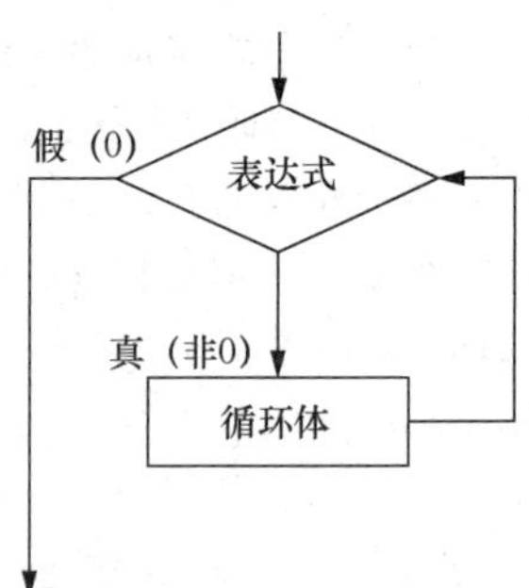

图 5-1　while 语句执行流程

使用 while 语句时应注意以下几点。

（1）while 语句的执行流程是先判断后执行，因而循环体有可能一次都不执行。

（2）while 后的表达式一般为关系表达式或逻辑表达式，只要表达式的值为真，即可继续循环。

（3）无法终止的循环常被称为死循环或无限循环。如果 while 语句中的表达式是一个非 0 值常量表达式，则构成死循环。

例如：

```
while(1)
    循环体;
```

在 C 语言程序设计中，如果不是有意造成死循环，则循环体中循环变量（即在循环结构中用于控制循环的执行次数和流程的变量）的值在循环过程中必须改变，使其不断接近循环结束条件，直到满足条件时结束循环。

因此，构造循环一般考虑以下几个因素。

① 3 个要素：循环变量初始化；设置循环控制条件；构造循环体。

② 一个要求：循环变量的值在循环过程中必须改变。

③ 一个关系：循环中变化的量与循环变量的关系。

例如下列代码，求 1～100 累加之和。

```
int i=1;
int sum=0;
while(i<=100)
{
      sum=sum+i;
}
```

在这段代码中，while 语句首先判断 i 变量的值是否小于等于 100，如果是，则为真，执行“{}”中语句块；如果不是，则为假，那么跳过语句块中的代码。但由于语句块中缺少使 i 变量值改变的语句，while 语句中表达式永为真，程序会一直执行下去，构成了死循环。

因此，应改为：

```
int i=1;                          //循环变量初始化
int sum=0;
while(i<=100)                     //设置循环控制条件
{
      sum=sum+i;                  //循环中变化的量 sum 与循环变量 i 的关系
      i++;                        //循环变量 i 的值在循环过程中改变
}
```

（4）如果循环体是由多条语句构成的，那么循环体必须加上“{}”构成复合语句。

【例 5.1】输入若干个学生的“C 语言”课程成绩，当输入-1 时结束，并计算该课程平均分。

程序如下：

```
#include "stdio.h"
int main()
{
            float sum=0,score,average;
            int count=0;
            printf("please input score:\n");
            scanf("%f",&score);
            while(score!=-1)      //当输入-1 时结束循环
            {      sum+=score;      //对课程成绩进行累加
                   count++;   //学生人数+1
                  scanf("%f",&score);
            }
            average=sum/count;
            printf("%d 个学生的平均分是: %.2f\n",count,average);
            return 0;
}
```

程序运行结果：

```
please input score:
56.89↙
78.54↙
88.57↙
93.5↙
69.5↙
```

```
-1
5 个学生的平均分是：77.40
```

【例 5.2】有一张足够大的纸，其厚度为 0.1 毫米，请问，将它折叠多少次之后，其厚度将超过珠穆朗玛峰的高度（珠穆朗玛峰的高度为 8848.86 米）？

程序如下：

```
#include<stdio.h>
int main( )
{
  float s=0.0001;
  int i=0;
  while(s<8848.86)
 {
    s=s*2;
    i+=1;
  }
  printf("折叠%d 次后超过珠穆朗玛峰的高度\n",i);
  return 0;
  }
```

程序运行结果：

```
折叠 27 次后超过珠穆朗玛峰的高度
```

【例 5.3】从键盘输入 n，用 while 语句求 n!。

程序如下：

```
#include "stdio.h"
int main()
{
    long int fact=1;        // fact 初值为 1，不能为 0；阶乘对应的数值范围较大，故定义为长整型
    int i=1,n;
    printf("please input n:");
    scanf("%d",&n);
    while(i<=n)             //先判断后执行
    {
        fact*=i;
        i++;
    }
    printf("%d!=%ld\n",n,fact);
    return 0;
}
```

程序运行结果：

```
please input n:7↙
7!=5040
```

5.1.2 do…while 语句

do…while 语句构成的循环又称为直到型循环，它的一般形式为：

```
do
     循环体;
while(表达式);
```

do…while 循环与 while 循环的不同之处在于：它先执行循环体，然后判断表达式的值是否为真，如果为真，则继续循环；如果为假，则终止循环。因此，do…while 循环至少执行一次循环体。

do…while 语句执行流程如图 5-2 所示。

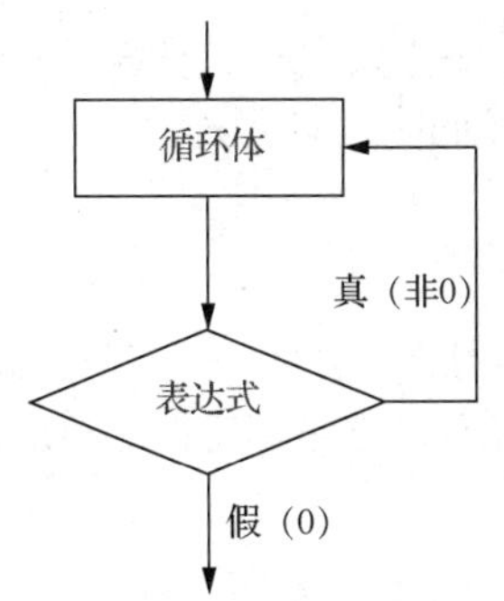

图 5-2　do…while 语句执行流程

【例 5.4】 用 do…while 语句编程实现输出 1+2+…+100 之和。

程序如下：

```
#include "stdio.h"
int main()
{
    int i=1;                          //循环变量初始化
    int sum=0;
    do                                //先执行后判断
    {
        sum=sum+i;                    //进行累加运算
        i++;                          //循环变量加 1
    }
    while(i<=100);                    //设置循环控制条件
    printf("1+2+…+100=%d\n",sum);
    return 0;
}
```

程序运行结果：

```
1+2+…+100=5050
```

程序说明：

例 5.4 采用 do…while 语句实现，先无条件执行一次循环体，再判断 while 表达式的值是否为真，如果是则继续执行循环体，否则结束循环。

【例 5.5】 小明看中了一款 8000 多元的手机，但是他没有这个预算。他发现有一种“校园贷”，如果贷款 10000 元，8 个月后偿还，日利率只有 0.8%。他想了解一下在 8 个月后本金加利息共需要偿还多少钱？请编写程序实现。

程序如下：

```
#include "stdio.h"
int main()
{
    float capital=10000,interest=0.24;
    int month=1;
    do
    {
        capital*=(1+interest);
        month+=1;
    }
    while(month<=8);
    printf("8 个月后本金加利息共%.2f 元\n",capital);
    return 0;
}
```

程序运行结果：

```
8 个月后本金加利息共 55895.07 元
```

在例 5.5 中通过 do…while 语句模拟“校园贷”，贷款 10000 元，8 个月后需要偿还 50000 多元，这让我们看到网贷的恶劣后果，警示我们远离网贷陷阱。

5.1.3 for 语句

for 语句构成的循环是 C 语言中使用最为灵活、适应范围最广的循环结构之一，它不仅可以用于循环次数已确定的情况，也可以用于循环次数不确定但能给出循环控制条件的情况，for 语句的一般形式为：

```
for(表达式 1;表达式 2;表达式 3)
    循环体;
```

说明如下。

（1）括号中的 3 个表达式称为循环控制表达式。表达式 1 的作用是为循环变量赋初值或者为循环体中的其他数据赋初值；表达式 2 的作用是作为循环控制条件控制循环的执行；表达式 3 的作用是对循环变量进行修改。3 个表达式间用分号分隔。

（2）for 语句执行流程如图 5-3 所示，说明如下。

① 执行表达式 1。

② 执行表达式 2，如果表达式 2 的值为真（非 0），则执行循环体，然后执行第③步；如果表达式 2 的值为假（0），则结束循环，转到第⑤步。

③ 执行表达式 3。

④ 转至第②步继续执行。

⑤ 循环结束，执行 for 语句后的语句。

（3）使用 for 语句时，需注意以下几点。

① for 语句更容易理解的形式如下：

```
for(循环变量赋初值;循环控制条件;循环变量修改)
    循环体;
```

“循环变量赋初值”一般通过赋值语句完成；“循环控制条件”是一个关系表达式，它决定什么时候结束循环；“循环变量修改”定义循环变量每循环一次后按什么方式变化，可以递增，也可递减。各部分用“;”分隔。

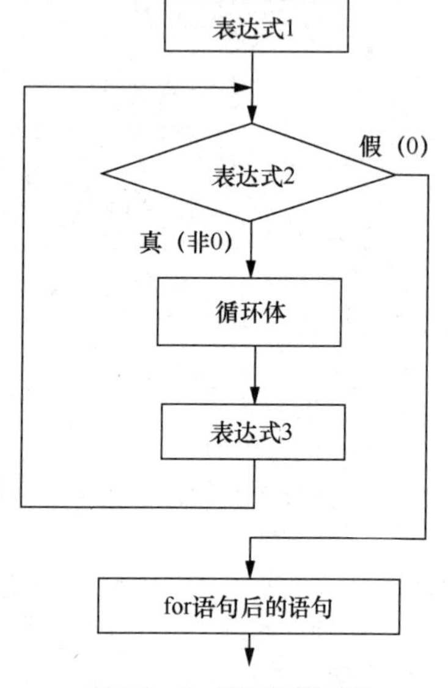

图 5-3 for 语句执行流程

以下代码为求 1～100 累加之和的 for 语句实现：

```
for(i=1;i<=100;i++)
    sum=sum+i;
```

先给 i 赋初值为 1，然后判断 i 是否小于等于 100，若是，则执行循环体 sum=sum+i，之后将 i 值增加 1；再重新判断 i 是否小于等于 100，直到条件为假时结束循环。

② for 语句是先判断后执行，因而循环体有可能一次都不执行。

③ 无论表达式 1 和表达式 3 取何值，只要表达式 2 是一个非 0 值的常量表达式，就构成死循环。例如：

```
for(表达式 1;10;表达式 3)
```

④ 根据程序功能需要，3 个表达式都可以是逗号表达式。

⑤ 根据程序功能需要，3 个表达式可以省略任意个数，但作为分隔符的“;”不能省略。如果 3 个表达式全部省略，也会构成死循环。例如：

```
for(;;)
    循环体;
```

⑥ 在 C 语言中，for 语句的循环体可以是任何有效的 C 语句，包括空语句。空语句是由单个分

号（;）表示的，它不执行任何操作。

例如，求整数 1～10 之和，我们常进行如下处理：

```
int i,sum;
for(i=1,sum=0;i<=10;i++)
    sum+=i;
```

如果循环体使用空语句，则可以使用如下代码段实现：

```
int i,sum;
for(i=1,sum=0;i<=10; sum+=i,i++);    //此处循环体是空语句
```

【例 5.6】改写例 5.4 程序，用 for 语句编程实现输出 1+2+…+100 之和。

程序如下：

```
#include <stdio.h>
int main()
{
    int i,sum=0;        //初始化
    for(i=1; i<=100; i++)
    sum+= i;        //等同于 sum = sum + i;，每次执行时 sum 都在原基础上增加 i
    printf("sum=%d\n",sum);
    return 0;
}
```

【例 5.7】第 33 届夏季奥林匹克运动会在法国巴黎举办，请用 C 语言编程统计一个国家或地区在奥运会上获得的金、银、铜牌数量及总奖牌数量（假设用户会输入一个整数表示奥运会比赛的天数）。

程序如下：

```
int main()
{
    int days,i; // 奥运会比赛的天数
    int gold = 0, silver = 0, bronze = 0, total = 0; //获得的金、银、铜牌数量及总奖牌数量
    int g, s, b;//每天获得的金、银、铜牌数量
    // 输入奥运会比赛的天数
    printf("请输入奥运会比赛的天数：");
    scanf("%d", &days);
    // 循环读取每天获得的奖牌数量
    for (i = 0; i < days; i++)
   {
        printf("请输入第%d 天获得的金、银、铜牌数量（空格分隔）：", i + 1);
        scanf("%d %d %d", &g, &s, &b);
        // 累加到获得的总奖牌数量中
        gold += g;
        silver += s;
        bronze += b;
        total += g + s + b;
    }
    // 输出统计结果
    printf("获得的金牌数量：%d\n", gold);
    printf("获得的银牌数量：%d\n", silver);
    printf("获得的铜牌数量：%d\n", bronze);
    printf("获得的总奖牌数量：%d\n", total);
    return 0;
}
```

程序运行结果：

```
请输入奥运会比赛的天数：4↙
请输入第 1 天获得的金、银、铜牌数量（空格分隔）：2 3 4
请输入第 2 天获得的金、银、铜牌数量（空格分隔）：5 2 7
请输入第 3 天获得的金、银、铜牌数量（空格分隔）：8 4 1
```

```
请输入第 4 天获得的金、银、铜牌数量（空格分隔）：6 3 2
获得的金牌数量：21
获得的银牌数量：12
获得的铜牌数量：14
获得的总奖牌数量：47
```

【例 5.8】斐波那契（Fibonacci）数列的第 1、2 项分别为 1、1，后面各项的值均是其前两项之和。求斐波那契数列的前 30 项。

程序如下：

```c
#include <stdio.h>
int main()
{
    long  f1=1,f2=1,f3;
    int  k;
    printf(" %ld\t%ld\t",f1,f2);
    for(k=3;k<=30;k++)
    {   f3=f1+f2;
        printf(" %ld\t",f3);
        f1=f2; f2=f3;
    }
  return 0;
}
```

程序运行结果：

```
     1       1       2       3       5       8       13      21      34      55      89      144
233     377     610     987     1597    2584    4181    6765    10946   17711   28657   46368
75025   121393  196418  317811  514229  832040
```

程序说明：

（1）f1 是第一个数，f2 是第二个数，f3 是第三个数，即 f1=1;f2=1;f3=f1+f2;。

（2）后续只要改变 f1 和 f2 的值，即可求出下一个数，即 f1=f2;f2=f3; f3=f1+f2;。

例 5.8 采用了名为“递推法”的编程方法。所谓递推法就是从初值出发，归纳出新值与旧值间的关系，直到求出所需值为止。新值的求出依赖旧值，不知道旧值，就无法求出新值。数学上的递推公式解决的正是这类问题。

【例 5.9】计算棋盘上的麦粒。

有一个古老的传说，国王打算奖赏有功的宰相，国王问宰相想要什么，他对国王说：“陛下，请您在棋盘的第 1 个格子里赏给我 1 粒麦粒，在第 2 个格子里赏给我 2 粒麦粒，在第 3 个格子里赏给我 4 粒麦粒，像这样，后面一格里的麦粒数量总是前面一格里的麦粒数量的 2 倍。请您把这样摆满棋盘上 64 个格子的麦粒都赏给我吧！”

国王觉得这个要求太容易满足了，于是令人扛来一袋麦子，可很快就用完了。当人们把一袋一袋的麦子搬来开始计数时，国王才发现：就是把全国的麦子全拿来，也满足不了宰相的要求。

那么，宰相要求得到的麦粒到底有多少呢？若体积为 1 立方米的麦粒约为 1.42×10^8 粒，编程计算满足宰相要求需要的麦粒的体积。

程序如下：

```c
#include <stdio.h>
int main()
{
    int i;
    double t;                      //定义共需麦粒 t 立方米
    double s = 0;                  //累加器初始化
    double n = 1;                  //加数初始化
    for(i=1; i<=64; i++)           //重复 64 次
        {
```

```
            s += n;                //累加
            n *= 2;                //等同于n=n*2，在前一个n的基础上再乘2
        }
    t = s / (1.42*100000000);      //计算麦粒体积
    printf("共需%.0lf立方米的麦粒! \n",t);
    return 0;
}
```

程序运行结果：

```
共需129906648406立方米的麦粒!
```

程序说明：

根据题意，第 1 个格子里放麦粒 2^0 粒，第 2 个格子里放麦粒 2^1 粒，第 3 个格子里放麦粒 2^2 粒，……，第 64 个格子里放麦粒 2^{63} 粒。假设 64 个格子里麦粒的总数量为 s，则：

$$s=2^0+2^1+2^2+\cdots+2^{63}$$

设其体积为 t，则：

$$t=s/(1.42\times10^8)$$

要计算 s 的值，累加器 s 初值为 0，共累加 64 次（为了减少 1 次循环，s 初值也可为 1），而且每次累加的加数 n（棋盘上每个格子里的麦粒数）都是上一个加数的 2 倍。因此我们可以使用 for 语句来编程解决该问题。

在此，需要特别注意变量 n、s、t 的数据类型。因为后面每个格子里的麦粒数量会越来越多，第 64 个格子里的麦粒数量为 2^{63}，远远超出了 C 语言中长整型数的最大值（$2^{31}-1$）。在计算机中，我们把一个数据的实际值大于计算机可以保存和处理的该类型数据的最大值的情况称为数据溢出，编程过程中要避免数据溢出的情况发生。

为了避免数据溢出，我们需要把变量 n、s、t 定义为最大可以处理 308 位数字的双精度浮点型。

5.1.4　3 种循环语句比较

前面介绍了 3 种可用于执行循环操作的语句，这 3 种循环语句都可用来解决同一问题。一般情况下，这 3 种循环语句可以相互代替。下面是对这 3 种循环语句在不同情况下的比较。

（1）对于 while 语句和 do…while 语句，循环体中应包括使循环趋于结束的语句；for 语句应在表达式 3 中包含使循环趋于结束的操作，甚至可以将循环体中的操作全部放在表达式 3 中。因此，3 种循环语句中 for 语句功能最强。

（2）使用 while 语句和 do…while 语句时，循环变量初始化的操作应在 while 和 do…while 语句之前完成，而 for 语句可以在表达式 1 中实现循环变量初始化。

（3）当明确知道循环次数时，建议使用 for 语句，这样编程会相对简便一些。

（4）while 语句、do…while 语句和 for 语句都可以用 break 语句提前结束循环，用 continue 语句提前结束本次循环，进入下一次循环（这部分知识将在 5.3 节中进行介绍）。

5.2　循环嵌套

一个循环结构的循环体内又包含另外一个完整的循环结构，称为循环嵌套。内嵌的循环中还可以再嵌套循环，以形成多层循环。嵌套在循环内的循环称为内循环，而包含其他循环的循环称为外循环。在某些有规律的重复计算问题中，如果被重复计算的部分又包含其他的重复计算问题，就可以通过循环嵌套来处理。前面讨论过的 3 种循环语句 while、do…while 和 for 都可以相互嵌套，层数不限。

多层循环嵌套时，外循环每执行一次，内循环就执行一次。在设计程序时，要注意程序内每条语句的具体执行次数和每次执行后各变量值的相应变化。为了避免包含多层循环的程序在运行中发生预想不到的错误，各层循环的循环变量一般不相同。

【例 5.10】输出图 5-4 所示图形。

图 5-4　例 5.10 要求输出的图形

程序如下：

```
#include"stdio.h"
int main()
{
    int  k,i,j;
    for(k=1;k<=4;k++)       //控制行数
    {
        for(i=1;i<4-k;i++)      //控制每行先输出 4-k 个空格
            putchar(' ');
        for(j=1;j<=k*2-1;j++)  //控制每行输出 2k-1 个星号
            putchar('*');
        putchar('\n');           //每输出完一行需要换行
    }
return 0;
}
```

【例 5.11】输出九九乘法表，如图 5-5 所示。

1×1= 1								
2×1= 2	2×2= 4							
3×1= 3	3×2= 6	3×3= 9						
4×1= 4	4×2= 8	4×3= 12	4×4= 16					
5×1= 5	5×2= 10	5×3= 15	5×4= 20	5×5= 25				
6×1= 6	6×2= 12	6×3= 18	6×4= 24	6×5= 30	6×6= 36			
7×1= 7	7×2= 14	7×3= 21	7×4= 28	7×5= 35	7×6= 42	7×7= 49		
8×1= 8	8×2= 16	8×3= 24	8×4= 32	8×5= 40	8×6= 48	8×7= 56	8×8= 64	
9×1= 9	9×2= 18	9×3= 27	9×4= 36	9×5= 45	9×6= 54	9×7= 63	9×8= 72	9×9= 81

图 5-5　九九乘法表

程序如下：

```
#include"stdio.h"
int main()
{
    int  i,j;              // i,j 分别表示两个乘数
    for(i=1;i<=9;i++)
    {
        for(j=1;j<=i;j++)        //乘数 j 的取值范围从 1 开始，到 i 为止
            printf(" %d×%d= %-2d", i, j, i*j );  //%-2d 用于控制格式，整数占 2 位，
//左对齐
        printf("\n");     //j 取完所有值，即 i 取下一个值前，要换行
    }
    return 0;
}
```

程序中的语句通常总是按代码的排列顺序或按语句功能所定义的方向执行的。如果需要改变程序的正常流程，可以使用改变循环执行状态的语句，使程序从其所在的位置跳转到其他位置，常见的有 break 语句、continue 语句和 goto 语句。

5.3　改变循环执行状态的语句

5.3.1　break 语句——提前结束循环

break 语句只能用在 switch 语句或循环语句中，其作用是跳出 switch 语句或提前结束循环，转去执行后面的程序。

break 语句的一般形式为：

```
break;
```

【例 5.12】求 300 以内能被 17 整除的最大的数。

程序如下：

```
#include "stdio.h"
int main()
{
    int x,k;
    for(x=300;x>=1;x--)     //最大上限值 300 开始，依次计算 x%17==0，每循环一次 x 的值减少 1
        if(x%17==0) break;     //x%17==0 为真，表示找到所求的数，用 break 语句提前结束循环
        printf("x=%d\n",x);
    return 0;
}
```

程序运行结果：

```
x=289
```

【例 5.13】输出 100 以内所有的素数。

程序如下：

```
#include<stdio.h>
#include"math.h"
int main()
{
        int n,i,k;
        for(n=2;n<=100;n++)          //外循环，对 2～100 的所有正整数，逐个判断是否为素数
        {    k=sqrt(n);              //对 n 开算术平方根，也可将 n-1 或 n/2 的值赋给 k
            for(i=2;i<=k;i++)        //内循环
            if(n%i==0)
                  break;
            if(i>k)                  //若 n 不能被 2～k 中所有的整数整除，则 n 为素数
                  printf("%4d",n);
        }
        putchar('\n');
        return 0;
}
```

程序运行结果：

```
2  3  5  7  11  13  17  19  23  29  31  37  41  43  47  53  59  61  67  71  73  79  83  89  97
```

5.3.2　continue 语句——提前结束本次循环

continue 语句可以提前结束本次循环，即不再执行循环体中 continue 语句之后的语句，转入下一次循环控制条件的判断与执行。注意：continue 语句只提前结束本次的循环，并不跳出循环。

continue 语句的一般形式为：

```
continue;
```

【例 5.14】求 300 以内能被 17 整除的所有整数。

程序如下：

```
#include "stdio.h"
int main()
```

```
  { int x;
    for(x=1;x<=300;x++)
    {
        if(x%17!=0) continue;  //某一个数不能被 17 整除，则提前结束本次循环，不执行输出语句
        printf("%d\t",x);
    }
    return 0;
  }
```

程序运行结果：

```
17      34      51      68      85      102     119     136     153     170     187     204
221     238     255     272     289
```

break 语句与 continue 语句执行流程分别如图 5-6 和图 5-7 所示。

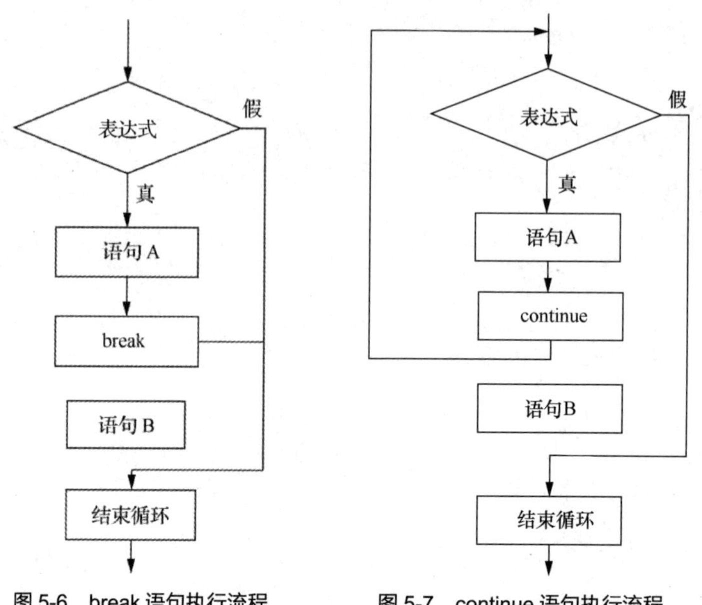

图 5-6　break 语句执行流程　　图 5-7　continue 语句执行流程

以 while 语句为例，两种语句使程序在循环结束后处于图 5-8 和图 5-9 所示位置。

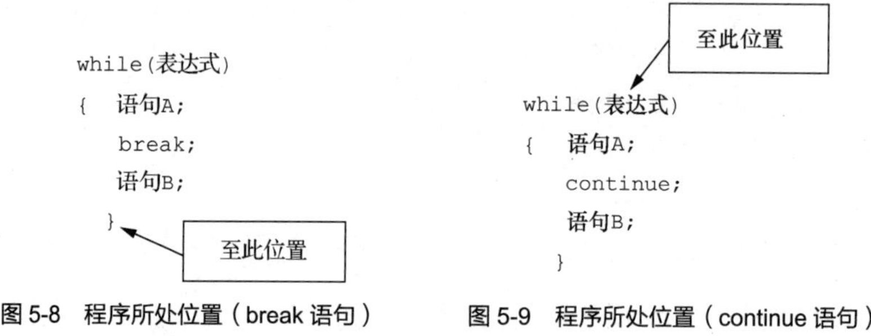

图 5-8　程序所处位置（break 语句）　　图 5-9　程序所处位置（continue 语句）

5.3.3　goto 语句——提前结束多重循环

goto 语句也被称为无条件转移语句，它允许程序立即跳转到程序中用语句标号所标记的位置，并从那里继续执行。它的一般形式为：

```
goto 语句标号;
```

语句标号是按标识符规定书写的符号，放在某一语句行的前面，语句标号后加冒号，起到标记语句的作用。

goto 语句的功能是改变程序流程。另外，语句标号必须与goto 语句同处于一个函数中，但可以不在一个循环体中。通常，goto 语句与 if 语句联合使用构成循环，当满足某一条件时，程序跳到语句标号处执行。goto 语句执行流程如图 5-10 所示。

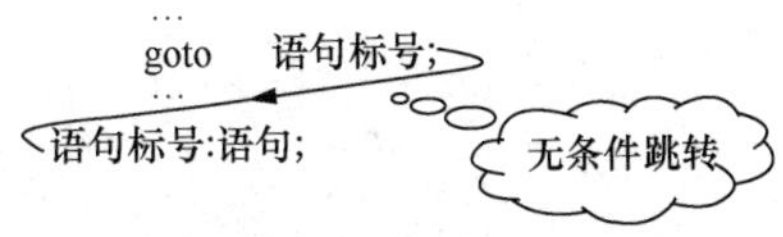

图 5-10　goto 语句执行流程

【例 5.15】用 if 语句和 goto 语句构成循环，求 100 以内的正整数之和。

程序如下：

```
#include "stdio.h"
int main()
{
        int i,sum=0;
        i=1;
loop: if(i<=100)                //if 语句前加上语句标号 loop 和冒号
        {
                sum=sum+i;
                i++;
                goto loop;      //将无条件跳转到 loop 处，重新从 if 开始执行
        }
        printf("sum=%d\n",sum);
return 0;
}
```

程序运行结果：

```
sum=5050
```

goto 语句会强制改变程序的默认执行流程，如果滥用 goto 语句或语句标号放错位置，可能导致程序流程混乱，因此，一般限制使用 goto 语句的场景。在退出多重循环嵌套时使用 goto 语句比较合理。goto 语句只能使流程在函数内部转移，不能转移到函数外部。

5.4　循环结构程序设计实例

5.4.1　穷举法

穷举法也称为“枚举法”，是一种常用的求解问题的方法。它求解问题的过程是：根据问题中的条件确定答案的范围，在此范围内对所有可能的情况一一列举，并逐一进行验证，直到把可能的情况全部验证完，最终找出问题的全部答案。

穷举法的基本控制流程是循环处理的过程，它的实现包括通过设置变量来模拟问题中可能出现的各种状态，而后用循环语句实现穷举的过程。下面是穷举法的几个应用实例。

【例 5.16】过年了，外婆给了桐桐 100 元压岁钱，桐桐想把 100 元兑换成 50 元、20 元、10 元的小额纸币。请编写程序，帮桐桐算算共有多少种兑换方案，并输出每一种兑换方案。

问题分析：对于这个问题，我们可以使用穷举法来解决。假设兑换方案中 50 元、20 元、10 元的纸币张数分别是 a、b、c，则

$$50a+20b+10c=100$$

分析可知，a 的取值范围是 0～2，b 的取值范围是 0～5，c 的取值范围是 0～10，用 for 循环的嵌套穷举 a、b、c 所有可能的组合，对于每一种可能的组合，判断上面的等式是否成立，如果等式成立，这一种组合就是一种兑换方案。

程序如下：

```
1    #include <stdio.h>
2    int main()
3    {
4        int a,b,c,count=0;
5        for(a=0;a<=2;a++)                        //50 元纸币的可能张数
6            for(b=0;b<=5;b++)                    //20 元纸币的可能张数
7                for(c=0;c<=10;c++)               //10 元纸币的可能张数
8                    if(50*a+20*b+10*c==100)      //判断是否为有效兑换方案
9                    {
10                       count++;
11                       printf("50:%d  20:%d  10:%d\n",a,b,c);
12                   }
13       printf("100 元共有以上%d 种兑换方案! \n",count);
14       return 0;
15   }
```

程序运行结果：

```
50:0  20:0  10:10
50:0  20:1  10:8
50:0  20:2  10:6
50:0  20:3  10:4
50:0  20:4  10:2
50:0  20:5  10:0
50:1  20:0  10:5
50:1  20:1  10:3
50:1  20:2  10:1
50:2  20:0  10:0
100 元钱共有以上 10 种兑换方案!
```

程序说明：

例 5.16 中的程序用了 3 层 for 循环，第三层 for 循环的循环体 if 语句总共执行了 3×6×11=198 次。事实上，知道了 *a* 和 *b*，就可以通过如下公式计算出 *c*：

$$c=(100-50\times a-20\times b)/10\ (c\geqslant 0)$$

因此，第三层 for 循环就不需要了，这样用来判断是否为有效兑换方案的 if 语句就只需执行 3×6=18 次，大大提高了程序的运行效率。

用这种方式改进上述程序，第 5～12 行代码可改为如下内容：

```
5        for(a=0;a<=2;a++)                        //50 元纸币的可能张数
6            for(b=0;b<=5;b++)                    //20 元纸币的可能张数
7            {
8                c=(100-50*a-20*b)/10;            //对于每一组 a、b，计算 c
9                if(c>=0)                         //判断是否为有效的兑换方案
10               {
11                   count++;
12                   printf("50:%d  20:%d  10:%d\n",a,b,c);
13               }
14           }
```

【例 5.17】求水仙花数。

水仙花数是指一种 3 位正整数，它各位上的数字的立方和等于该数本身。编程将所有的水仙花数输出，并输出水仙花数的个数。

程序如下：

```
#include"stdio.h"
int main()
{
    int i,n=0,a,b,c;
```

```
    for(i=100;i<=999;i++)
    {
        a=i/100;        //获取 3 位正整数的百、十、个位上的数字
        b=(i/10)%10;
        c=i%10;
        if(i==a*a*a+b*b*b+c*c*c)     //判断是否为水仙花数
        {
            n=n+1;
            printf("%d\t",i);
        }
    }
    printf("\n 水仙花数的个数=%d\n",n);
    return 0;
}
```

程序运行结果：

```
153    370    371    407
水仙花数的个数=4
```

5.4.2 递推法

递推法是数值计算中的一个重要方法，在已知第一项（或前几项）的情况下，能得出后面项的值。这种方法的关键是找出递推公式和边界条件。

从已知条件出发，逐步推算出待解决问题的结果的方法称为正推法；从问题的结果出发，逐步推算出题目的已知条件，这种递推方法称为逆推法。

【例 5.18】斐波那契数列问题。斐波那契是 13 世纪意大利一位很有才华的数学家，他在 1202 年撰写的《计算之书》一书中，借助兔子繁殖问题引出了一个著名的递推数列，即斐波那契数列。

兔子繁殖问题：如果第一个月有一对兔子，从出生后第 3 个月起每个月都生一对兔子，小兔子长到第 3 个月后每个月又生一对兔子，若兔子都不死，问 n（设 n 为 40）个月后兔子总数为多少?

程序如下：

```
#include<stdio.h>
int main()
{   long f1,f2;
    int i;
    f1=f2=1;
    for(i=1;i<=20;i++)
    {     printf("%12ld %12ld",f1,f2);
          if(i%2==0)
              printf("\n");     //控制输出，每行 4 个数
              f1=f1+f2;         //计算下一个项的值，前两个月的值加起来赋给第 3 个月
              f2=f1+f2;         //计算再下一个项的值
    }
return 0;
}
```

程序运行结果：

```
          1           1           2           3
          5           8          13          21
         34          55          89         144
        233         377         610         987
       1597        2584        4181        6765
      10946       17711       28657       46368
      75025      121393      196418      317811
     514229      832040     1346269     2178309
    3524578     5702887     9227465    14930352
   24157817    39088169    63245986   102334155
```

程序说明：

斐波那契数列的特点是第 1 项和第 2 项的值都是 1，从第 3 项开始，以后每一项的值都是它相邻前两项的值之和。以此类推，得出这个数列第 n 项的值如下：

$$\begin{cases} f(1)=1 & (n=1) \\ f(2)=1 & (n=2) \\ f(n)=f(n-1)+f(n-2) & (n\geqslant 3) \end{cases}$$

设置变量 f1、f2 和 f3，并为 f1 和 f2 赋初值 1，即前两项的值。通过求 f3=f1+f2 得到第 3 项的值；将 f2 的值赋给 f1，f3 的值赋给 f2，再求 f3=f1+f2 得到第 4 项的值，以此类推，一直到第 n 项。因此，得到一种通用的递推算式：f1=f1+f2，f2=f2+f1。

【例 5.19】猴子吃桃问题。猴子第 1 天摘下若干个桃子，当即吃了一半，还不过瘾，又多吃了一个；第 2 天早上将剩下的桃子又吃掉一半，又多吃一个；以后每天早上都吃前一天剩下的一半再加一个；到第 10 天早上想再吃时，只剩下一个桃子。求第一天共摘了多少个桃子？

程序如下：

```
#include<stdio.h>
int main()
{
     int day,x,y;
     day=9;x=1;
     while(day>0)
     {
          y=2*x+2;
          x=y;
          day--;
     }
     printf("\第一天共摘了%d个桃子\n",y);
     return 0;
}
```

程序运行结果：

```
第一天共摘了 1534 个桃子
```

程序说明：

这个问题也是递推问题，求解时采用逆向思维，即逆推法，从最后一天向前推，一直推到第 1 天。假定第 n+1 天桃子的个数为 x，第 n 天桃子的个数为 y，则 $y-(y/2+1)=x$，即 $y=2x+2$。

5.4.3 迭代法

迭代法也是数值计算中的一种重要方法，这种方法是在程序中用同一个变量来存放每一次计算出来的值，每次循环都执行同一条语句，给同一变量循环赋新的值来代替旧的值。

利用迭代法时要解决的问题：①确定迭代初值，即从什么值开始迭代；②确定迭代过程，即如何迭代，描述迭代公式；③确定迭代次数或结束条件，即到什么时候停止迭代，分析用来结束迭代过程的条件。

【例 5.20】天天向上的力量。一年 365 天，以第 1 天的能力值为基数，记为 1.0，当好好学习时能力值相比前一天提高千分之一，当没有好好学习时能力值相比前一天下降千分之一。每天努力和每天放任，一年后的能力值分别是多少呢？

迭代初值：从第一天开始计算，定义变量 day 用以记录天数；定义变量 dayup 来记录每天都好好学习的能力值，定义变量 daydown 来记录每天都没有好好学习的能力值，两个变量的初值均为 1.0。即：

```
day=1;dayup=1.0;daydown=1.0;。
```

描述迭代公式：好好学习时能力值相比前一天提高千分之一，没有好好学习时能力值相比前一天下降千分之一。则有：

```
dayup=dayup*(1+0.001); daydown=daydown*(1-0.001); day=day+1;。
```

迭代结束条件：一年按 365 天算，记录天数的变量 day 等于 365 时迭代结束。

程序如下：

```
#include<stdio.h>
#include<math.h>
int main()
{
int day=1;
float dayup=1.0,daydown=1.0;
while(day<=365)
    {
     dayup=dayup*(1+0.001);
     daydown=daydown*(1-0.001);
     day=day+1;
     }
printf("每天努力，一年后能力值=%.2f\n",dayup);
printf("每天放任，一年后能力值=%.2f\n",daydown);
return 0;
}
```

程序运行结果：

```
每天努力，一年后能力值=1.44
每天放任，一年后能力值=0.69
```

【例 5.21】祖冲之与圆周率。南北朝时期的数学家祖冲之用割圆术推算出圆周率的精准值在 3.1415926 和 3.1415927 之间。祖冲之的这一纪录保持了近 1000 年。古人采用原始的人工计算尚可将圆周率精确到小数点后第 7 位，今天，如果我们用计算机编程求圆周率呢？循环次数又会是多少呢？

使用以下公式计算 π 的值，直到最后一项的绝对值小于 1×10^{-6} 为止。

$$\frac{\pi}{4}\approx 1-\frac{1}{3}+\frac{1}{5}-\frac{1}{7}+\cdots+(-1)^{n+1}\frac{1}{2n-1}$$

程序如下：

```
#include<stdio.h>
#include "math.h"
int main()
{
     int s,count;
     float n,t,pi;
     t = 1; pi = 0; n = 1; s = 1; count=0; //t 表示求和的每一项，因上述公式的首项为 1，故//t=1; n 表示分母，s 表示符号
     while((fabs(t)) >= 1E-6)        // fabs(t)表示求浮点数 t 的绝对值
     {        pi = pi + t;           //每循环一次，就将 t 累加到 pi 中
               n = n + 2;            //每项分母等于前一项分母加 2
               s = -s;               //每项符号交替变化
               t = s*1.0/n;
               count=count+1;
     }
     pi = pi * 4;
     printf("pi=%10.6f\n",pi);
printf("共循环了%d 次",count);
return 0;
}
```

程序运行结果：

```
pi= 3.14159393
共循环了 500000 次
```

程序说明：

（1）s 的初值为 1（第一项为正）。

（2）注意数据类型问题，因为 1 和 n 都为整型，则 1/n 为整型，结果永为 0，必须将其中一个操作数改为浮点型。如果将 int n 改为 float n 则不利于循环，而将 1 改为 1.0 则可更好地解决该问题。

5.4.4 标记变量法

标记变量法指的是在程序设计中用某个变量的取值来对程序运行的状态进行标记。

【例 5.22】判断一个正整数 x 是否为素数。

```
#include<stdio.h>
#include "math.h"
int main()
{
    int  x,k,f=1;
    scanf("%d",&x);
    for(k=2;k<=sqrt(x);k++)     将该数依次对 2～√x 逐个求余
        if(x%k==0)   //如果 x%k==0 为真，则将标记 f 置为 0，说明该数不是素数
            {f=0;continue;}
    if(f==1)             //如果离开循环后，f 标记的值仍为 1，说明 x 是素数
        printf(" %d is a prime" ,x);
    else
        printf(" %d is not a prime" ,x);
    return 0;
}
```

程序运行结果：

```
322↙
322 is not a prime
```

该例增加了标记变量 f，如果 x%k==0 为真，则将标记变量 f 置为 0，否则 f 仍为 1。结束循环后，通过判断标记变量 f 的值来输出 x 的判断结果。

本章小结

1. 重难点

（1）循环嵌套时程序的执行流程。

（2）使用穷举法、递推法、迭代法和标记变量法解决在循环结构程序设计时遇到的问题。

2. 常见错误

（1）在循环语句中没有正确使用复合语句。

当循环体内的语句有两条以上时，应该用一对花括号将它们括起，组成复合语句；此外，应正确区分哪些语句属于内循环体，哪些语句属于外循环体，恰当地使用花括号构造复合语句。

（2）在循环结构中没有构造结束循环的条件。

上述几种常见错误，可通过扫描二维码查看。

习题 5

一、选择题

1. 以下程序的运行结果为（　　）。

```
#include"stdio.h"
int main()
{
int i,j,x=0;
for(i=0;i<2;i++);
{
     x++;
     for(j=0;j<=3;j++)
     {
          if(j%2)
          {continue;}
          x++;
     }
     x++;
}
printf("x=%d\n",x);
return 0;
}
```

A. x=4　　B. x=8　　C. x=6　　D. x=12

2. 以下程序的运行结果为（　　）。

```
#include"stdio.h"
int main()
{
int i;
for(i=1;i<6;i++)
{
      if(i%2)
      {
            printf("#");
            continue;
      }
      printf("*");
}
printf("\n");
return 0;
}
```

A. #*#*#　　B. ####　　C. *****　　D. *#*#*

3. 以下程序的运行结果为（　　）。

```
#include"stdio.h"
int main()
{
int x=3;
do
{   printf("%d\n",x-=2);
}while(!(x--));
return 0;
}
```

A. 1　　B. 30　　C. 1-2　　D. 陷入死循环

4. 以下程序循环的次数是（　　）。

```
#include"stdio.h"
int main()
{
int k=0;
while(k<10)
```

```
    {
        if(k<1)
        {continue;}
        if(k==5)
        {break;}
        k++;
    }
   return 0;
   }
```

A. 5　　B. 6　　C. 4　　D. 无限次

二、编程题

1. 编程求 1!+2!+3!+…+20!的值。

2. 一个富翁与一个学者达成换钱的协议。学者说："每一天我都给你 10 万元，第 1 天你只需给我 1 分钱，第 2 天只需给我 2 分钱，第 3 天给我 4 分钱……你每天给我的钱是前一天的两倍，直到满 30 天。"富翁欣然同意了。请编程计算 30 天后，两人各得多少钱。

3. 百钱买百鸡。公鸡每只 5 元，母鸡每只 3 元，小鸡 3 只 1 元，用 100 元买 100 只鸡，问公鸡、母鸡、小鸡各可买多少只？设公鸡可买 x 只，母鸡可买 y 只，小鸡可买 z 只，请编程输出每一种组合。

4. 已知有一批书，每天都卖掉剩下书的一半还多 2 本，到第 8 天刚好卖完，请编程计算这批书共有多少本？

5. 编写一个程序，找出 2～99 中所有的同构数。同构数指该数出现在其平方数的右边，例如，5 是 25（即 5^2）右边的数，25 是 625（即 25^2）右边的数，因此 5 和 25 都是同构数。

6. 努力的工作日。一年 365 天，一周 5 个工作日，如果每个工作日都很努力，能力值每天可以提高 1%，周末放纵一下，能力值每天下降 1%。编程计算一年后的能力值。

7. 编程输出图 5-11 所示的图案。

8. 编程输出图 5-12 所示的由数字组成的三角形图案。

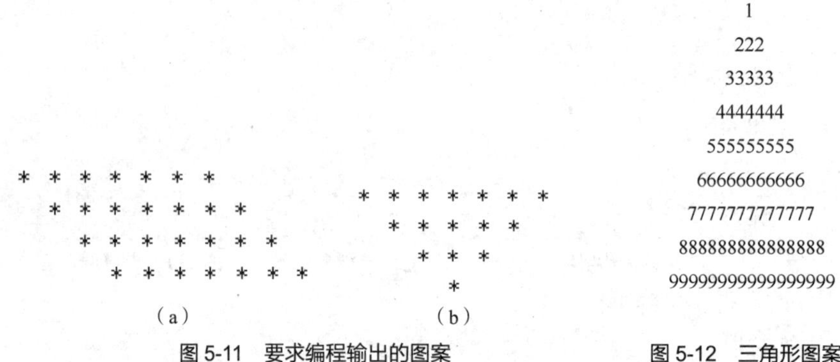

图 5-11　要求编程输出的图案　　图 5-12　三角形图案

AI 赋能：解锁未来

AI 助你启智成长

本章编写了一个计算 1～100 的整数之和的程序，我们可以使用 AIGC 工具进一步对代码进行优化讲解。例如，它可能指出在这个程序中，变量 i 和 sum 使用 int 类型在大多数情况下是合适的，但如果考虑到数值范围可能超出 int 的表示范围，可以将其改为 long 类型，以增强程序的稳健性。并且，AIGC 工具还能提供不同的解题思路，如利用等差数列求和公式（首项 + 末项）× 项数 / 2 来实现同样的功能，代码如下：

```
#include <stdio.h>
int main() {
    long sum;
    sum = (1 + 100) * 100 / 2;
```

```
    printf("1 到 100 的累加和为: %lld\n", sum);
    return 0;
}
```

☛ AI 助你教与学

1. 导入——给出引例，提出问题

参见编程题第 6 题。

2. 目标——给出学习目标

（1）学会用迭代法解决问题。

（2）学会用 AI 大模型辅助学习，完成算法推荐与概念学习、程序实现、算法设计与抽象思维、纠错与优化等过程。

3. 参与式学习

通过翻转课堂、分组讨论、抢答等活动参与学习过程。

（1）算法推荐与概念学习：通过指令让 AI 大模型推荐算法，并学习相关概念。

（2）程序实现：在 AI 大模型中输入待求解问题，AI 大模型输出解决对应问题的代码（若在输入提示词时未指定 C 语言标准，则会产生图 5-13 所示代码）。

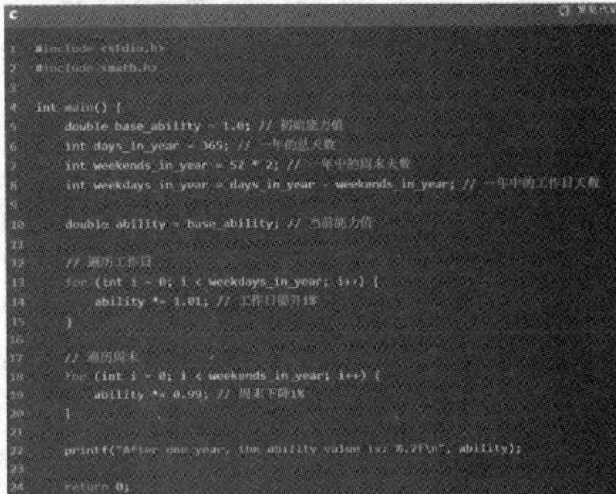

图 5-13　文心一言生成的代码

（3）算法设计与抽象思维：思考 AI 大模型给出的代码，该代码是否完全符合题目要求？是否存在可以优化的部分？

① 算法步骤。

- 初始化：设置初始能力值（base_ability）为 1.0。
- 计算工作日天数：从一年的总天数（365 天）中减去周末天数（52 周×2 天/周），得到工作日天数。
- 工作日循环：对于每个工作日，将当前能力值乘 1.01（增长 1%）。
- 周末循环：对于周末的每一天，将当前能力值乘 0.99（下降 1%）。
- 输出结果：输出一年后的能力值。

② 优点与长处。程序注释清晰，可读性强。

③ 存在的问题。

- 包含不需要的头文件<math.h>。
- 变量 i 定义不符合 C89 语法规则。
- 两个 for 循环可以整合改进。

（4）纠错与优化：根据上一步的分析，在 AI 大模型输出的代码基础上，完成程序优化，实现“从有到优”。

调试后代码如图 5-14 所示。程序运行结果如图 5-15 所示。

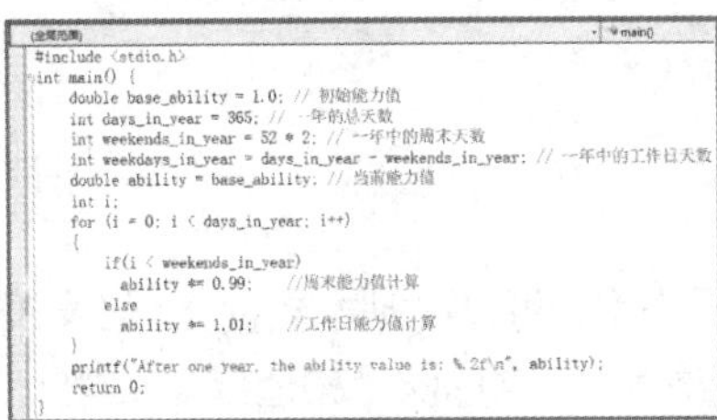

图 5-14　调试后代码

```
C:\WINDOWS\system32\cmd.exe
After one year, the ability value is: 4.72
请按任意键继续. . .
```

图 5-15　程序运行结果

（5）展望与思考：本题是否还可优化？是否有其他算法？

06 第 6 章　数组

本章导读

数组是 C 语言的一种数据类型。使用数组可以对大量同类型的数据进行处理。本章主要介绍数组的概念、定义和应用，具体包括一维、二维数组的定义和应用。此外，还介绍字符数组与字符串、数组常用算法。

6.1　数组的概念

在前面的章节中，已经介绍过简单的基本数据类型。在实际的程序设计中，常常需要处理大量相同类型的数据，如某门课程每个学生的成绩记录、多个相同类型数据的排序等。这类数据在 C 语言中可以通过数组来表示。

数组表示具有相同数据类型的数据的有序集合，它不同于前面介绍的基本数据类型，它是一种构造数据类型。数组中的每个数据称为数组元素，数组元素具有相同的数据类型（可以是基本数据类型或是构造数据类型）。按数组元素数据类型的不同，数组又可分为数值数组、字符数组、指针数组、结构体数组等各种类别。数组元素在数组中的位置（即顺序）由下标来确定，一个下标就可确定数组元素位置的数组为一维数组，两个下标即可确定数组元素位置的数组为二维数组，n 个下标才可确定数组元素位置的数组为 n 维数组。

6.2　一维数组

6.2.1　一维数组的定义

一维数组的定义方式为：

```
类型名 数组名[常量表达式];
```

例如：

```
int grade[30];
```

说明如下。

（1）类型名：表示数组元素的数据类型，可以是基本数据类型（如整型、单精度浮点型、双精度浮点型、字符型等），也可以是构造数据类型。上例中的数组中每个元素都是整型的。

（2）数组名：表示数组元素的统一名字，用于标识数组。它的命名规则遵循标识符的规则。如上例中的 grade 就是定义的数组的名字。

（3）常量表达式：常量表达式的值表示数组中所包含的元素的个数，即数组的长度。如上例中的 30 表示数组 grade 包含 30 个元素。C 语言不允许对数组进行动态定义，数组的长度不会随着程序运行中的变化而改变。

例如，下面是两种错误的定义。

```
int m;
 scanf("%d",&m);
 float a[m];
```

和

```
int n;
 n=30;
 float a[n];
```

而下面这样的定义是正确的：

```
#define n 30        //使用了符号常量，用标识符表示一个常量
…
float a[n];
```

（4）相同类型的数组和变量可以使用同一个类型名，互相用“,”隔开。例如：

```
int a[4],b[5],c[6],e;
```

（5）数组名不能与变量名相同。

6.2.2 一维数组元素的引用

数组元素是组成数组的基本单元。数组元素也是一种变量，其标识方法为数组名后跟一个下标。下标表示了元素在数组中的顺序。一维数组元素的引用格式为：

```
数组名[下标]
```

其中的下标只能为整型常量或值为整型表达式。在 C 语言中，规定下标从 0 开始，对下标的上界未做规定。例如，a[5]、a[i+j]、a[i++]都是合法的数组元素。

数组元素通常也称为下标变量，必须先定义数组才能使用数组元素。在 C 语言中只能逐个地引用数组元素，而不能一次引用整个数组。

6.2.3 一维数组的初始化

在定义数组时，系统只是根据元素的类型和数组的长度在内存中为其分配连续内存空间，并不清除这些空间中原有的值。所以在使用数组之前，必须通过一些方法改变数组中原来的值，使其变为所需要的值。

一般有两种方法：一种是在定义数组的同时赋初值（后文简称为数组初始化），另一种是在程序运行过程中给数组元素赋值。

数组初始化是在编译阶段进行的，这样将减少程序运行时间，提高效率。

数组初始化的一般形式为：

```
类型名 数组名[常量表达式]={值,值,…,值};
```

例如：

```
int a[10]={0,1,2,3,4,5,6,7,8,9};
```

相当于

```
a[0]=0;a[1]=1;…;a[9]=9;
```

C 语言对数组初始化有以下几点规定。

（1）可以只给部分元素赋初值。当“{ }”中值的个数少于元素个数时，只给前面的部分元素赋值。例如：

```
int a[10]={0,1,2,3,4};
```

表示只给 a[0] ～a[4]这 5 个元素赋值，而后 5 个元素的值为 0。

（2）只能按元素逐个赋值，不能给数组整体赋值。例如要将数组的 10 个元素的值全部初始化为 1，只能写为：

```
int a[10]={1,1,1,1,1,1,1,1,1,1};
```

而不能写为：

```
int a[10]=1;
```

（3）若对全部元素都进行了初始化赋值，则在数组定义中可以不给出数组元素的个数。

例如：

```
int a[5]={1,2,3,4,5};
```

可写为：

```
int a[]={1,2,3,4,5};
```

（4）当数组指定的元素个数少于初始化值的个数时，作为语法错误处理。

例如，“int a[4]={1,2,3,4,5};”是不合法的，因为数组 a 只有 4 个元素。

【例 6.1】将数字 1～10 存入一个整型数组 a 中并输出。

程序如下：

```
1    #include <stdio.h>
2    #include <stdlib.h>              //包含文件“stdlib.h”
3    int main()
4    {
5        int a[10];                   //定义一个有 10 个元素的数组 a
6        int i;
7        for(i=0;i<10;i++)            //通过循环对数组元素赋值
8        {
9            a[i]=i+1;
10           printf("%d ",a[i]);      //输出数组元素的值
11       }
12       system("pause");             //暂停并查看运行结果，必须有第 2 行代码，否则本语句无效
13       return 0;
14   }
```

程序运行结果：

```
1 2 3 4 5 6 7 8 9 10
```

6.2.4　一维数组的存储

一维数组的各元素按下标的顺序依次存储在连续的内存空间中。内存空间的大小为元素的个数乘每一个元素所占的空间，每一个元素所占的空间与数据类型有关。

如“int a[10];”对应的内存空间大小为 10*sizeof(int)，该一维数组空间分配如图 6-1 所示。

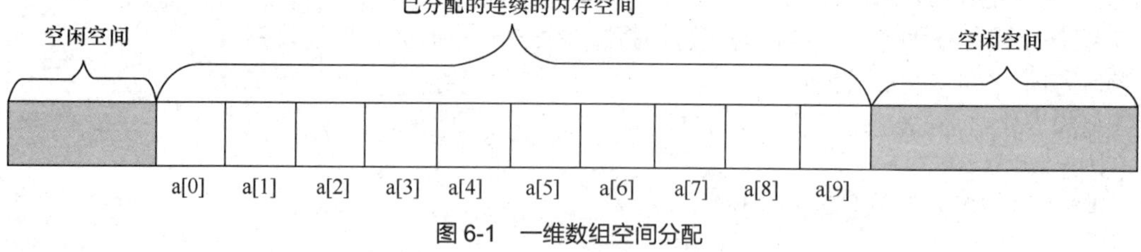

图 6-1　一维数组空间分配

6.2.5　一维数组的应用

【例 6.2】用数组的方式计算斐波那契数列的前 20 项并输出（每行输出 5 个数）。

程序如下：

```
#include <stdio.h>
#include <stdlib.h>
```

```
int main()
{
    int i;
    int f[20]={1,1};
    for(i=2;i<20;i++)       //通过循环逐个计算数组 f 的各个元素的值
        f[i]=f[i-2]+f[i-1];
    for(i=0;i<20;i++)
    {
        if(i%5==0) printf("\n");     //控制每行输出 5 个数
        printf("%6d",f[i]);
    }
    system("pause");
    return 0;
}
```

程序运行结果：

```
    1     1     2     3     5
    8    13    21    34    55
   89   144   233   377   610
  987  1597  2584  4181  6765
```

【例 6.3】统计一个整数中各个数字出现的次数。

程序如下：

```
#include<stdio.h>
int main()
{
    unsigned int m,n,i;             //定义 m 为无符号整型以扩大可以测试的数据范围
    int digit[10]={0};
    scanf("%u",&m);
    n=m;
    while(m)                        //通过循环实现一个整数的数位分解
    {
        i=m%10;                     //用 i 获取每次循环取得的尾数
        digit[i]=digit[i]+1;
        m=m/10;                     //用 m 获取每次循环去掉尾数得到的新数
    }
    if(n==0)
        digit[0]=1;
    for(i=0;i<10;i++)
        printf("%d\t",i);
    printf("\n");
    for(i=0;i<10;i++)
        printf("%d\t",digit[i]);
    return 0;
}
```

程序运行结果：

```
54365462↙
0       1       2       3       4       5       6       7       8       9
0       0       1       1       2       2       2       0       0       0
```

程序说明：

由于不管多长的十进制整数都是由数字 0～9 构成的，正好和长度为 10 的数组下标 0～9 对应，因此可以用下标对应的数组元素统计并存储相应数字出现的次数。

6.3 二维数组

利用一维数组可以实现对“一组”相关数据的处理，但无法实现对“多组”相关数据（如二维表格）的处理。在程序设计中，可以使用二维数组来进行二维表格的处理。“二维数组”是指由具有

两个下标的数组元素所组成的数组。如果数组元素具有 3 个下标，称其组成的数组为“三维数组”。只要数组元素具有两个以上的下标，我们都称其组成的数组为“多维数组”。一般程序设计中主要以二维数组为主，如果要处理多维数组，可以在使用二维数组的方式的基础上进行推广。

6.3.1 二维数组的定义

二维数组的定义方式为：

```
类型名 数组名[常量表达式1] [常量表达式2];
```

例如，定义二维数组存放 30 个学生的数学、物理、英语 3 门课程的成绩：

```
int grade[30][3];
```

说明如下。

（1）类型名表示数组元素的数据类型，可以是整型、浮点型、字符型等。

（2）常量表达式 1、常量表达式 2 的值类型为整型。

（3）常量表达式 1 表示行数，常量表达式 2 表示列数，常量表达式 1 乘常量表达式 2 的值为数组中所包含的元素的个数。如数组 grade 有 30×3=90 个元素，可存放 30 个学生的 3 门课程的成绩。

6.3.2 二维数组元素的引用

二维数组元素的引用格式为：

```
数组名[下标表达式1] [下标表达式2];
```

其中，下标表达式 1、下标表达式 2 可以是整型常量或整型表达式，如 a[3][2]、b[i][j]、c[i+2][j*2]等形式都是合法的。

其实二维数组和一维数组的引用方式都是相似的。与一维数组一样，二维数组的下标也从 0 开始算起。因此，对一个二维数组 a[m][n]来说，它的数组元素的行下标最大值为 m−1，列下标最大值为 n−1。

引用二维数组元素与引用一维数组元素、普通的基本型变量的方法一样，在使用中只能逐个引用数组元素而不能一次引用整个数组。

6.3.3 二维数组的初始化

二维数组与一维数组一样，可以对二维数组的元素进行赋值或者初始化。数组在定义后，它所占有的内存空间中的值是不确定的，引用数组元素之前，必须保证数组元素已有确定的值。二维数组的初始化方法有以下几种。

1. 分行赋初值

例如：

```
int s[3][4]={{1,2,3,4},{5,6,7,8},{9,10,11,12}};
```

即把第一对花括号内的值依次赋给 s 数组第一行的各元素，把第二对花括号内的值依次赋给 s 数组第二行的各元素，以此类推。

2. 按行依次赋初值

由于二维数组在计算机里是按一维数组存储的，因此也可以仿照一维数组初始化的方式，按行依次为二维数组赋值。

例如：

```
int s[3][4]={1,2,3,4,5,6,7,8,9,10,11,12};
```

上述两种赋值方法结果完全相同，但相比之下前一种方法更加清晰，有助于对程序的阅读。

C 语言中，对二维数组进行初始化时应注意以下几点。

（1）对全部元素赋初值，可以省略第一维的长度。

例如：

```
int s[][4]={1,2,3,4,5,6,7,8,9,10,11,12};
```

（2）可以只对部分元素赋初值，未赋初值的元素自动取 0 值。

例如：

```
int s[][4]={{1,2},{5},{9,10}};
```

它相当于

```
int s[][4]={{1,2,0,0}, {5,0,0,0}, {9,10,0,0}};
```

6.3.4　二维数组的存储

内存通常按照线性方式存储数据，二维数组中各元素在内存中存储在连续的内存空间中，内存空间的大小为元素个数乘每一个元素所占的空间。

C 语言规定，在存储二维数组中的元素时，要先存储第一行的元素，再存储第二行的元素，以此类推，每行元素按下标规定的顺序由小到大存储。

例如，整型数组 a[4][5]中元素的存储顺序如图 6-2 所示。

a[0][0]→a[0][1]→a[0][2]→a[0][3]→a[0][4]→
a[1][0]→a[1][1]→a[1][2]→a[1][3]→a[1][4]→
a[2][0]→a[2][1]→a[2][2]→a[2][3]→a[2][4]→
a[3][0]→a[3][1]→a[3][2]→a[3][3]→a[3][4]

图 6-2　整型数组 a[4][5]中元素的存储顺序

6.3.5　二维数组的应用

【例 6.4】第 33 届夏季奥林匹克运动会，Z 国的运动员参与了 n（$1 \leqslant n \leqslant 20$）天的比赛。用数组编程统计 Z 国所获得的金、银、铜牌数量及总奖牌数量。

程序如下：

```
#include<stdio.h>
int main()
{
    int i,j,n, sum, sum1, sum2, sum3;
    sum1 = sum2 = sum3 = sum = 0;
     printf("请输入天数: ");
    scanf("%d",&n);
     int a[20][3];                // 利用二维数组解决奖牌数量的统计问题
    for (i=0; i<n; i++)
          {printf("请输入第%d 天获得的金、银、铜牌数量: ",i+1);
          for (j = 0; j<3; j++)
            scanf("%d", &a[i][j]); }
    for (i=0; i<n; i++)
      {
        sum1 += a[i][0];     // 获得的金牌的数量
        sum2 += a[i][1];     // 获得的银牌的数量
        sum3 += a[i][2];     // 获得的铜牌的数量
    }
    sum = sum1 + sum2 + sum3;
    printf("前%d 天金牌数量为%d 枚，银牌数量为%d 枚，铜牌数量为%d 枚\n 奖牌总数量为%d 枚\n",n,
sum1, sum2, sum3, sum);
    return 0;
 }
```

程序运行结果：

```
请输入天数: 3↙
请输入第 1 天获得的金、银、铜牌数量: 3 4 5
```

```
请输入第 2 天获得的金、银、铜牌数量：5 4 1
请输入第 3 天获得的金、银、铜牌数量：2 6 3
3 天获得的金牌数量为 10 枚，银牌数量为 14 枚，铜牌数量为 9 枚
奖牌总数量为 33 枚
```

【例 6.5】求矩阵的转置，转置前、后的矩阵如图 6-3 所示。

$$\begin{pmatrix} 1 & 2 & 3 & 4 \\ 5 & 6 & 7 & 8 \\ 9 & 10 & 11 & 12 \end{pmatrix} \qquad \begin{pmatrix} 1 & 5 & 9 \\ 2 & 6 & 10 \\ 3 & 7 & 11 \\ 4 & 8 & 12 \end{pmatrix}$$

转置前　　　　转置后

图 6-3　转置前、后的矩阵

程序如下：

```
1    #include <stdio.h>
2    #include <stdlib.h>
3    #define M 3
4    #define N 4
5    int main()
6    {
7        int a[M][N]={1,2,3,4,5,6,7,8,9,10,11,12},b[N][M],i,j;    //a 和 b 分别保存转置
//前、后的矩阵元素
8        printf("转置前的矩阵为：\n");
9        for(i=0;i<M;i++)            //第 9～14 行输出转置前的矩阵元素
10       {
11           for(j=0;j<N;j++)
12               printf("%3d",a[i][j]);
13           printf("\n");
14       }
15       for(i=0;i<N;i++)            //第 15～17 行求转置矩阵
16           for(j=0;j<M;j++)
17               b[i][j]=a[j][i];
18       printf("转置后的矩阵为：\n");
19       for(i=0;i<N;i++)            //第 19～24 行输出转置后的矩阵元素
20       {
21           for(j=0;j<M;j++)
22               printf("%3d",b[i][j]);
23           printf("\n");
24       }
25       system("pause");
26       return 0;
27   }
```

程序运行结果：

```
转置前的矩阵为：
  1  2  3  4
  5  6  7  8
  9 10 11 12
转置后的矩阵为：
  1  5  9
  2  6 10
  3  7 11
  4  8 12
```

【例 6.6】已知一个学习小组 5 个人 3 门课程的考试成绩，求该小组各门课程的平均分和全组的平均分。

姓名	数学	物理	英语
张三	80	75	92
李四	61	65	71
赵五	59	63	70
王六	85	87	90
刘七	76	77	85

程序如下：

```
1    #include <stdio.h>
2    #include <stdlib.h>
3    #define M 5
4    #define N 3
5    int main()
6    {
7        int score[M][N]={ {80,75,92},{61,65,71},{59,63,70},{85,87,90},
{76,77,85}},i,j,total;                     //定义数组 score 并对它进行初始化，保存学生的考试成绩
8        float c_ave[N],average,sum=0;  //定义数组 c_ave，保存每门课程的平均分
9        for(i=0;i<N;i++)                   //第 9～18 行求各门课程的平均分和所有课程的总分
10       {
11           total=0;
12           for(j=0;j<M;j++)
13           {
14               total+=score[j][i];
15               sum+=score[j][i];
16           }
17           c_ave[i]=(float)total/M;
18       }
19       average=sum/(M*N);                  //求全组的平均分
20       printf("各门课程的平均分分别为：");
21       for(i=0;i<N;i++)
22           printf("%6.2f ",c_ave[i]);
23       printf("\n 全组的平均分为：%6.2f\n",average);
24       system("pause");
25       return 0;
26   }
```

程序运行结果：

```
各门课程的平均分分别为： 72.20  73.40  81.60
全组的平均分为： 75.73
```

6.4　字符数组与字符串

数组既可以存放数值数据，也可以存放字符数据。存放数值数据的数组称为数值数组，存放字符数据的数组称为字符数组。字符数组中的每一个元素存放一个字符。

C 语言中没有专门的字符串变量，通常用字符数组存放字符串。由于字符数组的长度一般在定义时就确定了，而字符串的长度经常改变，为了确定字符串的有效长度，C 语言规定：以“\0”作为字符串的结束标志。例如，字符串“China”在内存中占用 6 个字节的空间，其存储形式如图 6-4 所示。

C	h	i	n	a	\0

图 6-4　字符串“China”的存储形式

6.4.1　字符数组的定义与初始化

1. 字符数组的定义

字符数组的定义和前面介绍的数值数组的定义类似。

例如：

```
char str1[10];          //定义一个一维字符数组 str1，它有 10 个元素
char str2[3][10];       //定义一个 3 行 10 列的二维字符数组 str2，它有 30 个元素
```

2. 字符数组的初始化

（1）逐个为字符数组中各元素指定初值。

```
char a[5]={'C','h','i','n','a'};
```

把 5 个字符分别赋给 a[0] ～a[4]。

若字符个数少于元素个数，则系统自动对没有给出初值的数组元素赋值 0 或“\0”。

如果对全体元素赋初值，可以省略长度说明。如：

```
char b[]={'C','h','i','n','a'};
```

系统认为 b 数组的长度或大小为 5。

（2）用字符串对字符数组进行初始化。

```
char a[]={"I am a student. "};
```

或

```
char a[]= "I am a student. ";
```

此时字符数组的元素个数为字符串的实际字符个数加 1，最后还有一个“\0”，即字符串结束标志。

（3）二维字符数组的初始化和一维字符数组的初始化类似。

例如：

```
char name[3][10]={{'M','u','s','i','c'},{'A','r','t','s'},{'S','p','o','r', 't'}};
char str1[][20]={"math.","c","English"};
```

6.4.2 字符数组的输出与输入

1. 字符数组的输出

有两种方法将一个字符数组的内容显示出来。

（1）使用%c 格式说明符：用 printf()函数将数组元素逐个输出。如：

```
int i;
char a[]="China";
for(i=0;i<5;i++)
printf("%c\n",a[i]);
```

（2）使用%s 格式说明符：用 printf()函数将数组中的内容按字符串的方式输出。如：

```
char a[]="China";
printf("%s",a);
```

输出：China

用此方法时，要将存放字符串的数组名写在 printf()函数里。执行此函数时，从 a 数组的第一个元素开始，一个元素接一个元素地输出，一直到遇到“\0”为止。“\0”将不会被输出。

（1）要用存放字符串的数组名来进行输出。

（2）系统在输出时只在遇到“\0”才停止，否则，即使输出的内容已经超出数组的长度也不会停止输出。

（3）如果一个字符数组中包含一个以上“\0”，则遇到第一个“\0”时输出就结束。

2. 字符数组的输入

有两种方法从键盘获得输入并对字符数组赋值。

（1）按%c 的格式：循环使用 scanf()函数读取从键盘输入的字符。

（2）按%s 的格式：通过 scanf()函数来进行字符串的输入。如：

```
scanf("%s",a);
```

表示将从键盘输入的内容按字符串的方式赋给 a 数组，其中数组名 a 就代表了 a 数组的地址。输入时，在遇到指定的分隔符时认为字符串输入完毕，并在分隔符前面的字符后加一个“\0”一并存入数组中。

例如（array 是数组名）：

```
scanf("%s",array);
```

输入时，若输入 abc↙，则 array 数组中存入'a'、'b'、'c'、'\0'这 4 个字符（在 array 数组的长度大于输入字符串的长度加 1 时才能正确执行）。

又如（array1、array2 是数组名）：

```
scanf("%s%s",array1,array2);
```

输入时，若输入 ab cde↙，则 array1 数组中存入'a'、'b'、'c'这 3 个字符，array2 数组中存入'c'、'd'、'e'、'\0'这 4 个字符。

（1）用“%s”格式说明符输入字符串时，scanf()函数中的输入项是字符数组名，不可加&，写成下面的形式是不对的：

```
scanf("%s",&array);
```

（2）用 scanf()函数输入一个字符串时，从键盘输入的字符串应短于已定义的字符数组的长度。

【例 6.7】从键盘输入一个字符串后输出。

程序如下：

```
#include "stdio.h"
#include <stdlib.h>
int main()
{
    char cstr[13];              //定义一个字符数组 cstr
    printf("请输入一个字符串：\n");
    scanf("%s",cstr);           //用 scanf()函数输入字符串
    printf("输入的字符串是：\n");
    printf("%s\n",cstr);        //用 printf()函数输出字符串
    system("pause");
    return 0;
}
```

程序运行结果：

```
请输入一个字符串：
China↙
输入的字符串是：
China
```

6.4.3　字符串处理函数

C 语言提供了丰富的字符串处理函数，如字符串输入/输出、复制、连接、比较、大小写转换等函数。使用这些字符串处理函数可大大减少编程的工作量。但在使用这些函数前，程序应包含相应的头文件。

1. 字符串输入/输出函数

（1）字符串输入函数 gets()。

格式：

```
gets(字符数组)
```

gets()函数用于从键盘读取一个字符串（包括空格符），并把它们依次存放到字符数组中，函数的

返回值为字符数组的首地址。

（2）字符串输出函数 puts()。

格式：

```
puts(字符数组)
```

puts()函数用于输出一个字符串。

① gets()、puts()中的字符数组为字符数组名或字符指针，在使用这两个函数时，程序须包含头文件<stdio.h>。

② 在用 gets()函数输入字符串时，只有按"Enter"键才认为是输入结束，此时系统会自动在输入的字符串后面加上结束标志"\0"。

③ 在用 puts()函数输出字符串时，遇到"\0"结束输出。

【例 6.8】 从键盘输入一个字符串存放到字符数组 cstr 中，再将该字符串输出。

程序如下：

```
#include "stdio.h"
#include <stdlib.h>
int main()
{
    char cstr[80];                       //定义一个字符数组 cstr
    printf("请输入一个字符串：\n");
    gets(cstr);                          //用 gets()函数输入一个字符串
    printf("输入的字符串是：\n");
    puts(cstr);                          //用 puts()函数输出字符串
    system("pause");
    return 0;
}
```

程序运行结果：

```
请输入一个字符串：
I am a student↙
输入的字符串是：
I am a student
```

2. 字符串复制函数 strcpy()

格式：

```
strcpy (字符数组名1,字符数组名2)
```

功能：把字符数组 2 中的字符串复制到字符数组 1 中。

（1）使用此函数时，程序必须包含头文件<string.h>。

（2）字符数组 1 的长度必须足够大，以便能容纳字符数组 2 中的字符串。

（3）字符数组名 2 可以是一个字符串常量，如 strcpy(strl, "C Language")。

（4）复制时连同字符串后面的"\0"一起复制到字符数组 1 中。

（5）字符串只能用复制函数赋值，不能用赋值语句进行赋值。例如下列语句是非法的：

```
str1=str2; str1="abcde";
```

但单个字符可以用赋值语句赋给字符型变量或字符数组元素。

【例 6.9】 将一个字符数组中的字符串复制到另一个字符数组中。

程序如下：

```
#include <stdio.h>
#include <string.h>      //包含头文件<string.h>
#include <stdlib.h>
```

```
int main()
{
    char str1[15],str2[]="C Language"; //定义字符数组 str1 和 str2，并对 str2 进行初始化
    strcpy(str1,str2);   //调用 strcpy()函数将字符数组 str2 中的字符串复制到字符数组 str1 中
    puts(str1);
    printf("\n");
    system("pause");
    return 0;
}
```

程序运行结果：

```
C Language
```

3. 字符串连接函数 strcat()

格式：

```
strcat (字符数组名 1,字符数组名 2)
```

功能：把字符数组 2 中的字符串连接到字符数组 1 中字符串的后面，并删去字符数组 1 中字符串后的结束标志“\0”。

（1）字符数组 1 的长度必须足够大，以便能容纳被连接的字符串。

（2）字符数组名 2 可以是字符串常量，如 strcat(s1,"cdef")。

【例 6.10】将一个字符数组中的字符串连接到另一个字符数组中的字符串后面。

程序如下：

```
#include <stdio.h>
#include <stdlib.h>
#include <string.h>
int main()
{
    char str1[50]="Hello ", str2[ ]="everyone";       // str1 长度要足够大
    strcat(str1,str2);      //调用 strcat()函数将字符数组 str2 中的字符串连接到字符数组
//str1 中的字符串后面
    puts(str1);
    system("pause");
    return 0;
}
```

程序运行结果：

```
Hello everyone
```

4. 字符串比较函数 strcmp()

格式：

```
strcmp(字符数组名 1,字符数组名 2)
```

功能：按照 ASCII 值的大小比较两个字符数组中的字符串，并由函数返回值返回比较结果。

字符串 1=字符串 2，返回值=0；

字符串 1>字符串 2，返回值>0；

字符串 1<字符串 2，返回值<0。

（1）执行 strcmp()函数时，自左到右逐个比较两个字符串对应位置字符的 ASCII 值，直到发现不同字符或字符串结束标志为止。

（2）字符串不能用数值型比较符。如下面代码是错误的：

```
if(str1==str2)  printf("yes");
```

（3）字符数组名 1 和字符数组名 2 可以是字符串常量。

【例 6.11】输入 5 个字符串，将其中最大的字符串输出。

程序如下：

```
#include <stdio.h>
#include <stdlib.h>
#include <string.h>
int main()
{
    char  str[80],maxstr[80];        // maxstr 数组用于保存最大的字符串
    int i;
    printf("请输入第 1 个字符串：");
    gets(maxstr);            //调用 gets()函数输入第 1 个字符串（假设第 1 个字符串是最大的）
    for(i=1;i<5;i++)         //通过循环分别输入其他 4 个字符串
    {
        printf("请输入第%d 个字符串：",i+1);
        gets(str);
        if(strcmp(maxstr,str)<0)          //调用 strcmp()函数比较字符串大小
            strcpy(maxstr,str);
    }
    printf("最大的字符串是：%s\n",maxstr);
    system("pause");
    return 0;
}
```

程序运行结果：

```
请输入第 1 个字符串：abcdefg↙
请输入第 2 个字符串：abcdfghi↙
请输入第 3 个字符串：bcdefghi↙
请输入第 4 个字符串：a1b2c3d4e5↙
请输入第 5 个字符串：1234567↙
最大的字符串是：bcdefghi
```

5. 字符串长度函数 strlen()

格式：

```
strlen(字符数组名)
```

功能：获取字符串的实际长度（不含字符串结束标志“\0”）并作为函数返回值。

【例 6.12】输入 5 个字符串，将其中最长的字符串输出。

程序如下：

```
#include <stdio.h>
#include <stdlib.h>
#include <string.h>
int main()
{
    char str[80],temp[80];
    int i,len;
    printf("请输入第 1 个字符串：");
    gets(str);                   //调用 gets()函数输入第 1 个字符串(假设第 1 个字符串是最长的)
    len=strlen(str);             //调用 strlen()函数求第 1 个字符串的长度
    for(i=1;i<5;i++)             //通过循环分别输入另外 4 个字符串
    {
        printf("请输入第%d 个字符串：",i+1);
        gets(temp);
        if(strlen(temp)>len)        //调用 strlen()函数求当前字符串的长度并与当前最长字符
//串的长度比较
            strcpy(str,temp);
```

```
        }
    printf("最长的字符串是：%s\n",str);
    system("pause");
    return 0;
}
```

程序运行结果：

```
请输入第 1 个字符串：abcdefg↙
请输入第 2 个字符串：12345678↙
请输入第 3 个字符串：a12345↙
请输入第 4 个字符串：b23456↙
请输入第 5 个字符串：c5432↙
最长的字符串是：12345678
```

6. 字符串大小写转换函数 strupr()和 strlwr()

格式：

```
strupr(字符串)
```

功能：将字符串中的小写字母转换为大写字母，其他字母不变。

格式：

```
strlwr(字符串)
```

功能：将字符串中的大写字母转换为小写字母，其他字母不变。

尽管这两个函数在某些编译器（如微软公司的 Visual C++）中可用，但它们并不是 C 标准库的一部分。因此，在不同的环境中，你可能需要自行实现这两个函数。

【例 6.13】字符串大小写转换。

程序如下：

```
#include<string.h>
int main()
{
char text[20],change[20];
int num;
int i=0;
while(1)
{
   printf("输入转换大小写方式(1 表示大写，2 表示小写，0 表示退出):\n");
   scanf("%d",&num);
   if(num==1)                                        //如果是转换为大写
   {
        printf("输入一个字符串:\n");
        scanf("%s",&text);
        strupr(text);                                //字符串中的小写字母转换成大写字母
        printf("转换成大写字母的字符串为:%s\n",text);
   }
   else if(num==2)                                   //如果是转换为小写
   {
        printf("输入一个字符串:\n");
        scanf("%s",&text);
        strlwr(text);                                //字符串中的大写字母转换成小写字母
        printf("转换成小写字母的字符串为:%s\n",text);
   }
   else if(num==0)                                   //如果命令字符为 0
        break;
 }
```

```
return 0;
}
```

程序运行结果：

```
输入转换大小写方式(1 表示大写，2 表示小写，0 表示退出)：
1↙
输入一个字符串：
fadsfsdf
转换成大写字母的字符串为:FADSFSDF
输入转换大小写方式(1 表示大写，2 表示小写，0 表示退出)：
2↙
输入一个字符串：
FDSFfad
转换成小写字母的字符串为:fdsffad
```

6.5 数组常用算法

在实际应用中，常涉及大量同类型数据的查找、排序、插入和删除等操作，通过数组常用算法可以完成这些操作。

6.5.1 数组元素的查找

数组元素的查找常用线性查找法，即按顺序检查数组中的每个元素，直到找到所需的元素。

【例 6.14】猜数字游戏：随机产生 10 个正整数（范围为 0~99），输入一个数并显示是否猜测成功。

```
1   #include <stdio.h>
2   #include <stdlib.h>
3   int main()
4   {
5       int i,ranNum[10],number;
6       for(i=0;i<10;i++)
7       ranNum[i]= rand()%100;         // 生成一个 0～99 的随机数
8       printf("输入猜测的数:");
9       scanf("%d",&number);
10      for(i=0;i<10;i++)          //用线性查找法实现数据查找
11          {
12              if(number==ranNum[i])         //将数组的每一个元素与 number 比较
13                  break;
14          }
15      if(i>=0 && i<10)
16          printf("数字为%d，位置号为%d\n",number,i);
17      else
18          printf("该数字不存在！ \n");
19      return 0;
20  }
```

程序运行结果：

```
输入猜测的数:69↙
数字为 69，位置号为 4

输入猜测的数:33↙
该数字不存在!
```

程序说明：

第 7 行中的 rand()函数会生成 0～32767 的随机数，因此%后数字的改变，可使 ranNum[i]的取值范围发生变化。

6.5.2　数组元素的排序

常用的排序算法很多，如选择排序法、冒泡排序法等。

1. 选择排序法

选择排序法的基本思路是以第一个数据作为基点，找出基点及其后面数据中最小的数据，将其与基点位置的数据交换；再以第二个数据作为基点，找出基点及其后面数据中最小的数据，将其与基点位置的数据交换……最后以倒数第二个数据作为基点，找出基点及其后面数据中最小的数据，将其与基点位置的数据交换，实现数据从小到大排序。

假如数组 a 有 10 个元素，以 a[0]为基数，选择排序法第 1 轮比较如图 6-5 所示。

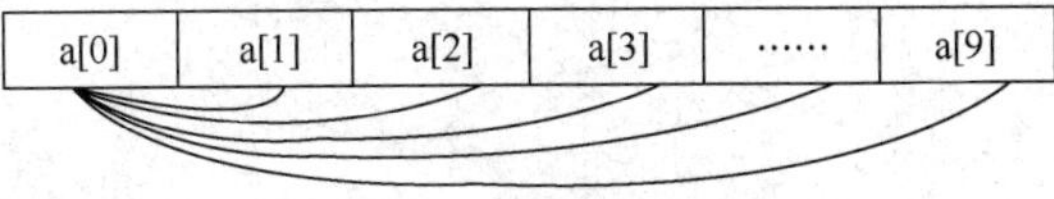

图 6-5　选择排序法第 1 轮比较

第 1 轮 a[0]与 a[1]～a[9]比较，将最小数放到 a[0]；第 2 轮 a[1]与 a[2]～a[9]比较，将剩余 9 个数中的最小数放到 a[1]；依次类推，第 9 轮将 a[8]与 a[9]比较，将最小数放到 a[8]。

如：将整数 6　8　5　2　0　9　4　7　1　3 按从小到大进行排序。

0 1 5 2 6 9 4 7 8 3　第 1 轮排序结果，将 10 个数中的最小数 0 放到 a[0]位置

0 1 8 6 5 9 4 7 2 3　第 2 轮排序结果，将剩余 9 个数中的最小数 1 放到 a[1]位置

0 1 2 5 6 9 4 7 8 3　第 3 轮排序结果，将剩余 8 个数中的最小数 2 放到 a[2]位置

0 1 2 3 6 9 4 7 8 5　第 4 轮排序结果，将剩余 7 个数中的最小数 3 放到 a[3]位置

0 1 2 3 4 9 6 7 8 5　第 5 轮排序结果，将剩余 6 个数中的最小数 4 放到 a[4]位置

0 1 2 3 4 5 6 7 8 9　第 6 轮排序结果，将剩余 5 个数中的最小数 5 放到 a[5]位置

0 1 2 3 4 5 6 7 8 9　第 7 轮排序结果，最小数 6 已在 a[6]位置

0 1 2 3 4 5 6 7 8 9　第 8 轮排序结果，最小数 7 已在 a[7]位置

0 1 2 3 4 5 6 7 8 9　第 9 轮排序结果，最小数 8 已在 a[8]位置

排序轮数=数据个数-1，每比较一轮，参与比较的数据的个数依次递减 1。

【例 6.15】通过选择排序法实现输入 10 个整数，按从小到大的顺序输出这 10 个整数。

程序如下：

```
#include<stdio.h>
#include <stdlib.h>
#define M 10                        //定义符号常量 M
int main()
{
    int i,j,k,a[M];
    printf("请输入 10 个整数：\n");
    for(i=0;i<M;i++)                //通过 for 语句给数组 a 的各个元素赋值
    {
         printf("请输入第%d 个数：",i+1);
         scanf("%d",&a[i]);
    }
    printf("排序前的数据是：\n");
    for(i=0;i<M;i++)
         printf("%d ",a[i]);
    for(i=0;i<M-1;i++)              //for 循环嵌套，通过选择排序法实现排序
    {
         for(j=i+1;j<M;j++)
              if(a[i]>a[j])
              {
                   k=a[i];a[i]=a[j];a[j]=k;
              }
```

```
23        }
24        printf("\n排序后的数据是：\n");
25        for(i=0;i<M;i++)
26             printf("%d ",a[i]);
27        system("pause");
28        return 0;
29    }
```

程序运行结果：

```
请输入 10 个整数：
请输入第 1 个数：234↙
请输入第 2 个数：565↙
请输入第 3 个数：23↙
请输入第 4 个数：56↙
请输入第 5 个数：78↙
请输入第 6 个数：98↙
请输入第 7 个数：342↙
请输入第 8 个数：78↙
请输入第 9 个数：876↙
请输入第 10 个数：4↙
排序前的数据是：
234 565 23 56 78 98 342 78 876 4
排序后的数据是：
4 23 56 78 78 98 234 342 565 876
```

可尝试在 22 行与 23 行间添加如下代码，观察数据每一轮排序后的结果：

```
printf("第%d 轮排序后的数据：", i+1);
     for(j=0;j<M;j++)
          printf("%d ", a[j]);
     printf("\n");
```

2. 冒泡排序法

冒泡排序法的基本思路是将相邻的两个数比较，把小的调换到前面。

假如数组 a 有 10 个元素，冒泡排序法第 1 轮比较，如图 6-6 所示。

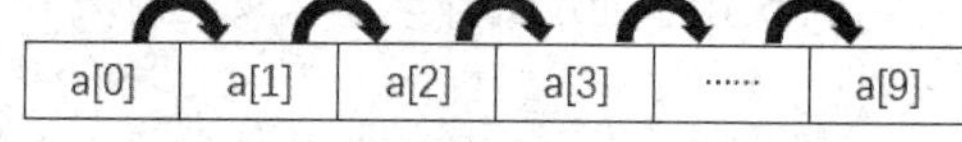

图 6-6　冒泡排序法第 1 轮比较

第 1 轮，a[0]与 a[1]比较，将较大数放到 a[1]；a[1]与 a[2]比较，将较大数放到 a[2]；a[2]与 a[3]比较，将较大数放到 a[3]……

第 1 轮结束，将最大的数放到 a[9]；第 2 轮比较，a[9]的数据不再参与；依次类推，第 9 轮 a[0]与 a[1]比较。

如：将整数 6　8　5　2　0　9　4　7　1　3 按从小到大进行排序

```
6  8  5  2  0  9  4  7  1  3    第 1 次比较，6 比 8 小，不变
6  8  5  2  0  9  4  7  1  3    第 2 次比较，8 比 5 大，交换
6  5  8  2  0  9  4  7  1  3    第 3 次比较，8 比 2 大，交换
6  5  2  8  0  9  4  7  1  3    第 4 次比较，8 比 0 大，交换
6  5  2  0  8  9  4  7  1  3    第 5 次比较，8 比 9 小，不变
6  5  2  0  8  9  4  7  1  3    第 6 次比较，9 比 4 大，交换
6  5  2  0  8  4  9  7  1  3    第 7 次比较，9 比 7 大，交换
6  5  2  0  8  4  7  9  1  3    第 8 次比较，9 比 1 大，交换
6  5  2  0  8  4  7  1  9  3    第 9 次比较，9 比 3 大，交换
6  5  2  0  8  4  7  1  3  9    第 1 轮排序结果
```

第 1 轮结束，最大数 9 已在最后的位置上；第 2 轮比较时，对其余的数按以上方法进行排序，直到最后一轮。

5 2 0 6 4 7 1 3 8 9 第 2 轮排序结果
2 0 5 4 6 1 3 7 8 9 第 3 轮排序结果
0 2 4 5 1 3 6 7 8 9 第 4 轮排序结果
0 2 4 1 3 5 6 7 8 9 第 5 轮排序结果
0 2 1 3 4 5 6 7 8 9 第 6 轮排序结果
0 1 2 3 4 5 6 7 8 9 第 7 轮排序结果
0 1 2 3 4 5 6 7 8 9 第 8 轮排序结果

6.5.3 数组元素的插入

插入是指在原有数组中插入一个新的元素，使插入元素后的数组仍保持原序。

插入数组元素的一般步骤如下。

（1）定位：确定新元素的插入位置。

（2）移位：插入位置有两种，一种是在数组最后位置插入，这种情况不需要移位；另一种是在已有的任一数组元素（假设数组长度为 n，该数组元素下标为 i）前面插入，则需要移位，即将下标为 n-1 到下标为 i 的元素依次赋值给后一个元素。

（3）插入：在下标为 i 的位置上插入新元素，即将待插入元素赋值给下标为 i 的数组元素。

【例 6.16】已对 5 名学生 C 语言成绩按从小到大的顺序排序，现有一名插班生，请将该学生 C 语言成绩按序插入并输出。

程序如下：

```
#include <stdio.h>
#include <stdlib.h>
#define N 6
int main()
{
    int i,j,ransco[N]={58,63,76,82,91},inscore;
    printf("插入前成绩序列为:");
    for(i=0;i<N-1;i++)
    printf("%4d",ransco[i]);
     printf("\n 输入要插入的成绩:");
    scanf("%d",&inscore);
    for(i=0;i<N-1 && ransco[i]<inscore;i++);          //定位：查找待插入的位置 i
    for(j=N-2;j>=i;j--)                     //移位：用循环递减移位，使下标为 i 的元素可被覆盖
        ransco[j+1]=ransco[j];
    ransco[i]=inscore;                      //插入：将下标为 i 的元素赋值为插入的 inscore
    printf("插入后成绩序列为:");
    for(i=0;i<N;i++)
    printf("%4d",ransco[i]);
    printf("\n");
    return 0;
}
```

程序运行结果：

```
插入前成绩序列为:  58  63  76  82  91
输入要插入的成绩:65↙
插入后成绩序列为:  58  63  65  76  82  91
```

程序说明：

（1）由于要插入数据，在定义数组时长度要大于数组元素初始有效元素个数。

（2）第 13 行和第 14 行通过循环递减，将插入位置之后的元素后移一位，并且需从后往前，这样下标为 i 位置上的元素事实上已经复制到了下标为 i+1 的位置上，因此可以被待插入元素 inscore 所覆盖，如第 15 行所示。

6.5.4 数组元素的删除

删除数组元素的一般步骤如下。

（1）定位：确定待删除元素的下标。

（2）移位：如果待删除元素的下标为 i，则将下标为 i+1 的元素到下标为 n−1 的元素依次前移，从而达到删除下标为 i 的元素的效果。

（3）个数减 1：完成第（2）步后，原下标 i+1 到 n−1 的元素依次前移一位，导致原下标 n−1 的元素移动到 n−2 的位置，此时数组的最后两个位置（n−2 和 n−1）的值是相同的。此时，将有效元素个数减 1，使下标 n−1 元素变成一个多余的元素，不再被访问，从而达到删除效果，如图 6-7 所示。

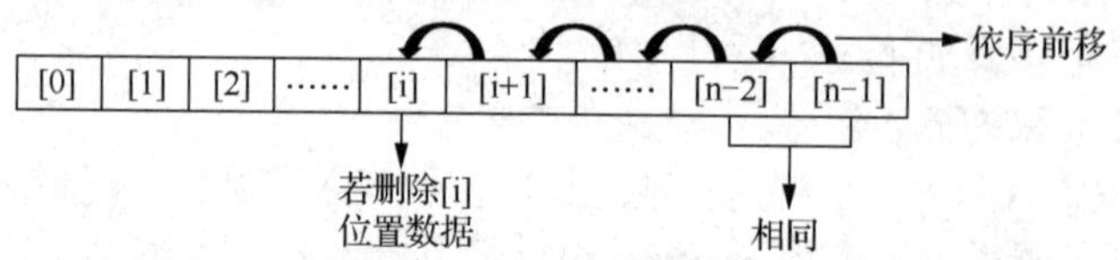

图 6-7　数组元素的删除

【例 6.17】 输入一个待删除的整数 number，删掉原数组中第 1 个值为 number 的元素，如果 number 不是数组中的元素，则显示“该数据不存在!”。

程序如下：

```
#include <stdio.h>
#include <stdlib.h>
#define N 6
int main()
{
  int i,j,num[N]={58,63,76,80,82,91},number;
  int flag=1;                                  //标识是否找到待删除的元素，1 表示找到
  printf("删除前的数据序列为:");
  for(i=0;i<N;i++)
      printf("%4d",num[i]);
   printf("\n 输入要删除的数:");
  scanf("%d",&number);
  for(i=0;i<N && num[i]!=number;i++);    //查找 number 是否是数组中的元素，此处循环体为空语句
  if(i==N)                                     //循环停止时，如果 i==N，说明元素不是数组中的元素
      flag=0;
  else
      {
            for(j=i;j<N-1;j++)
                 num[j]=num[j+1];          //前移覆盖下标为 i 的元素
      }
  if(flag==1)
  {
      printf("删除后的数据序列为:");
      for(i=0;i<N-1;i++)
               printf("%4d",num[i]);
  }
  else
         printf("该数据不存在! ");
  printf("\n");
  return 0;
}
```

程序运行结果：

```
删除前的数据序列为： 58  63  76  80  82  91
输入要删除的数:76↙
删除后的数据序列为： 58  63  80  82  91

删除前的数据序列为： 58  63  76  80  82  91
输入要删除的数:88↙
该数据不存在!
```

程序说明：

（1）第 18 和第 19 行，与插入不同，程序用循环递增实现前移（num[j]=num[j+1]）的赋值。

（2）本程序只能实现删除第 1 个值等于 number 的元素，如果存在多个这样的元素需要删除，则需改进算法。

本章小结

1. 重难点

（1）字符数组输入与输出时，%c 与%s 的正确使用。

（2）数组的常用算法：查找、排序、插入、删除。

2. 常见错误

（1）定义数组或引用数组元素时，数组名后用圆括号，如 a(10);。

（2）定义数组或引用数组元素时，方括号内用浮点型常量，如 a[10.5];。

（3）定义数组时，数组长度用变量指定，如 int n=10,a[n];。

（4）定义数组并初始化时，初始化值的个数多于数组的长度，如 int a[3]={1,2,3,4};。

（5）定义数组时，数组名与同一程序中的变量名相同，如 int a,a[10];。

（6）对字符数组用 scanf()函数进行整体赋值时，在数组名前加“&”，如 char a[80];scanf("%s",&a);。

上述几种常见错误，可通过扫描二维码查看。

习题 6

一、选择题

1. 在 C 语言中引用数组元素时，其下标可以是（　　）。

A. 整型常量　　　　B. 整型常量或整型表达式

C. 整型表达式　　　　D. 任何类型的表达式

2. 以下对一维整型数组 a 的定义正确的是（　　）。

A. int a(20);　　B. int N=30,a[N];　　C. int m;
scanf("%d",&m);
int a[m];　　D. #define SIZE 40;
int a[SIZE];

3. 对两个数组 a 和 b 进行如下初始化：

```
char a[]="ABCDEF";
char b[]={'A','B','C','D','E','F'};
```

则以下叙述正确的是（　　）。

A. a 与 b 完全相同　　B. a 与 b 长度相同

C. a 和 b 中都存放字符串　　D. a 的长度比 b 长

4. 以下对二维数组 a 的定义正确的是（　　）。

A. int a[5][];　　B. float a(5,7);

C. double a[5][7]　　D. float a(5)(7);

5. 若有定义 int a[10];，则对数组 a 元素的引用正确的是（　　）。

A. a[10]　　B. a[3.5]　　C. a(5)　　D. a[10-10]

6. 设有 char str[10];，下列语句正确的是（　　）。

A. scanf("%s",&str);　　B. printf("%c",str);

C. printf("%s",str[0]);　　D. printf("%s",str);

7. 判断字符串 a 和 b 是否相等，应当使用（　　）。

A. if (a==b)　　B. if (a=b)　　C. if (strcpy(a,b))　　D. if (strcmp(a,b))

二、读程序写结果

1. 下面程序的运行结果是________。

```
#include<stdio.h>
#include <stdlib.h>
int main()
{
  int i,t[9]={9,8,7,6,5,4,3,2,1};
  for(i=0;i<3;i++)
     printf("%d",t[3*i+1]);
  system("pause");
return 0;
}
```

2. 下面程序的运行结果是________。

```
#include <stdio.h>
#include <stdlib.h>
int main()
{
  int i,a[10];
  for(i=9;i>=0;i--)
     a[i]=10-i;
  printf("%d%d%d",a[2],a[5],a[8]);
  system("pause");
  return 0;
}
```

3. 当执行下面的程序时，如果输入 XYZ，则输出结果是________。

```
#include <stdio.h>
#include "string.h"
#include <stdlib.h>
int main()
{
char ss[10]="12345";
```

```
    gets(ss);
    strcat(ss, "9876");
    printf("%s\n",ss);
system("pause");
return 0;
}
```

4. 下面程序的运行结果是________。

```
#include <stdio.h>
#include <stdlib.h>
int main()
{
int n[3],i,j,k;
for(i=0;i<3;i++)
     n[i]=0;
k=2;
for(i=0;i<k;i++)
     for(j=0;j<k;j++)
          n[j]=n[i]+1;
printf("%d\n",n[1]);
system("pause");
return 0;
}
```

三、编程题

1. 用数组实现：输入 10 个学生的成绩，输出高出平均分的成绩。

2. 编程将数组元素逆序存放，即第 1 个元素与最后 1 个元素对调，第 2 个元素与倒数第 2 个元素对调，依次类推。

3. 编程从键盘输入 10 个整数并保存到数组，输出 10 个整数中的最大值及其下标、最小值及其下标。

4. 从键盘输入一个字符串，分别统计出其中大写字母、小写字母、数字、空格及其他字符的个数。

5. 任意输入两个字符串，存放在 a、b 两个数组中：

（1）把较短的字符串存放在 a 中，较长的存放在 b 中；

（2）将两个字符串连接起来，存放到 c 数组中，并将字符串输出。

6. 从键盘上输入一个 3 行 3 列矩阵的各个元素的值，然后输出主对角线元素之和。

AI 赋能：解锁未来

AI 帮你写程序

用冒泡排序法改写例 6.15。（如果程序不能运行，请用第 5 章介绍的方法进行思考，完成纠错与优化过程）

07

第 7 章　函数与编译预处理

本章导读

在程序设计中，往往会把复杂的问题分解成许多简单的小问题，通过对小问题的求解来实现对复杂的问题的求解，从而解决大型软件的编程问题。在一些高级语言程序中，可用函数实现小问题的求解。本章主要介绍函数的概念与分类，函数的定义、参数与函数的返回值，函数的调用，函数的嵌套调用和递归调用，数组作函数参数，变量的作用域与存储类别，以及编译预处理等。

7.1　函数的概念与分类

7.1.1　函数的概念

在 C 语言中，函数是一种用于执行特定任务的独立代码块。通过定义函数，代码可以拆分成更小的、可管理的部分，从而提高代码的可读性和可维护性。

在 C 语言中，函数是程序的基本单位，一个函数实现一个功能。程序员可以用函数作为程序模块来实现 C 语言程序设计，一个 C 语言程序可由一个主函数和若干个其他函数构成，但必须至少有一个主函数。

7.1.2　函数的分类

在 C 语言中可从不同的角度对函数进行分类。

1. 从函数定义的角度

从函数定义的角度看，函数可分为库函数（标准函数）和用户自定义函数两种。

（1）库函数：由 C 语言提供，用户无须定义，也不必在程序中进行类型说明，只需在程序前包含该函数声明的头文件即可在程序中直接调用。在前面的例题中多次用到的格式数据输入/输出函数（scanf()/printf()）、单个字符输入/输出函数（getchar()/putchar()）等均为库函数。

（2）用户自定义函数：用户按需要编写的函数。如例 1.3 中的 sum_f()函数。

2. 从函数有无返回值的角度

从函数有无返回值的角度看，函数又可分为有返回值函数和无返回值函数两种。

（1）有返回值函数：此类函数被调用并执行完后将向调用者返回一个执行结果，称为函数返回值，数学函数即属于此类函数。由用户自定义的有返回值函数，必须在函数定义和函数说明中明确返回值的类型。

（2）无返回值函数：此类函数用于完成某项特定的处理任务，执行完成后不用向调用者返回函数值。在 C 语言中，当函数无返回值时，可将其返回值的类型指定为“void”。

3. 从主调函数和被调函数之间数据传送的角度

从主调函数和被调函数之间数据传送的角度看，函数又可分为无参函数和有参函数两种。

（1）无参函数：函数定义、函数说明及函数调用中均不带参数。主调函数和被调函数之间不进行数据传送。此类函数通常用来完成指定的功能，可以返回或不返回函数值。

（2）有参函数：也称为带参函数。函数定义及函数说明中都带有参数，称为形参。在调用有参函数时必须给出参数，称为实参，此时，主调函数将把实参的值传送给形参，供被调函数使用。

7.2　函数的定义、参数与函数的返回值

7.2.1　函数的定义

虽然 C 语言提供了丰富的库函数，但由于实际问题的不同，有些功能用库函数无法实现。这时用户必须自己定义一些实现相应功能的函数。

1. 无参函数的定义

形式如下：

```
类型名 函数名()
{
  函数体
}
```

其中类型名和函数名合称为函数头。类型名是指函数的类型，即函数返回值的类型。如果在定义函数时没有指定类型名，系统会隐式指定为整型。函数名是用户自己定义的标识符，函数名后面必须有一对空括号“()”，里面不能有参数。花括号“{}”中的内容称为函数体，由说明部分和语句序列组成。

若定义的函数无返回值，类型名要写为 void。

例如，定义一个无参函数：

```
void welcome()
{
    printf ("Welcome to China\n");
}
```

此例中定义了一个名为 welcome 的函数，它是一个无参函数，当被其他函数调用时，输出“Welcome to China”字符串。

【例 7.1】调用无参函数输出菜单。

程序如下：

```
//*******无参函数的定义与调用******
#include <stdio.h>
void menu()
{
     printf("***欢迎光临重庆老火锅***\n");
     printf("     鲜毛肚     20元/份\n");
     printf("     鲜鸭肠     18元/份\n");
     printf("     嫩牛肉     18元/份\n");
     printf("     海带苗     6元/份\n");
```

```
}
void main()
{
    menu();
}
```

程序运行结果：

```
***欢迎光临重庆老火锅***
      鲜毛肚      20元/份
      鲜鸭肠      18元/份
      嫩牛肉      18元/份
      海带苗      6元/份
```

2. 有参函数的定义

形式如下：

```
类型名 函数名(形参表)
{
  函数体
}
```

有参函数的定义形式比无参函数的定义形式多了一部分内容，即形参表。在形参表中列出的参数即形参，它们可以是各种类型的变量，各参数之间用逗号分隔。由于形参是变量，必须在形参表中给出形参的类型说明。在函数调用时，主调函数将赋予这些形参实际值。

对于有参函数，形参是主调函数和被调函数之间的“数据通道”。

例如，定义一个有参函数，用于求两个数中较小的数：

```
int min(int x, int y)
{
    if (x>y)
        return y;
    else
        return x;
}
```

第一行说明 min()函数是一个整型函数，其返回的函数值是一个整数。形参为 x、y，均为整型。x、y 的具体值是由主调函数在调用时传送过来的。函数体中的 return 语句会把 x（或 y）的值作为函数的返回值返回给主调函数。有返回值函数中至少应有一个 return 语句。

说明

（1）在定义函数时，可以没有函数体，但花括号“{}”必须有，没有函数体的函数称为空函数。

（2）在 C 语言中，所有的函数定义，包括主函数 main()在内，都是平行的。也就是说，在一个函数的函数体内，不能再定义另一个函数，即函数不能嵌套定义。

（3）主函数可以调用程序中的其他函数，但不允许被其他函数调用。但其他函数之间允许相互调用，也允许嵌套调用。

（4）一般将调用者称为主调函数，被调用者称为被调函数。函数还可以自己调用自己，称为递归调用。

【例 7.2】使用函数计算一个学生两门课程的总分和平均分。

程序如下：

```
#include <stdio.h>
float sum(float x1,float y1)        //定义求和函数
{
    return x1+y1;
}
float avg(float x2,float y2)        //定义求平均值函数
{
```

```
8        return (x2+y2)/2;
9    }
10   float main()
11   {
12       float score1,score2;
13       float sum1=0,avg1=0;
14       printf("请输入第一门课程的分数:");
15       scanf("%f",&score1);
16       printf("请输入第二门课程的分数:");
17       scanf("%f",&score2);
18       sum1=sum(score1,score2);                //调用函数 sum()
19       avg1=avg(score1,score2);                //调用函数 avg()
20       printf("该学生总分为%.2f, 平均分为%.2f\n",sum1,avg1);
21   }
```

程序运行结果：

```
请输入第一门课程的分数:86.7↙
请输入第二门课程的分数:79.2↙
该学生总分为 165.90, 平均分为 82.95
```

程序说明：

① 第 18 行调用函数 sum()，将 score1 和 score2 的值传递给 x1 和 y1，在函数体内参与运算。

② 第 19 行调用函数 avg()，将 score1 和 score2 的值传递给 x2 和 y2，在函数体内参与运算。

7.2.2 函数的参数和返回值

1. 函数的参数

函数的参数分为形参和实参两种。形参出现在函数定义中，在整个函数体内都可以使用，离开该函数则不能使用。实参出现在主调函数中，进入被调函数后，实参不能使用。形参和实参的功能是进行数据传送。在发生函数调用时，主调函数把实参的值传送给被调函数的形参。

函数的形参和实参具有以下特点。

（1）只有当函数被调用时，系统才给形参分配内存空间，在调用结束时，所分配的内存空间会被释放。

（2）实参可以是常量、变量、表达式、函数等，无论实参是何种类型，在进行函数调用时，它们都必须具有确定的值，以便把这些值传送给形参。

（3）实参和形参在数量、类型、顺序上应严格一致，否则会发生类型不匹配的错误。

2. 函数的返回值

通常我们希望利用函数调用使主调函数能得到一个确定的值，即函数的返回值，简称函数值。

（1）return 语句将被调函数得到的一个确定的值返回主调函数。return 语句的一般形式为：

```
return(表达式);
```

或

```
return 表达式;
```

或

```
return;
```

例如：

```
return x;
return (x);
return (x>y? y:x);
```

如果需要从被调函数返回一个函数值（供主调函数使用），被调函数中必须包含 return 语句。如果不需要从被调函数返回函数值，被调函数可以不包含 return 语句。一个函数中可以有一个以上的

return 语句，执行到的 return 语句将发挥作用。

return 语句的作用：使程序控制从被调函数返回到主调函数中，同时把返回值带给主调函数；释放在函数的执行过程中获得的所有内存空间。

（2）如果函数值的类型和 return 语句中返回值的类型不一致，则以函数值的类型为准。对于数值型数据，可以自动进行类型转换，即函数值的类型决定返回值的类型。

（3）如果被调函数没有 return 语句，则函数将返回有关的不确定的值。

7.3 函数的调用

7.3.1 函数声明和函数调用

1. 函数声明

函数声明也称为函数原型。在调用用户自定义函数之前，应对该被调函数进行说明，这与使用变量之前要先进行变量定义是一样的。在主调函数中对被调函数进行说明的目的是使编译系统知道被调函数返回值的类型，以及被调函数接收参数的个数、类型和顺序等，便于调用时对主调函数提供的参数的个数、类型及顺序等进行对照检查。

对被调函数进行声明的一般格式如下：

```
类型名 函数名(形参表);
```

函数声明格式是在函数定义格式的基础上去掉函数体，再加上分号构成的，即在函数头后面加上分号。函数声明必须位于对该函数进行第一次调用的位置之前。在函数声明时，形参表中重要的是形参类型和形参个数，形参名并不重要。

例 7.4 中第 5 行，就是对 swap()函数进行声明：

```
void swap(int,int);
```

C 语言规定，以下情况可以省去对被调函数的声明。

（1）当被调函数的定义出现在调用函数之前时。因为在调用之前，编译系统已经知道了被调函数的函数类型、参数个数、类型和顺序，可见函数定义也兼有提供接口信息的功能。

（2）函数值是整型或字符型，可以不必进行声明，编译系统自动按整型处理。但为增强程序清晰性，建议仍进行说明。

（3）如果在所有函数定义之前，在函数外部（例如文件开始处）预先对各个函数进行了说明，则在调用函数时可省去对被调函数的说明。

使用函数声明时，要注意下面两点。

（1）函数的“定义”和“声明”是两个不同的概念。“定义”是指对函数功能的确立，包括指定函数名、类型名、形参表、函数体等，定义的是一个完整的、独立的函数单位。在一个程序中，一个函数只能被定义一次，而且是在其他函数之外进行的。

而“声明”则是把函数名、函数返回值的类型，以及参数的个数、类型和顺序通知编译系统，以便在调用该函数时对函数名正确与否、参数的类型、数量及顺序是否一致等进行对照检查。在一个程序中，除上述可以省去函数说明的情况外，所有主调函数都必须对被调函数进行说明，而且要在主调函数的函数体内进行。

（2）对库函数的调用不需要再进行说明，但必须把包含该函数说明的头文件用#include 命令包含在程序的开始。

2. 函数调用流程

函数调用是指主调函数中调用函数的形式和方法。当在一个函数中调用另一个函数时，程序控制就从主调函数中的函数调用语句转移到被调函数，执行被调函数体中的语句，在执行完被调函数体中所有的语句，遇到 return 语句或被调函数体的右花括号“}”时，自动返回主调函数中的函数调用语句并继续往下执行。函数调用流程如图 7-1 所示，其中 main()函数调用 f1()函数。main()函数从第一条语句开始执行，执行到 f1(a);时，转去执行 f1()函数，f1()函数执行完后返回到 main()函数的调用处。

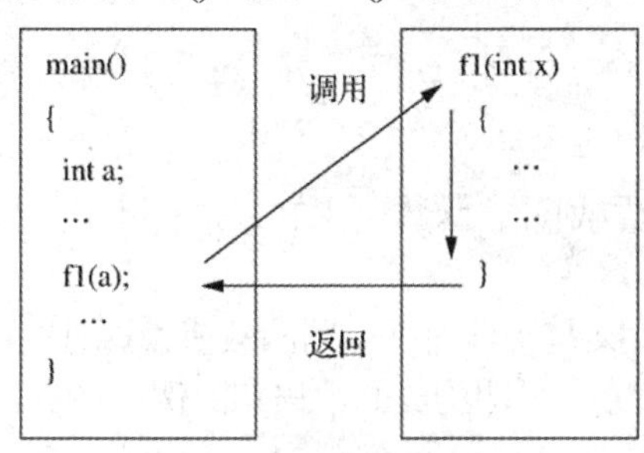

图 7-1　函数调用流程

3．函数调用的一般形式

在程序中是通过对函数的调用来执行函数体的，过程与其他高级语言的子程序调用相似。C 语言中，函数调用的一般形式为：

```
函数名(实参表)
```

说明如下。

（1）调用函数时，函数名必须与具有该功能的函数的函数名完全一致。如果是调用无参函数则实参表可以没有，但括号不能省略。

（2）实参表中的参数可以是常量、变量或表达式。如果实参不止 1 个，则相邻实参之间用逗号分隔。

（3）实参的个数、类型和顺序应该与被调函数所要求的参数个数、类型和顺序一致，才能正确地进行数据传递。如果类型不匹配，在编译程序时将按赋值兼容（在 C 语言中，赋值兼容是指在赋值操作中，不同数据类型之间可以按照一定的规则进行转换，使得赋值操作能够合法且合理地进行）的规则对其进行转换。如果实参和形参的类型不能赋值兼容，通常并不给出出错信息，且程序继续执行，只是得不到正确的结果。

【例 7.3】输入一个正整数判断其是否为素数。

程序如下：

```
#include <stdio.h>
#include <stdlib.h>
int isprime(int x)            //定义函数 isprime()，它有一个整型参数 x
{
    int  n;
    for(n=2;n<x;n++)
        if(x%n==0)
            return 0;     //若 x 是素数返回 1，否则返回 0
    return 1;
}
int main()
{
    int  m,n;
    printf("请输入一个正整数：");
    scanf("%d",&n);
    m=isprime(n);              //调用 isprime()函数，并将返回值赋给变量 m
    if(m==1)
        printf("%d 是素数\n",n);
    else
```

```
            printf("%d 不是素数\n",n);
        system("pause");
        return 0;
}
```

程序运行结果：

```
请输入一个正整数：71↙
71 是素数
```

4. **函数调用的方式**

按照函数在程序中出现的位置划分，函数调用的方式有以下 3 种。

（1）函数语句

C 语言中的函数可以只进行某些操作而不返回函数值，这时的函数调用作为一条独立的语句存在。使用函数调用的一般形式加上分号即构成函数语句。例如：

```
printf("%d",x);
scanf("%d",&b);
```

都是以函数语句的方式调用函数。

（2）函数表达式

函数作为表达式的一项，出现在表达式中，以函数返回值参与表达式的运算。这种方式要求函数是有返回值函数。例如：

```
m=5*min(a,b);
```

函数 min()是表达式的一部分，将它的返回值乘 5 再赋给 m。

（3）函数实参

函数作为另一个函数调用的实参时，传递的是其返回值。因此，该函数的返回值类型必须与目标函数的参数类型匹配。例如：

```
n=min(a, min(b, c));
```

其中，min(b,c)是一次函数调用，它的值作为函数 min()另一次调用的实参。n 的值是 a、b、c 三者中最小的。

又如：

```
printf("%d",min(a,b));
```

也是把 min(a,b)作为 printf()函数的一个参数。

函数调用作为函数的参数，实质上也是函数表达式形式调用的一种，因为函数的参数可以是表达式形式。

7.3.2 函数的参数传递

在调用函数时，大多数情况下，主调函数和被调函数之间有数据传递关系。在定义函数时，函数名后面括号中的变量名称为“形参”；在调用函数时，函数名后面括号中的表达式称为“实参”。

在 C 语言中，实参向形参传送数据的方式是“值传递”（在后面还要介绍另一种数据传递方式——地址传递）。函数间形参与实参的值的传递过程就是将实参的值复制一份给形参。形参和实参在内存中有各自独立的内存空间，如果在被调函数中改变了形参的值，实参的值不会改变。

值传递的优点就在于：被调函数不能改变主调函数中变量的值，而只能改变它的局部的临时副本，可以避免被调函数的操作对主调函数中的变量可能产生的副作用。

【例 7.4】调用函数时的参数传递。

程序如下：

```
#include <stdio.h>
#include <stdlib.h>
int main()
{
```

```
    void swap(int,int);                    //函数声明
    int a,b;
    printf("请输入两个整数 a, b: ");
    scanf("%d%d",&a,&b);
    swap(a,b);
    printf("a=%d,b=%d\n",a,b);
    system("pause");
    return 0;
}
void swap(int x,int y)                     //函数定义
{
    int temp;
    temp=x;x=y;y=temp;                     //交换两个形参的值
    printf("x=%d,y=%d\n",x,y);
    return 0;
}
```

程序运行结果：

```
请输入两个整数 a, b: 3  5↙
x=5, y=3
a=3, b=5
```

具体调用过程如下。

（1）给形参 x、y 分配内存空间。

（2）将实参 a 的值传递给形参 x，实参 b 的值传递给形参 y，于是 x 的值为 3，y 的值为 5，如图 7-2 所示。

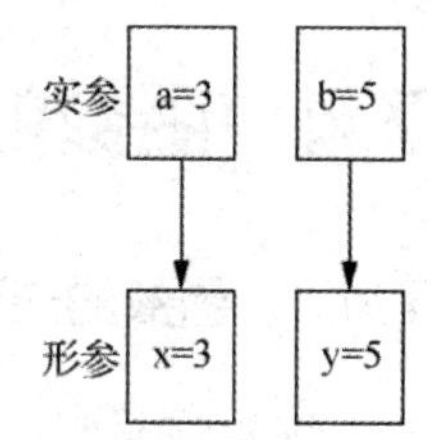

图 7-2　实参传值给形参

（3）执行函数体。给函数体内的变量分配内存空间，即给 temp 分配内存空间，执行语句“temp=x;x=y;y=temp;”后，x、y 的值分别变为 5 和 3，如图 7-3 所示，再执行语句“printf("x=%d,y=%d\n",x,y);”，输出结果为 x=5 和 y=3。至此，被调函数 swap()的语句执行完毕，将返回主调函数（本例中的主调函数为 main()函数）。该过程包含下面的工作。

① 释放调用 swap()函数过程中分配的所有内存空间，即释放 x、y、temp 的内存空间。

② 结束对 swap()函数的调用，将流程控制权交给主调函数。

③ 继续执行 main()函数直至结束。

例 7.4 的单向值传递过程如图 7-4 所示。

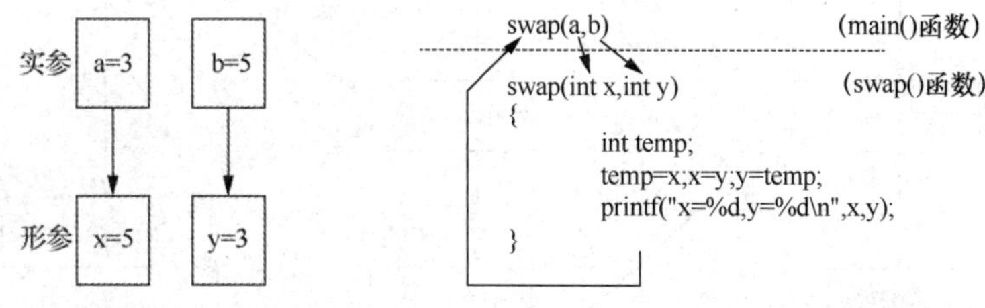

图 7-3　实参值不随形参值改变而改变　　图 7-4　例 7.4 的单向值传递过程

【例 7.5】输入一个年份，判断该年是否为闰年（能被 4 整除但不能被 100 整除的年份或者能被 400 整除的年份）。

程序如下：

```
#include <stdio.h>
#include <stdlib.h>
int leap(int year)              //函数定义
{
    int yesno;
```

```
    if(year%4 == 0&&year%100!=0|| (year%100==0&&year%400 == 0))  //判断 year 是否为闰年
        yesno =1;
    else
        yesno =0;
    return yesno;
}
int main()
{
    int year,yesno;
    printf("请输入一个年份：");
    scanf("%d",&year);
    yesno=leap(year);             //调用 leap()函数，并将函数返回值赋给变量 yesno
    if(yesno == 1)
        printf("%d 年是闰年\n",year);
    else
        printf("%d 年不是闰年\n",year);
    system("pause");
    return 0;
}
```

程序运行结果：

```
请输入一个年份：2020↙
2020 年是闰年
```

7.4 函数的嵌套调用和递归调用

7.4.1 函数的嵌套调用

在 C 语言中，不能将函数定义放在另一个函数的函数体中，但允许在调用函数的过程中调用另一个函数，这称为函数的嵌套调用。

除了主函数不能被程序中的其他函数调用外，其他函数可以相互调用。典型的函数嵌套调用如图 7-5 所示。

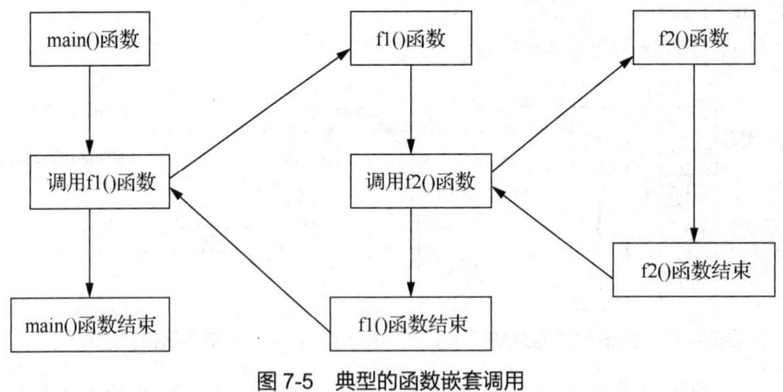

图 7-5 典型的函数嵌套调用

【例 7.6】用弦截法求方程 $x^3-5x^2+16x-80=0$ 的根。

用弦截法求方程的根的算法如下。

步骤 1：在函数的定义域内取两点 x1 和 x2，使 f1*f2<0（其中 f1=f(x1)，f2=f(x2)）。

步骤 2：求两点(x1,f1)、(x2,f2)的连线与 x 轴的交点 x。

步骤 3：计算 y=f(x)判断|y|<0.00001（0.00001 为给定的很小的数 e），若成立，转步骤 6，否则转

步骤 4。

步骤 4：判断 y*y1<0，若成立，则 x2=x，否则 x1=x 且 y1=y。

步骤 5：转步骤 2。

步骤 6：输出 x，它为所求的根。

程序如下：

```
1   #include <stdio.h>
2   #include <math.h>                     //包含文件"math.h"，因第 31 行调用求绝对值函数 fabs()
3   #include <stdlib.h>
4   double f(double x)                    //第 4～9 行定义了求函数值的函数 f()
5   {
6       double y;
7       y=x*x*x-5*x*x+16*x-80;
8       return y;
9   }
10  double xpoint(double x1,double x2) //第 10～15 行定义了求弦与 x 轴交点的函数 xpoint()
11  {
12      double z;
13      z=(x1*f(x2)-x2*f(x1))/(f(x2)-f(x1));
14      return z;
15  }
16  double root(double x1,double x2)   //第 16～33 行定义了求方程的根的函数 root()
17  {
18      double x,y,y1;
19      y1=f(x1);
20      do
21      {
22          x=xpoint(x1,x2);
23          y=f(x);
24          if(y*y1>0)
25          {
26              y1=y;
27              x1=x;
28          }
29          else
30              x2=x;
31      }while(fabs(y)>=0.00001);
32      return x;
33  }
34  int main()
35  {
36      double x1,x2,f1,f2,x;
37      do                            //第 37～43 行输入两点，使得两点处的函数值异号
38      {
39          printf("请输入两点：\n");
40          scanf("%lf,%lf",&x1,&x2);
41          f1=f(x1);
42          f2=f(x2);
43      }while(f1*f2>=0);
44      x=root(x1,x2);                //调用 root()函数求方程的根
45      printf("方程的根是：  %8.4lf\n",x);
46      system("pause");
47      return 0;
48  }
```

程序运行结果：

```
请输入两点：
1,10↙
方程的根是：    5.0000
```

程序说明：

在此程序中，main()函数调用了 root()函数，在 root()函数中调用了 xpoint()函数，在 xpoint()函数中调用了 f()函数，这就构成了函数的嵌套调用。

7.4.2 函数的递归调用

一个函数在它的函数体内直接或间接地调用它自身，称为递归调用，这种函数称为递归函数。若函数直接调用自身，称为直接递归调用；若函数间接调用自身，称为间接递归调用，如图 7-6 所示。在调用函数 funa()的过程中要调用 funa()函数，这是直接递归调用。在调用 funb()函数过程中要调用 func()函数，而在调用 func()函数过程中又要调用 funb()函数，这是间接递归调用。

一些问题本身蕴含递归关系且结构复杂，用非递归算法实现可能使程序结构变得非常复杂，而用递归算法实现，可使程序结构变得简洁，提高程序的可读性。

递归调用会增加内存空间和执行时间上的开销。

从图 7-6 中可以观察到，这两种递归调用都是无终止的递归调用。显然，程序中不应出现这种无终止的递归调用，而只应出现有限次数的、有终止的递归调用。为了防止递归调用无终止地进行，在函数内必须有终止递归调用的手段。常用的办法是添加条件判断，满足某种条件后就不再进行递归调用，然后逐层返回。

```
funa()
{
    …
    funa();
    …
}
```

（a）直接递归调用

```
funb()
{   …
    func();
    …
}
func()
{   …
    funb();
    …
}
```

（b）间接递归调用

图 7-6 函数的递归调用

递归函数具有以下特点。

（1）函数要直接或间接地调用自身。

（2）要有递归终止条件（递归的出口），即递归终止条件被满足后，则不再进行递归调用。

（3）如果不满足递归终止条件，则继续进行递归调用。在调用函数自身时，有关递归终止条件的参数要发生变化，而且需向着递归终止的方向变化。

下面通过例题学习编写递归程序的思路。

【例 7.7】从键盘输入一个正整数 n，输出 n 的阶乘 $n!$的值。

若用 fact(n)表示 n 的阶乘值，根据阶乘的数学定义可知：

$$\text{fact}(n)=\begin{cases}1 & n=0\\ n\times\text{fact}(n-1) & n>0\end{cases}$$

显然，当 n>0 时，fact(n)是建立在 fact(n−1)的基础上的。由于求解 fact(n−1)的过程与求解 fact(n)的过程完全相同，只是具体实参不同，因而在进行程序设计时，不必再仔细考虑 fact(n−1)的具体实现，只需借助递归机制进行自身调用即可。

程序如下：

```
#include <stdio.h>
#include <stdlib.h>
long fact(int n)             //定义函数 fact()，它有一个整型参数，返回一个长整型值
{
    long m;
    if (n == 0)
        return(1);
    else
    {
        m=n*fact(n-1);  //调用了 fact()函数自身，这就是一个递归函数
        return(m);
    }
}
```

```
int main()
{
    int n;
    long m;
    printf("请输入一个正整数：\n");
    scanf("%d",&n);
    m=fact(n);                          //调用 fact()函数得到阶乘
    printf("%d!=%ld\n",n,m);
    system("pause");
    return 0;
}
```

程序运行结果：

```
请输入一个正整数：
4
4!=24
```

递归调用是对函数自身的调用，在一次函数调用未结束之前又开始了另一次函数调用。这时为函数的运行所分配的空间在调用结束之前是不能回收的，必须保留。这也意味着需要为函数自身的每次调用分配不同的空间。只有当最后一次调用结束后，才释放为最后一次调用所分配的空间，然后返回上一次调用，该次调用结束后，释放为该次调用所分配的空间，再返回它的上一次调用，这样逐层返回，直至返回到第一次调用，当第一次调用结束后，释放为第一次调用所分配的空间，整个递归调用才完成。

在例 7.7 中，给出了一个求阶乘值的递归函数。下面以求 4!的值，即求 fact(4)的值为例，其调用执行过程如图 7-7 所示。

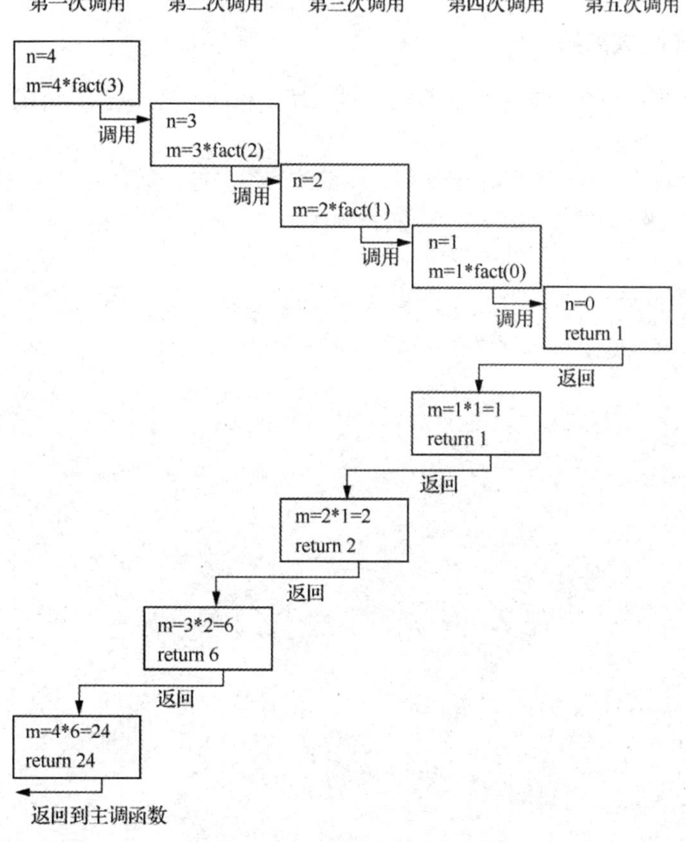

图 7-7　递归函数的调用执行过程

【例 7.8】猜年龄：5 个小朋友做游戏，第一个小朋友 4 岁，之后每个小朋友的年龄比前一个大 1 岁，请问第 5 个小朋友多少岁？

$$\mathrm{age}(n)=\begin{cases}4 & n=1\\ \mathrm{age}(n-1)+1 & n>1\end{cases}$$

程序如下：

```
#include<stdio.h>
int age(int n)
{
    int c;
    if(n==1)
        c=4;
    else
        c=age(n-1)+1;           //递归调用，每调用一次 n 值减 1，直到 n==1 才停止调用
    return c;
 }
int main()
{
    printf("age(5)=%d\n",age(5));
}
```

程序运行结果：

```
age(5)=8
```

7.5 数组作函数参数

7.5.1 数组元素作函数参数

数组元素作函数参数与普通变量作函数参数在本质上相同。数组元素作函数实参时，仅仅是将其代表的值作为实参处理。

数组元素作为函数的实参，与简单变量作为函数的实参一样，结合的方式是单向的值传递。

【例 7.9】求数组中的最大元素。

程序如下：

```
#include <stdio.h>
#include <stdlib.h>
float max1(float x,float y)
{
    if(x>y)
        return x;
    else
        return y;
}
int main()
{
    int k;
    float m,a[]={12.34,123,-23.45,67.89,43,79,68,32.89,-34.23,10}     //定义数组 a 并
//初始化
    m=a[0];
    for(k=1;k<10;k++)     //循环 9 次
         m=max1(m,a[k]);                    //调用 max1()，变量 m 和数组元素 a[k]作实参
    printf( "%5.2f\n",m);  //输出 m 的值
    system("pause");
    return 0;
}
```

程序运行结果：

```
123.00
```

数组元素只能作为函数的实参，不能作为函数的形参。

7.5.2　数组名作函数参数

用数组名作函数参数可以解决函数只能有一个返回值的问题。数组名代表数组的首地址，在使用数组名作为函数的参数时，形参和实参都应该是数组名。在函数调用时，实参给形参传递的数据是实参数组的首地址，即实参数组和形参数组完全等同，是存放在同一内存空间的同一个数组，实参数组和形参数组共享内存空间。如果在函数调用过程中形参数组的内容被修改了，实际上实参数组的内容也被修改了。

【例 7.10】输入不超过 50 个的整数，对这些数据排序后输出。要求分别编写一个函数来完成数据输入、数据排序和数据输出。

程序如下：

```
#include <stdio.h>
#include <stdlib.h>
void inputdata(int a[],int n)          //完成数据输入的函数 inputdata()，数组名 a[] 作形参
{
    int i;
    for(i=0;i<n;i++)
    {
        printf("请输入第%d 个数据：",i+1);
        scanf("%d",&a[i]);
    }
}
void outputdata(int a[],int n)    //完成数据输出的函数 outputdata()，数组名 a[] 作形参
{
    int i;
    for(i=0;i<n;i++)
    {
        printf("%d ",a[i]);
    }
    printf("\n");
}
void sort(int a[],int n)                   //完成数据排序的函数 sort()，数组名 a[] 作形参
{
    int i,j,k,temp;
    for(i=0;i<n-1;i++)
    {
        k=i;
        for(j=i+1;j<n;j++)
            if(a[k]>a[j])
                k=j;
        if(k!=i)
        {
            temp=a[i];a[i]=a[k];a[k]=temp;
        }
    }
}
int main()
{
    int data[50],datanum;
```

```
    printf("请输入数据个数（1～50）：");
    scanf("%d",&datanum);
    inputdata(data,datanum);//调用 inputdata()函数对数组进行赋值，实参 data 为数组名
    printf("排序前的数据为：\n");
    outputdata(data,datanum);          //调用 outputdata()函数输出数据
    sort(data,datanum);                //调用 sort()函数对数据进行排序
    printf("排序后的数据为：\n");
    outputdata(data,datanum);
    system("pause");
    return 0;
}
```

程序运行结果：

```
请输入数据个数（1～50）：6↙
请输入第 1 个数据：54↙
请输入第 2 个数据：76↙
请输入第 3 个数据：4↙
请输入第 4 个数据：78↙
请输入第 5 个数据：54↙
请输入第 6 个数据：87↙
排序前的数据为：
54 76 4 78 54 87
排序后的数据为：
4 54 54 76 78 87
```

在 C 语言中，形参数组与实参数组的使用要注意以下几点。

（1）数组定义的一致性要求

在主调函数与被调函数中分别定义数组，其数组名可以不同，但类型必须一致。

（2）参数传递的本质区别

实参数组给形参数组传递的数据是实参数组的首地址，从而可以实现数据的双向传递。在被调函数中改变了形参数组元素的值，实际上就改变了实参数组元素的值。

（3）被调函数中一维形参数组的定义规范

① 同文件情况。主函数与函数在一个文件中，指定与不指定一维数组下标的大小结果一样。

② 跨文件情况。主函数与函数不在一个文件中，函数中的形参数组通常不指定一维数组下标的大小，指定一维数组下标的大小也可以。

7.5.3 二维数组名作函数参数

二维数组名也可以作为函数的实参和形参。在定义函数时，对形参数组的说明可以指定每一维的大小，也可以省略第一维的大小。假如函数的形参是二维数组 a，那么形参的说明可以描述为 int a[2][3];或者 int a[][3];，二者是等价的。但是不能把二维数组第二维的大小说明省略，如形参说明 int a[][];是不合法的，因为从实参传来的是数组首地址，如果在形参中不说明列数，则系统无法决定应为多少列，也就无法确定数组元素在内存中的位置。

有关二维数组名作为函数参数的其他规则和一维数组类似。

【例 7.11】利用函数求两个矩阵的和并输出。

程序如下：

```
#include <stdio.h>
#include <stdlib.h>
#define M 3
#define N 3
void inputdata(int a[][N],int m)   //定义函数 inputdata()，实现通过输入整数对二维数组元素赋值
```

```
{
    int i,j;
    for(i=0;i<m;i++)
        for(j=0;j<N;j++)
            scanf("%d",&a[i][j]);
}
void outputdata(int a[][N],int m)//定义函数 outputdata()，输出二维数组各个元素的值
{
    int i,j;
    for(i=0;i<m;i++)
    {
        for(j=0;j<N;j++)
            printf("%5d",a[i][j]);
        printf("\n");
    }
}
void sum(int a[][N],int b[][N],int c[][N],int m)     //定义 sum()，求两个矩阵的和
{
    int i,j;
    for(i=0;i<m;i++)
        for(j=0;j<N;j++)
            c[i][j]=a[i][j]+b[i][j];
}
int main()
{
    int matrix1[M][N],matrix2[M][N],matrix3[M][N];  //定义 3 个二维数组
    printf("请输入第一个矩阵的各元素：\n");
    inputdata(matrix1,M); //调用函数 inputdata()，对二维数组 matrix1、matrix2 赋值
    printf("请输入第二个矩阵的各元素：\n");
    inputdata(matrix2,M);
    sum(matrix1,matrix2,matrix3,M);  //求二维数组 matrix1、matrix2 的和，结果存到 matrix3 中
    printf("两个矩阵的和是：\n");
    outputdata(matrix3,M);      //调用函数 outputdata()，输出二维数组 matrix3 各个元素的值
    system("pause");
    return 0;
}
```

程序运行结果：

```
请输入第一个矩阵的各元素：
23 54 76
43 32 12
67 43 21↙
请输入第二个矩阵的各元素：
67 87 67
65 43 21
89 78 53↙
两个矩阵的和是：
90   141   143
108   75    33
156  121    74
```

7.6 变量的作用域与存储类别

7.6.1 变量的作用域

在 C 语言程序中定义的任何变量都有一定的作用范围，也就是变量的可见范围或可使用的有

效范围，这个范围称为变量的作用域。变量的作用域可以是整个函数，也可以是整个程序。在 C 语言中，变量定义的方式不同，其作用域也不同。C 语言中的变量按作用域可分为局部变量和全局变量两种。

1. 局部变量

在一个函数或复合语句内定义的变量，称为局部变量，局部变量也称为内部变量。局部变量仅在定义它的函数或复合语句内有效。例如函数的形参是局部变量。

编译时，编译系统不为局部变量分配内存空间，而是在程序运行中，当局部变量所在的函数被调用时，系统根据需要临时分配内存空间，函数调用结束，局部变量获得的内存空间被释放。

```
int fun1(int a)        //函数 fun1()
{
     int b,c;          a、b、c 的作用域
…
}
int fun2(int x)        //函数 fun2()
{
     int y;            x、y 的作用域
}
void main()
{
     int m,n           m、n 的作用域
}
```

在函数 fun1()内定义了 3 个变量，a 为形参，b、c 为一般变量。在 fun1()的范围内 a、b、c 有效，或者说 a、b、c 变量的作用域限于 fun1()内。同理，x、y 的作用域限于 fun2()内，在 fun2()内有效。m、n 的作用域限于 main()函数内，在 main()函数内有效。

说明如下。

（1）在 main()函数中定义的变量只能在 main()函数中使用，不能在其他函数中使用。同时，在 main()函数中也不能使用在其他函数中定义的变量。因为 main()函数也是一个函数，与其他函数是平行关系。例如下面的程序：

```
1   #include <stdio.h>
2   #include <stdlib.h>
3   void fun()
4   {
5       int a=2;
6       printf("%d",a);
7   }
8   int main()
9   {
10      int b=3;
11      printf("%d, %d\n",a,b);
12      system("pause");
13      return 0;
14  }
```

在编译时会指出在第 11 行出现错误：

```
error C2065: "a": 未声明的标识符
```

虽然我们在函数 fun()中定义了变量 a（上述程序的第 5 行），但它只在 fun()函数内起作用，在 main()函数中不起作用，因而在 main()函数中不能引用它。

（2）形参属于被调函数的局部变量，实参属于主调函数的局部变量。

（3）C 语言允许在不同的函数中使用相同的变量名，它们代表不同的对象，会被分配不同的内存空间，互不干扰，也不会发生混淆。例如，形参和实参的变量名都为 a，是合法的。

（4）在复合语句中也可定义变量，其作用域只在复合语句范围内。例如：

```
int main()
{         int a,b;
          …
          {   int s;
              s=a+b;     s 在此范围内有效      a、b 在此范围内有效
          }
      …
}
```

变量 s 只在复合语句内有效，离开该复合语句就无效，获得的内存空间被释放。

【例 7.12】复合语句中的局部变量。

程序如下：

```
1    #include <stdio.h>
2    #include <stdlib.h>
3    int main()
4    {
5         int a=1,b=2,c=3;
6         printf("1--- a=%d,b=%d,c=%d\n",a,b,c);        //此处为第 5 行定义的 a、b、c
7         {
8              int a,b,c;
9              a=10,b=20,c=30;
10             printf("2--- a=%d,b=%d,c=%d\n",a,b,c); //此处为第 8 行定义的 a、b、c
11        }
12        printf("3--- a=%d,b=%d,c=%d\n",a,b,c);        //此处为第 5 行定义的 a、b、c
13        system("pause");
14        return 0;
15   }
```

程序运行结果：

```
1--- a=1,b=2,c=3
2--- a=10,b=20,c=30
3--- a=1,b=2,c=3
```

2. 全局变量

全局变量也称为外部变量，它是在函数外部定义的变量。它不属于哪一个函数，它属于一个源文件。其作用域是整个源文件，可以被本文件中的所有函数共用。

要在函数中使用全局变量，一般应进行全局变量定义。全局变量的说明符为 extern。在函数之前定义的全局变量，在函数内使用可不再加以说明。例如：

```
int m=1,n=2; //全局变量
float fun1(int x);     //定义函数 fun1()
{
   int y,z;
…
}
char c1,c2;   //全局变量
char fun2(int x,int y)     //定义函数 fun2()
{
   int i,j;
…
}
void main ()       //主函数
{
   int a,b;
…
}
```

（全局变量 c1、c2 的作用域：从 char c1,c2; 至程序末尾；全局变量 m、n 的作用域：从 int m=1,n=2; 至程序末尾）

m、n、c1、c2 都是全局变量，但它们的作用域不同。在 main()函数和 fun2()函数中可以使用全局变量 m、n、c1、c2，但在函数 fun1()中只能使用全局变量 m、n，而不能使用全局变量 c1、c2。

在一个函数中既可以使用本函数中的局部变量，又可以使用有效的全局变量。

全局变量默认的作用域是从定义处开始到本文件的结束。如果定义点之前的函数需要引用这些全局变量，则需要在函数内对被引用的全局变量进行说明。

全局变量定义必须在所有的函数之外，且只能定义一次。其一般形式为：

```
[extern] 类型名 变量名1,变量名2,…,变量名n;
```

其中方括号内的 extern 可以省去不写。例如：

```
int  a,b;
```

等价于

```
extern int a,b;
```

而全局变量说明出现在要使用该全局变量的各个函数内，在整个程序内可能出现多次，全局变量说明的一般形式为：

```
extern 类型名 变量名1,变量名2,…,变量名n;
```

全局变量在定义时就已分配了内存空间，全局变量定义时可进行初始赋值，全局变量说明不能再赋初值，只是表明在函数内要引用某全局变量。

【例 7.13】输入 *n* 个学生的成绩并保存在一个数组中，求学生的平均分、最高分、最低分。

程序如下：

```
#include <stdio.h>
#include <stdlib.h>
float Max,Min;                                  //定义全局变量
int main()
{
     float student(float a[],int n);            //函数声明
     float ave,score[100];                      //学生人数不能超过100
     int i,n;
     printf("请输入学生人数：");
     scanf("%d",&n);
     printf("请输入每个学生的成绩：");
     for(i=0;i<n;i++)
          scanf("%f",&score[i]);
     ave=student(score,n);                      //函数调用
     printf("平均分=%6.2f\n最高分=%6.2f\n最低分=%6.2f\n",ave,Max,Min);
     system("pause");
     return 0;
}
float student(float a[],int n)                  //函数定义
{
     int i;
     float s=a[0];
     Max=Min=a[0];
     for(i=1;i<n;i++)
     {
          if(a[i]>Max)
               Max=a[i];
          else if(a[i]<Min)
               Min=a[i];
          s=s+a[i];                             //总成绩
     }
     return s/n;
}
```

程序运行结果：

```
请输入学生人数：5↙
请输入每个学生的成绩：67 89 94 88 90↙
平均分= 85.60
```

```
最高分= 94.00
最低分= 67.00
```

程序说明：

程序的第 3 行定义了两个全局变量 Max 和 Min，其作用域贯穿整个程序。在 student()函数中，通过对这两个全局变量赋值（第 23、27、29 行），修改了它们的内容。由于全局变量在整个程序中共享同一存储空间，main()函数随后可以直接访问这些已被修改的全局变量值。这种方式实现了从函数中传递多个计算结果（最高分和最低分）到 main()函数的效果，弥补了 C 语言中函数只能有一个返回值的限制。

在同一源文件中，允许全局变量和局部变量同名。但在局部变量的作用域内，全局变量与局部变量同名会使全局变量失效。

【例 7.14】远水救不了近火（全局变量与局部变量同名的实例）。

```
1   #include <stdio.h>
2   int water=1;                              //全局变量 water
3   void Ffire(int fire)                      //定义函数 Ffire()
4   {
5       int water=1;                          //局部变量 water
6       fire-=water;
7   }
8   void msg(int fire)                        //定义函数 msg()
9   {
10      if(fire==0)
11          printf("火被扑灭啦! \n");
12      else
13          printf("警报尚未解除! \n");
14   }
15   int main()
16   {
17      int fire=1;                           //主函数中的局部变量 fire
18      Ffire(fire);                          //调用 Ffire()
19      printf(" “远水” 救 “近火” ? ");
20      msg(fire);                            //第一次调用 msg()
21      {
22          int water=1;                      //主函数复合语句中的局部变量 water
23          int fire=1;                       //主函数复合语句中的局部变量 fire
24          fire-=water;
25          printf(" “近水” 救 “近火” ? ");
26           msg(fire);                       //第二次调用 msg()
27      }
28      msg(fire);                            //第三次调用 msg()
29      fire-=water;
30      msg(fire);                            //第四次调用 msg()
31      return 0;
32   }
```

程序运行结果：

```
“远水” 救 “近火” ? 警报尚未解除!
“近水” 救 “近火” ? 火被扑灭啦!
警报尚未解除!
火被扑灭啦!
```

程序说明：

（1）第 18 行调用 Ffire()时，主函数中的 fire 将值传递给 Ffire 中的形参，执行第 6 行 fire-=water 的“灭火”，但是火并未灭掉，因为第 5 行局部 water 灭火后，并未将结果返回主函数。所以主函数

fire 的值不变，执行第 20 行第一次调用 msg()灭火输出“警报尚未解除!”。

（2）将主函数复合语句中的局部变量 fire 通过第 24 行 fire-=water 运算后传递给 msg 中的形参，完成了“近水救近火”，执行第 26 行第二次调用 msg()灭火输出“火被扑灭啦!”。

（3）第 28 行第三次调用 msg()，传递的是第 17 行主函数中的 fire 值 1，故输出“警报尚未解除!”。

（4）执行第 29 行 fire-=water 后第四次调用 msg()时，此时 fire 值为 0，故输出“火被扑灭啦!”。

7.6.2 变量的存储类别

C 语言中每个变量都具有两个属性：数据类型和存储类别。变量的数据类型规定了变量的内存空间的大小和变量的取值范围。变量的存储类别则确定了变量的存储方式、生存期和作用域。

所谓变量的生存期就是变量占用内存空间的时限。全局变量可在整个程序的生存期内占有固定的内存空间，其值一直被保存。局部变量只有在程序的控制流程进入定义其的程序模块时，才会被分配一块临时的内存空间。当程序的控制流程退出该程序模块时，这块临时的内存空间就被释放，该变量原先所具有的值也就不存在了。

在 C 语言中，存储类别按从变量值存在的时间角度来分，可以分为两大类：静态存储和动态存储。

（1）静态存储代表在程序运行期间分配固定的内存空间的方式。

（2）动态存储代表在程序运行期间根据需要动态地分配内存空间的方式。

变量定义的完整形式应为：

```
存储类别名  类型名 变量名1,变量名2,…;
```

C 语言中表示变量的存储类别的关键字有：auto（自动）、extern（外部）、static（静态）、register（寄存器）。自动变量和寄存器变量采用动态存储方式，全局变量和静态变量采用静态存储方式。

例如：

```
auto char c1,c2;                    //c1、c2 为自动字符型变量
extern int x,y;                     //x、y 为外部整型变量
static int a,b;                     //a、b 为静态整型变量
```

1. 自动变量

自动变量的定义格式为：

```
[auto]  类型名 变量名 [=初值表达式],… ;
```

在一般情况下，关键字 auto 可以省略。自动变量一般定义在函数体内，也可作为函数的形参。

自动变量具有如下性质。

（1）作用域的有限性。自动变量是局部变量，其作用域为变量所在的函数或变量所在的分程序。

（2）生存期的短暂性。只有当程序模块被执行时，其中的自动变量的值才存在；程序模块执行完毕后，其中的自动变量占有的内存空间被释放。

（3）自动变量在其存在的整个生存期内，在所有应该能够访问它的地方都是可见的，并且在不应该访问它的地方是不可见的。

（4）独立性。由于自动变量的作用域和生存期都仅限于定义它们的程序模块内部，因此，在不同的程序模块内可以使用同名的自动变量而不会混淆。即使在函数内定义的自动变量，也可与在该函数内的复合语句中定义的自动变量同名。

（5）未赋初值前的自动变量无意义。

2. 静态变量

（1）静态局部变量

有时希望函数中的局部变量的值在函数调用结束后不消失而保留原值，即其占用的内存空间不

释放，在下一次函数调用时，该变量仍具有上一次函数调用结束时的值。这时就应该指定该局部变量为“静态局部变量”，其定义格式为：

```
static 类型名 变量名[=初始化常量表达式],…;
```

静态局部变量采用静态存储方式，它具有以下特点。

① 静态局部变量在函数内定义。与自动变量不同的是，静态局部变量的生存期贯穿整个程序的运行过程，从程序开始运行到程序结束，它一直存在于内存中。即使在定义它的函数或代码块执行完毕后，静态局部变量的值仍然被保留。

② 静态局部变量在编译时被赋初值，且只被赋一次值，在程序运行时它已有初值。以后每次调用函数时，不再为其重新赋值而是使用上次函数调用结束时的值。而对自动变量赋初值，不是在编译时进行的，而是在函数调用时进行的，每调用一次函数重新赋一次初值，相当于执行一次赋值语句。

③ 静态局部变量的生存期虽然为整个源文件的生存期，但是其作用域仍与自动变量的相同，即只能在定义该变量的函数内使用该变量。退出该函数后，尽管该变量还继续存在，但不能使用它。

④ 若在定义静态局部变量时不赋初值，则在编译时自动为其赋初值 0（针对数值型变量）或空字符（针对字符型变量）。而对自动变量来说，如果不赋初值，则它的值是一个不确定的值。这是由于每次函数调用结束后内存空间已释放，下次调用时又重新分配内存空间，而重新分配的内存空间中的值是不确定的。

【例 7.15】静态局部变量和自动变量。

程序如下：

```
#include <stdio.h>
#include <stdlib.h>
int fun(int x)
{
    int y=0;             //定义自动变量 y
    static int z=2 ;  //定义静态局部变量 z
    y=y+1;
    z=z+1;
    return (x+y+z);
}
int main()
{
    int a=1,b;
    for(b=0;b<3;b++)
            printf("%d\n",fun(a));
    system("pause");
    return 0;
}
```

程序运行结果：

```
5
6
7
```

程序说明：

在第 1 次调用 fun()函数时，y 的初值为 0，z 的初值为 2，第 1 次调用结束时 y=1、z=3、x + y + z=5。由于 z 是静态局部变量，在 fun()函数调用结束后，它并不释放，仍保留值为 3。在第 2 次调用 fun()函数时 y 的初值为 0，而 z 的初值为 3（第 1 次调用结束时的值），自动变量和静态局部变量在调用过程中的变化比较如图 7-8 所示。

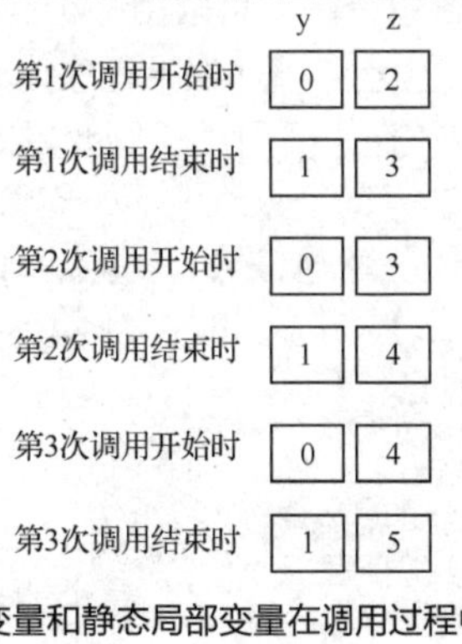

	y	z
第1次调用开始时	0	2
第1次调用结束时	1	3
第2次调用开始时	0	3
第2次调用结束时	1	4
第3次调用开始时	0	4
第3次调用结束时	1	5

图 7-8　自动变量和静态局部变量在调用过程中的变化比较

（2）静态全局变量

有时在程序设计中有这样的需要：希望某些全

局变量只限于被本文件引用而不能被本程序的其他文件引用。为此，可以在定义全局变量时在前面加上 static 说明。例如：

file1.c

```
static  int  a;
void main()
{    ...    }
```

file2.c

```
extern  int  a;
void fun(n)
{
    int  n;
    a=a*n;
}
```

在 file1.c 中定义了一个全局变量 a，但它有 static 说明，因此只能用于本文件，虽然在 file2.c 文件中用了“extern int a;”，但在 file2.c 文件中无法使用 file1.c 中的全局变量 a，这种加上 static 说明，只能用于本文件的全局变量称为静态全局变量。

在程序设计中，常由不同的人分别完成各个模块，通过静态全局变量，各人可以独立地在其设计的文件中使用相同的全局变量名而互不相干。这就为程序的模块化、通用性提供了便利。在一个文件与其他文件没有数据联系时，可以根据需要任意地将所需的若干文件组合，而不必考虑变量是否同名和文件间的数据是否有交叉。必要时可给文件中所有全局变量都加上 static，使其成为静态全局变量，以免被其他文件误用。

对全局变量加 static 说明，并不意味着该全局变量采用静态存储，不管是否加 static，全局变量都采用静态存储方式，都是在编译时分配内存的，只是作用范围不同而已。

（3）静态局部变量和静态全局变量的区别

静态局部变量和静态全局变量均采用静态存储方式，但两者区别较大。

① 定义的位置不同。静态局部变量在函数内定义，静态全局变量在函数外定义。

② 作用域不同。静态局部变量属于局部变量，其作用域仅限于定义它的函数内。

静态全局变量在函数外定义，其作用域为定义它的源文件内。

③ 初始化处理不同。静态局部变量仅在第一次调用它所在的函数时被初始化，当再次调用它所在的函数时，不再初始化，而是保留上一次调用结束时的值。

3. 全局变量

全局变量是在函数的外部定义的变量，编译时存储在静态存储区。全局变量可以被程序中各个函数所引用。

一个 C 语言程序可以由一个或多个源文件组成。如果程序只由一个源文件组成，使用全局变量的方法前面已经介绍。如果程序由多个源文件组成，要在一个文件中引用在另一个文件中定义的全局变量，应该在需要引用全局变量的文件中，用 extern 进行说明——该变量已在其他文件中被定义。其格式为：

```
extern 类型名 变量名1,变量名2,…;
```

【例 7.16】 全局变量的实例。给定 b 的值，输入 a 和 m，求 $a×b$ 和 a^m 的值。

程序如下：

file1.c

```
#include <stdio.h>
#include <stdlib.h>
int a;          //定义全局变量
```

```
4    int main()
5    {
6        int  power(int);
7        int b=3,c,d,m;
8        printf("请输入两个数（用逗号隔开）：");
9        scanf("%d,%d",&a,&m);
10       c=a*b;
11       printf("%d*%d=%d\n",a,b,c);
12       d=power(m);
13       printf("%d的%d次方为%d",a,m,d);
14       system("pause");
15       return 0;
16   }
```

file2.c

```
1    extern int a;            //声明 a 为一个已定义的全局变量
2    int power(int n)
3    {
4        int i,y=1;
5        for(i=1;i<=n;i++)
6            y*=a;
7        return y;
8    }
```

程序运行结果：

```
请输入两个数（用逗号隔开）：5,6↙
5*3=15
5 的 6 次方为 15625
```

程序说明：

本程序包含两个文件 file1.c 和 file2.c。在 file1.c 文件的第 3 行定义了一个全局变量 a。在 file2.c 文件中要引用 file1.c 文件中的变量 a，就要对这个变量进行说明（见 file2.c 的第 1 行），即本文件中出现的变量 a 是一个已在本程序的其他文件中定义过的全局变量，运行本文件时不必再次为它分配内存。

4. 寄存器变量

寄存器变量具有与自动变量完全相同的性质。当一个变量被定义为寄存器变量时，系统将它存放在 CPU（Central Processing Unit，中央处理器）中的一个寄存器中。通常将使用频率较高的变量定义为寄存器变量。寄存器变量的定义格式为：

```
register 类型名 变量名
```

由于计算机系统中寄存器的数目不等，寄存器的长度也不同。因此 ANSI C 只将寄存器存储类别作为建议提出，不作硬性统一规定。一般将整型和字符型变量定义为寄存器变量。

对寄存器变量的说明如下。

（1）只有局部自动变量和形参才可以被定义为寄存器变量。因为寄存器变量采用动态存储方式存储，凡需要采用静态存储方式存储的变量不能被定义为寄存器变量。

（2）由于寄存器的个数是有限的，因此允许使用的寄存器数目也是有限的，不能定义任意多个寄存器变量。

【例 7.17】编程输出 1～5 的阶乘。

程序如下：

```
#include <stdio.h>
#include <stdlib.h>
int  fun(int n)
{
    register int i;
    register int p=1;
```

```
7        for(i=1;i<=n;i++)
8             p=p*i;
9        return p;
10   }
11   int main()
12   {
13       int i;
14       for(i=1;i<=5;i++)
15            printf("%d!=%d\n",i,fun(i));
16       system("pause");
17       return 0;
18   }
```

程序运行结果：

```
1!=1
2!=2
3!=6
4!=24
5!=120
```

程序说明：

程序第 5、6 行分别定义了寄存器变量 i 和 p。如果 n 的值比较大，则能节约许多执行时间。一般来说，循环次数较多的循环变量及循环体内反复使用的变量可定义为寄存器变量。

7.7 编译预处理

在前面各章中，已多次使用过以“#”开头的预处理命令，如包含命令#include、宏定义命令#define 等。在源文件中，这些命令都放在函数之外，它们称为预处理部分。

所谓预处理是指在进行编译的第一遍扫描（词法扫描和语法分析）之前所进行的工作。预处理是 C 语言编译系统的一个重要功能，它由预处理程序实现。当对一个源文件进行编译时，系统将自动引用预处理程序对源文件中的预处理部分进行处理，处理完毕自动进入对源文件的编译。

编译预处理的特点如下。

（1）所有预处理命令均以“#”开头，在它前面不能出现空格以外的其他字符。

（2）每条预处理命令独占一行。

（3）预处理命令不以“;”为结束符，因为它不是 C 语言的语句。

（4）预处理命令的作用范围仅限于使用它们的那个文件。

C 语言提供了多种预处理功能，如宏定义、文件包含、条件编译等。合理使用预处理功能编写的程序便于阅读、修改、移植和调试，也有利于模块化程序设计。本节介绍常用的几种预处理功能。

7.7.1 宏定义

在 C 语言程序中允许用一个标识符来表示一个字符串，称为“宏”。被定义为宏的标识符称为“宏名”。在编译预处理时，对程序中所有出现的宏名，都用宏定义中的字符串去代换，这称为“宏代换”或“宏展开”。

宏定义是由源文件中的宏定义命令完成的，宏代换是由预处理程序自动完成的。在 C 语言中，宏分为无参和带参两种。可以使用#undef 命令取消宏定义。

1. 无参宏定义

无参宏定义的宏名后不带参数，其一般形式为：

```
#define  标识符  字符串
```

其中，“#”表示这是一条预处理命令，“define”为宏定义命令，“标识符”为所定义的宏名，“字符串”可以是常数、表达式等。

例如：

```
#define  PI  3.1415926
```

在编写源文件时，所有的3.1415926都可由PI代替，而对源文件进行编译时，先由预处理程序进行宏代换，即用3.1415926去置换所有的宏名PI，再进行编译。

关于宏定义，要说明以下几点。

（1）为了与变量相区别，宏名一般用大写字母表示。但这并非强制规定，也可用小写字母表示。

（2）宏定义是用宏名替换一个字符串，不管该字符串的词法、语法和数据类型是否正确，即不作任何检查。如果有错误，将由编译器在编译宏代换后的源文件时发现。

（3）在宏定义时，可以使用已经定义的宏名，即宏定义可以嵌套，可以层层替换。例如：

```
#define  R  3.0
#define  PI  3.14159
#define  L  2*PI*R
```

（4）在源程序中，宏名若用引号引起来，则预处理程序不对其进行宏代换。

```
#define OK 100
int main()
{
  printf("OK");
  printf("\n");
}
```

上例中定义宏名OK表示100，但在printf语句中OK被引号引起来，因此不进行宏代换。程序的运行结果为“OK”。这表示把“OK”当字符串处理。

（5）宏定义是预处理命令的一个专用名词，它与定义变量的含义不同，只作字符替换，不分配内存空间。

【例7.18】输入圆的半径，求圆的周长、面积，并根据公式$\frac{4\pi r^3}{3}$求同半径球的体积。要求使用无参宏定义圆周率。

程序如下：

```
1    #include <stdio.h>
2    #include <stdlib.h>
3    #define PI 3.1415926
4    int main()
5    {
6         double r,len,s,v;
7         printf ("请输入半径: ");
8         scanf ("%lf",&r);
9         len=2*PI*r;
10        s=PI*r*r;
11        v=PI*r*r*r*4/3;
12        printf("周长=%.7lf\n面积=%.7lf\n体积=%.7lf\n", len, s,v);
13        system("pause");
14        return 0;
15   }
```

程序运行结果：

```
请输入半径：5↙
周长=31.4159260
面积=78.5398150
体积=523.5987667
```

程序说明：

程序的第3行定义了一个无参的宏PI。在预处理时，程序的第9、10、11行中的宏名都用

3.1415926 替换。

2. 带参宏定义

C 语言允许宏带有参数。宏定义中的参数被称为形参，宏调用中的参数被称为实参。对带参的宏，在调用时，不仅要进行简单的字符串替换，还要进行参数替换。即不仅要进行宏代换，而且要用实参去替换形参。

带参宏定义的一般形式为：

```
#define  宏名(形参表)  字符串
```

其中，宏名后面的括号里是形参表，类似函数中的形参表，但此处的形参无类型说明，有多个参数时，参数之间用逗号隔开；字符串中包含形参表中指定的参数。

带参宏调用的一般形式为：

```
宏名(实参表);
```

例如：

```
#define M(x,y)  x*y          //宏定义
k=M(3+2,4+5);                //宏调用
```

在宏调用时，用实参 3+2 和 4+5 去替换形参 x 和 y，经宏代换后的语句为：

```
k=3+2*4+5;
```

【例 7.19】 输入圆的半径，求圆的周长、面积，并根据公式 $\frac{4\pi r^3}{3}$ 求同半径球的体积，要求使用带参宏定义完成。

程序如下：

```
1    #include <stdio.h>
2    #include <stdlib.h>
3    #define PI 3.1415926
4    #define LEN(x) 2*PI*x              //第 4～6 行分别定义了带参的宏 LEN、S 和 V
5    #define S(x) PI*x*x
6    #define V(x) 4*PI*x*x*x/3
7    int main()
8    {
9        double r,len,s,v;
10       printf ("请输入半径: ");
11       scanf ("%lf",&r);
12       len=LEN(r);                    //第 12～14 行分别调用了带参的宏 LEN、S 和 V
13       s=S(r);
14       v=V(r);
15       printf("周长=%.7lf\n 面积=%.7lf\n 体积=%.7lf\n", len, s,v);
16       system("pause");
17       return 0;
18   }
```

程序运行结果：

```
请输入半径：5↙
周长=31.4159260
面积=78.5398150
体积=523.5987667
```

关于带参宏定义，要说明以下几点。

（1）在宏定义中的形参是标识符，而宏调用中的实参可以是表达式。宏代换时，要用实参去替换对应的形参，但不能对实参进行任何运算。

（2）在宏定义中，形参不会被分配内存空间，因此不必进行类型定义。而宏调用中的实参有具体的值，要用它们去替换形参，因此必须进行类型说明。这是与函数中的情况不同的。在函数中，

形参和实参是两个不同的量，各有自己的作用域，调用时要把实参值赋予形参，进行值传递。而在带参宏定义中，只进行值替换，不存在值传递。

（3）在宏定义中，字符串内的形参通常要用括号括起来以避免出错。

（4）定义带参的宏时，宏名与左圆括号之间不能留有空格。否则，C 语言编译系统会将空格以后的所有字符均作为字符串，将该宏视为无参的宏。

（5）带参的宏和有参函数很相似，但它们有本质上的不同，将同一表达式用函数处理与用宏处理的结果是不同的。

【例 7.20】有参函数的调用和带参的宏调用。

程序 A：

```
#include <stdio.h>
#include <stdlib.h>
int SQ(int y)
{  return (y)*(y);     }
int main()
{    int i=1;
     while(i<=5)
     printf("%d\n",SQ(i++));
     system("pause");
     return 0;
}
```

程序 B：

```
#include <stdio.h>
#include <stdlib.h>
#define SQ(y)  (y)*(y)
int main()
{
     int i=1;
     while(i<=5)
          printf("%d\n",SQ(i++));
     system("pause");
     return 0;
}
```

程序 A 的运行结果：

```
1
4
9
16
25
```

程序 B 的运行结果：

```
1
9
25
```

程序说明：

在程序 A 中函数名为 SQ，形参为 y，函数体表达式为(y)*(y)；程序 B 中宏名为 SQ，形参也为 y，字符串为(y)*(y)，看起来二者是相同的。程序 A 中的函数调用为 SQ(i++)，程序 B 的宏调用为 SQ(i++)，实参也是相同的。从输出结果来看，却大不相同。请读者自己分析为什么会这样。

从上例可以看出有参函数的调用和带参的宏调用二者在形式上相似，在本质上不同。

3. 取消宏定义

宏定义的作用范围是从宏定义命令开始到程序结束。如果需要在程序的某处终止宏定义，则需要使用#undef 命令取消宏定义。取消宏定义命令#undef 的用法为：

```
#undef 标识符
```

其中的标识符是已定义的宏名。

7.7.2 文件包含

文件包含是指一个源文件可以将另一个源文件的全部内容包含进来，即将另外的文件包含到本文件之中。C 语言提供了#include 命令来实现文件包含操作。文件包含命令的一般形式为：

```
#include  "文件名"
```

或

```
#include <文件名>
```

文件包含命令的功能是把指定的文件插入该命令所在的位置，从而把指定的文件和当前的源文件组合成一个源文件。

在程序设计中，文件包含是很有用的。一个大的程序可以分为多个模块，由多个程序员分别编程。将一些常用的代码段、函数等封装在一个文件中，在其他文件的开头用文件包含命令包含该文件即可使用。这样，可避免在每个文件的开头都进行公用代码的说明，从而节省时间，并减少出错的概率。

关于文件包含命令还有以下几点说明。

（1）文件包含命令中的文件名可以用双引号引起来，也可以用角括号括起来。例如以下写法都是可以的：

```
#include "stdio.h"
#include <math.h>
```

但是这两种写法是有区别的：使用角括号表示在包含文件目录（包含文件目录是由用户在设置环境时设置的）中去查找，而不在源文件目录中查找；使用双引号则表示首先在当前的源文件目录中查找，若未找到才到包含文件目录中去查找。用户编程时可根据文件所在的目录来选择具体的形式。

（2）一条#include 命令只能指定一个被包含文件，若有多个文件要包含，则需用多条#include 命令。

（3）文件包含允许嵌套，即在一个被包含的文件中又可以包含另一个文件。

（4）在包含文件中不能有 main()函数。

7.7.3 条件编译

一般情况下，源文件中所有的行都参加编译。但如果用户希望某一部分程序在满足条件时才进行编译，否则不编译或按条件编译另一部分程序，则需要使用条件编译。预处理程序提供了条件编译的功能，可以按不同的条件去编译不同的程序部分，从而产生不同的目标代码文件。这对于程序的移植和调试是很有用的。

用于进行条件编译的宏命令主要有：#if、#ifdef、#ifndef、#endif、#else 等。它们按照一定的方式组合，构成了条件编译的不同形式。下面对条件编译的几种形式分别进行介绍。

1. 第一种形式

```
#ifdef 标识符
    程序段 1
#else
    程序段 2
#endif
```

其功能是：如果标识符已被 #define 命令定义过，则对程序段 1 进行编译，否则对程序段 2 进行编译。

如果没有程序段 2（它为空），本形式中的#else 可以没有，因此可以写为：

```
#ifdef 标识符
    程序段
#endif
```

形式中的“程序段”可以是语句组，也可以是命令行。

2. 第二种形式

```
#ifndef 标识符
    程序段 1
#else
    程序段 2
#endif
```

其功能是：如果标识符未被#define 命令定义过，则对程序段 1 进行编译，否则对程序段 2 进行编译。这与第一种形式的功能相反。

3. 第三种形式

```
#if 常量表达式
    程序段 1
#else
    程序段 2
#endif
```

其功能是：如常量表达式的值为真（非 0），则对程序段 1 进行编译，否则对程序段 2 进行编译。因此可以事先给定条件，使程序在不同条件下完成不同的功能。

【例 7.21】条件编译实例。

程序如下：

```
1    #include <stdio.h>
2    #include <stdlib.h>
3    #define R 1
4    #define PI 3.14159
5    int main()
6    {
7        float r,s1,s2;
8        printf ("请输入一个数：\n");
9        scanf("%f",&r);
10       #if R
11           s1=PI*r*r;
12           printf("圆的面积为： %f\n",s1);
13       #else
14           s2=r*r;
15           printf("正方形的面积为： %f\n",s2);
16       #endif
17       system("pause");
18       return 0;
19   }
```

程序运行结果：

```
请输入一个数：
10
圆的面积为： 314.158997
```

程序说明：

本例中采用了第三种形式的条件编译。在程序的第 3 行宏定义中，定义 R 为 1，因此在条件编译时，常量表达式的值为真，故计算并输出圆的面积。如果将程序的第 3 行中的 1 改为 0，则计算并输出正方形的面积。

上面介绍的条件编译也可以用条件语句来实现。但是用条件语句则整个源文件都参加编译，生成的目标程序很长，而采用条件编译，则只根据条件编译对应的程序段，生成的目标程序较短。如果条件选择对应的程序段很长，采用条件编译的方法是很有必要的。

本章小结

1. 重难点

（1）数组元素只能作为函数的实参；数组可以作为函数的实参和形参，当数组作为函数参数时，是将实参数组的首地址传递给形参数组。

（2）变量按作用域可分为局部变量和全局变量；变量的存储类别分为静态存储（包括全局变量

和静态变量）和动态存储（包括自动变量和寄存器变量）。

2. 常见错误

（1）形参类型未说明或未分别说明。如：

```
int f1(x,y)
{ 函数体 }
int f2(int x,y)
{ 函数体 }
```

（2）定义函数时，函数头后面多加了分号。如：

```
int sum(int a,int b);
{ 函数体 }
```

（3）函数的形参与函数体内定义的局部变量同名。如：

```
int f(int x,int y)
{int x;
...}
```

（4）调用函数前忘记函数声明。除了定义函数在前、调用在后，以及函数是字符型或整型可以不声明，其他情况都要声明后才能调用。

（5）调用函数时实参前面多加类型，如：m=fac(int n);。

（6）调用函数时，实参与形参类型不匹配。

上述几种常见错误，可通过扫描二维码查看。

习题 7

一、选择题

1. 以下正确的函数定义形式是（　　）。

A. double fun(int x,int y)　　B. double fun(int x; int y)

C. double fun(int x, int y);　　D. double fun(int x,y);

2. 在 C 语言中，函数的隐含存储类别是（　　）。

A. auto　　B. static　　C. extern　　D. 无存储类别

3. 以下只有在使用时才为该变量分配内存空间的存储类型对应的关键字是（　　）。

A. auto 和 static　　B. auto 和 register　　C. register 和 static　　D. extern 和 register

二、读程序写结果

1. 下面程序的运行结果是_______。

```
#include <stdio.h>
#include <stdlib.h>
```

```
void fun(int a,int b,int c)
{
   a=b+c;
   b=a+c;
   c=a+b;
   printf("%d,%d,%d\n",a,b,c);
}
int main()
{
   int x=10,y=20,z=30;
   fun(x,y,z);
   printf("%d,%d,%d\n",z,y,x);
   system("pause");
   return 0;
}
```

2. 下面程序的运行结果是________。

```
#include <stdio.h>
#include <stdlib.h>
int d=1;
void fun(int p)
{
    int d=5;
    d+=p++;
    printf("%d",d);
}
int main()
{
    int a=3;
    fun(a);
    d+=a++;
    printf("%d\n",d);
    system("pause");
    return 0;
}
```

三、编程题

1. 编写一个函数计算任意输入的整数的各位数字之和，在主函数中调用输入/输出函数和该函数。

2. 编写一个函数求任意整数的逆序数。

3. 有一只调皮的小猴子，摘了一堆苹果，第一天吃了苹果的一半，又多吃了一个；第二天吃了剩下苹果的一半，又多吃了一个；依次类推，到第十天，发现只剩下了一个苹果，请问这只小猴子到底摘了多少个苹果？编程用函数递归实现，若用 num(n)来表示第 n 天的苹果数，则有：

$$\text{num}(n)=\begin{cases}1 & n=10\\ 2\times \text{num}(n+1)+1 & n<10\end{cases}$$

4. 定义一个带参的宏，使两个参数的值互换。编写程序，输入两个数作为调用宏时的实参，输出已交换的两个值。

AI 赋能：解锁未来

- **AI 帮你写程序**

用函数实现输入一个 3 位正整数，求各位数之和，完成思考、纠错与优化过程。

08

第8章 指针

本章导读

指针是 C 语言中的一种数据类型。运用指针编程是 C 语言主要的特点之一。利用指针变量可以表示各种复杂的数据结构，能很方便地使用数组和字符串，并能像汇编语言一样管理内存地址，从而设计出精练而高效的程序。指针极大地丰富了 C 语言的功能。

学习指针是学习 C 语言时重要的一环，能否正确理解和使用指针是我们是否掌握 C 语言的一个标志。同时，指针也是 C 语言中较为困难的一部分，在学习中除了要正确理解基本概念，还必须多练习编程，多上机调试。

8.1 指针与指针变量

8.1.1 指针的概念

计算机中的数据都是存放在存储器中的。一般把存储器中的一个字节称为一个内存单元，不同的数据类型所占用的内存单元不等，如字符型占一个内存单元等。为了准确、方便地访问内存单元，可以为每个内存单元编号。根据内存单元的编号即可准确地找到该内存单元。内存单元的编号叫作地址，通常也把这个地址称为指针。存放在内存单元中的数据是该单元的内容。

一般来说，程序中所定义的任何变量经相应的编译系统处理后，都占据一定数目的内存单元，不同类型的变量所占据的内存单元数是不一样的。变量所占内存单元的首字节地址称作变量的地址。在程序中一般通过变量名来对内存单元进行存取操作，程序经过编译后将变量名转换为变量的地址。由此可知，程序在执行过程中，对变量的存取实际上是通过变量的地址来进行的。

在 C 语言中，允许用一个变量来存放指针，这种变量称为指针变量。因此，一个指针变量的值就是某个内存单元的地址或某个内存单元的指针。在 C 语言中，可以通过变量名直接存取变量的值，这种方式称为“直接访问”。还可以采用另一种被称为“间接访问”的方式，当要存取一个变量值时，首先从存放变量地址的指针变量中取得该变量的存储地址，再从该地址中存取该变量值。

8.1.2 指针变量的定义

指针变量的定义包括 3 个内容：指针类型说明，即定义变量为一个指针变量；指针变量名；指针变量所指向的变量的数据类型。其一般格式为：

```
类型名 *变量名;
```

其中，“*”即指针类型说明，表示这是一个指针变量；变量名即定义的指针变量名；类型名表示本指针变量所指向的变量的数据类型。

例如：

```
int *p1;
```

表示 p1 是一个指针变量，它的值是某个整型变量的地址，或者说 p1 指向一个整型变量。至于 p1 究竟指向哪一个整型变量，应由向 p1 赋予的地址来决定。

又如：

```
int *p2;            //p2 是指向整型变量的指针变量
float *p3;          //p3 是指向单精度浮点型变量的指针变量
char *p4;           //p4 是指向字符型变量的指针变量
```

一个指针变量只能指向同类型的变量，如 p1 只能指向整型变量，不能时而指向一个整型变量，时而指向一个字符型变量。

8.2 指针的运算

8.2.1 有关指针的两个运算符

1. 取地址运算符“&”

取地址运算符“&”是单目运算符，其结合性为自右至左，其功能是取变量的地址，其操作数必须是变量。其一般形式为：

```
&变量名;
```

例如，&a 表示变量 a 的地址，&b 表示变量 b 的地址。变量本身必须先定义。

若一指针变量 p 的值为另一变量 b 的地址，我们称该指针变量 p 指向了变量 b。若有：

```
int b=3,*p;
p=&b;
```

则称 p 指向了 b（见图 8-1）。

图 8-1 p 指向了 b

2. 取内容运算符“*”

取内容运算符“*”是单目运算符，其结合性为自右至左，用来表示指针变量所指的变量。在“*”运算符之后的操作数必须是指针变量或指针常量。例如：

```
int b=3,*p;
p=&b;
```

则*p 得到的是变量 b（或 3）。

需要注意的是，取内容运算符“*”和指针变量定义中的“*”并不相同。在指针变量定义中，“*”是指针类型说明，表示其后的变量是指针类型。而表达式中出现的“*”则是一个运算符，用以表示指针变量所指的变量。

【例 8.1】指针变量的引用。

程序如下：

```
#include <stdio.h>
#include <stdlib.h>
int main()
{
    int a=10,b=20,s,t,x,y;
```

```
    int *pa,*pb; //说明 pa、pb 为整型指针变量
    pa=&a;        //给指针变量 pa 赋值，pa 指向变量 a
    pb=&b;        //给指针变量 pb 赋值，pb 指向变量 b
    x=a+b;        //通过变量名 a 和 b 来对变量 x 和 y 进行赋值（直接访问）
    y=a*b;
    s=*pa+*pb;    //通过指针变量 pa 和 pb 来获得变量 a 和 b 的值来对变量 s 和 t 进行赋值（间接访问）
    t=*pa**pb;
    printf("a+b=%d\na*b=%d\n",x,y);
    printf("a+b=%d\na*b=%d\n",s,t);
    system("pause");
    return 0;
}
```

程序运行结果：

```
a+b=30
a*b=200
a+b=30
a*b=200
```

8.2.2 赋值运算

指针变量的赋值运算有以下几种形式。

（1）指针变量初始化赋值。

例如：

```
int a,*pa=&a;      //用变量 a 的地址&a 对整型指针变量 pa 进行初始化
```

（2）把一个变量的地址赋予相同数据类型的指针变量。

例如：

```
int a,*pa;
pa=&a;          //把整型变量 a 的地址赋予整型指针变量 pa
```

（3）把一个指针变量的值赋予指向相同类型变量的另一个指针变量。

例如：

```
int a,*pa=&a,*pb;
pb=pa;          //把 a 的地址赋予指针变量 pb
```

由于 pa 和 pb 均为指向整型变量的指针变量，因此可以相互赋值。

（4）把数组的首地址赋予指向数组的指针变量。

例如：

```
int a[5],*pa;
pa=a;
```

也可写为：

```
pa=&a[0];
```

数组名表示数组的首地址，故可将其赋予指向数组的指针变量 pa；数组第一个元素的地址表示数组的首地址，也可赋予 pa。

当然也可采取初始化赋值的方法：

```
int a[5],*pa=a;
```

（5）把字符串的首地址赋给指向字符类型的指针变量。

例如：

```
char *pc;
pc="C language";
```

或用初始化赋值的方法写为：

```
char *pc="C language";
```

这里并不是把整个字符串装入指针变量，而是把存放该字符串的字符数组的首地址装入指针变量。

8.2.3　加减运算

指针变量可以加上或减去一个整数，也可以进行自增、自减运算，即下面的运算是合法的：

```
pa+n, pa-n, pa++, ++pa, pa--, --pa
```

指针变量加或减一个整数 n 的意义是把指针指向的当前位置向前或向后移动 n 个位置。

指针变量向前或向后移动一个位置和地址加 1 或减 1 在概念上是不同的。因为指针指向的数据可以有不同的类型，各种类型的数据所占的字节长度是不同的。如指针变量加 1，即向后移动 1 个位置，表示指针变量指向下一个数据的首地址，而不是在原地址基础上加 1。

例如：

```
int a[5],*pa;
pa=a;          //pa 指向数组 a，也是指向 a[0]
pa=pa+3;       //pa 指向 a[3]，即 pa 的值为&pa[3]
pa=pa-2;       //pa 指向 a[1]，即 pa 的值为&pa[1]
```

指针变量的加减运算只能对数组指针变量进行，对指向其他类型的变量的指针变量进行加减运算是毫无意义的。

8.2.4　两个指针变量之间的运算

只有指向同一数组的两个指针变量之间才能进行运算，否则运算毫无意义。

1. **两指针变量相减**

两指针变量相减所得之差是两个指针变量所指数组元素之间的元素个数。实际上是两个指针值（地址）相减之差再除以该数组每个元素所占的字节长度（字节数）。

例如，pf1 和 pf2 是指向同一浮点数组的两个指针变量，设 pf1 的值为 2010H，pf2 的值为 2000H，而浮点数组的每个元素占 4 个字节，所以 pf1-pf2 的结果为(2010H-2000H)/4=4，表示 pf1 和 pf2 之间有 4 个元素。

两个指针变量不能进行加法运算。

2. **两指针变量进行关系运算**

指向同一数组的两指针变量进行关系运算可表示它们所指数组元素之间的关系。例如：

pf1==pf2 表示 pf1 和 pf2 指向同一数组元素；

pf1>pf2 表示 pf1 处于高地址位置；

pf1<pf2 表示 pf1 处于低地址位置。

8.3　指针与数组

指针与数组有着密切的关系，任何能由数组下标完成的操作都可用指针来实现，用指针对数组进行操作，可使程序代码更紧凑、更灵活。

数组是同一类型变量组成的有序集合，其存储的是某种类型的数据；而指针专门用来存放变量的地址，当一个指针变量指向某一数组时，在对数组元素的存取方式上，通过数组的下标访问数组元素与通过数组指针的运算访问数组元素是十分相似的。

一个变量在内存中会有一个地址与之相对应，而数组由若干个相同类型的数组元素组成，每个数组元素在内存中都占用独立的内存单元，并且都有一个唯一的地址与之相对应。

8.3.1 一维数组的指针表示

通过对前面各节的学习我们已经知道，当指针变量 p 指向变量 a 时，可用*p 来引用变量 a。那么当指针变量 p 指向数组时，怎样用指针来引用数组元素呢？

设有如下声明：

```
int a[10],*p=a;
```

即指针变量 p 指向数组 a 首元素。

（1）p++：p 指向下一元素，即 a[1]。

（2）*(p++)与*(++p)的区别如下。

① *(p++)：先取*p 的值，然后使 p 加 1。

② *(++p)：先使 p 加 1，再取*p 的值。

（3）(*p)++：将 p 所指向的元素值加 1，即(a[0])++，注意是元素值加 1，不是指针值加 1。

（4）a+i 是数组元素 a[i]的地址，即&a[i]。p+i 和 a+i 都可表示 a[i]的地址，指向数组的第 i 个元素。其中，*(p+i)和*(a+i)表示 a+i 所指对象的内容，即数组元素的值。因此，描述某个数组元素的值时，*(p+i)、*(a+i)、a[i] 3 种方式是等价的。

【例 8.2】用指针方式完成数组元素的输入与输出。

程序如下：

```
#include <stdio.h>
#include <stdlib.h>
int main()
{
    int a[10],*p,i;
    p=a;                                    //指针 p 指向数组 a
    printf("请输入 10 个整数：\n");
    for(i=0;i<10;i++)
        scanf("%d",p+i);                    //p+i 表示数组元素 a[i]的地址&a[i]
    printf("输入的 10 个整数是：\n");
    for(i=0;i<10;i++)
        printf("%d ",*(p+i));               //*(p+i)表示数组元素 a[i]的值
    system("pause");
    return 0;
}
```

程序运行结果：

```
请输入 10 个整数：
12 34 56 78 90 21 43 65 76 87↙
输入的 10 个整数是：
12 34 56 78 90 21 43 65 76 87
```

【例 8.3】计算输入的 10 个整数的和、最大值、最小值和奇数的个数。

程序如下：

```
#include <stdio.h>
#include <stdlib.h>
int main()
```

```
4    {
5        int  i, a[10],*p, Sum, Max, Min, Num;
6        p=a;                          //指针 p 指向数组 a
7        printf("请输入 10 个整数: ");
8        for(i=0;i<10;i++)
9            scanf("%d",p+i);          // p+i 表示数组元素 a[i]的地址&a[i]
10       Sum=0;
11       for(i=0;i<10;i++)
12           Sum=Sum+*(p+i);           //*(p+i)表示数组元素 a[i]的值，第 18、20、21 行同理
13       Max=Min=*p;                   //假设第一个元素是最大值也是最小值
14       Num=0;
15       for(i=0;i<10;i++)
16       {
17           if(*(p+i)>Max)
18               Max=*(p+i);
19           if(*(p+i)<Min)
20               Min=*(p+i);
21           if(*(p+i)%2==1)
22               Num++;
23       }
24       printf("整数的和=%d\n 最大值=%d\n",Sum,Max);
25       printf("最小值=%d\n 奇数的个数=%d\n",Min,Num);
26       system("pause");
27       return 0;
28   }
```

程序运行结果：

```
请输入 10 个整数: 23 54 23 5 3 65 34 65 5 23↙
整数的和=300
最大值=65
最小值=3
奇数的个数=8
```

8.3.2　二维数组的指针表示

1. 二维数组元素的地址

对于一个 n 行 m 列的二维数组 a，可以将 a 看成一个长度为 n 的一维数组，数组中的每一个元素是一个长度为 m 的一维数组。下面具体讲解

（1）行地址：a 代表二维数组首地址，也可看成第 0 行首地址，即&a[i]和&a[i][0]是等价的。a+i 表示二维数组中第 i 行的首地址，如 a+2 代表第 2 行首地址。

（2）元素访问：a[i]表示第 i 行的一维数组，a[i]+j 与&a[i][j]是等价的，表示第 i 行第 j 列元素的地址。

（3）指针表示数组元素地址：在二维数组中，还可用指针表示各元素地址，a[i]+j 与*(a+i)+j 等价。

即有如下关系成立：

```
a[i]+j↔&a[i][j]↔*(a+i)+j
```

（4）指针表示二维数组元素：a[i][j]可表示成*(a[i]+j)或*(*(a+i)+j)，还可表示成(*(a+i))[j]。

即有如下关系成立：

```
a[i][j]↔*(a[i]+j)↔*(*(a+i)+j)↔(*(a+i))[j]
```

例如，对于具有 3 行 4 列的二维数组 a，其各元素对应的地址如图 8-2 所示。

2. 用一级指针引用二维数组元素

由于二维数组在存储时是线性存储的，因此可以用一级指针来引用二维数组元素。

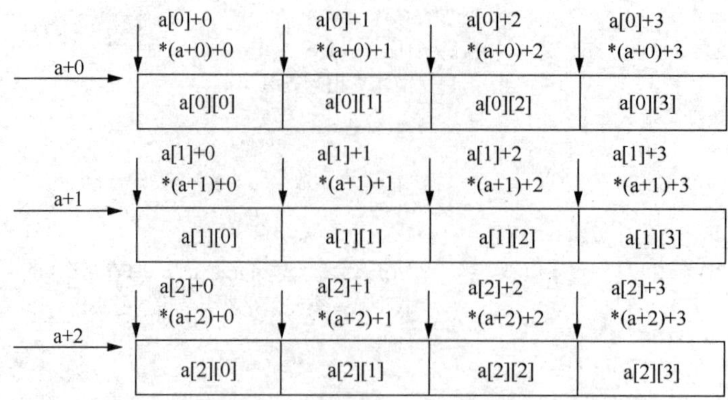

图 8-2　二维数组 a 各元素对应的地址

若有如下定义（其中 M 和 N 是已经定义了的符号常量）：

```
int a[M][N],*p=a[0];
```

则有 p+i*N+j 表示数组元素 a[i][j]的地址；*(p+i*N+j)表示数组元素 a[i][j]，即：

```
p+i*N+j ↔ &a[i][j]
*(p+i*N+j) ↔ a[i][j]
```

【例 8.4】求 5 阶方阵的主对角线元素之和。

程序如下：

```
#include <stdio.h>
#include <stdlib.h>
#define M 5
int main()
{
    int a[M][M],*p,i,j,sum=0;            //定义二维数组 a 和一级指针变量 p
    p=a[0];                              //指针变量 p 指向数组 a 的首地址
    printf("请输入方阵的各个元素：\n");
    for(i=0; i < M; i++)
        for(j=0; j < M; j++)
            scanf("%d",p+i*M+j);         //p+i*M+j 表示元素 a[i][j]的地址
    for(i=0; i < M; i++)
        sum=sum+*(p+i*M+i);              //*(p+i*M+i)表示元素 a[i][i]
    printf("主对角线元素之和=%d\n",sum);
    system("pause");
    return 0;
}
```

程序运行结果：

```
请输入方阵的各个元素：
12 34 56 32 65↙
32 54 64 34 56↙
34 56 34 78 89↙
56 34 23 78 90↙
45 23 12 56 78↙
主对角线元素之和=256
```

3. 用行指针表示二维数组的元素

在 C 语言中，定义指向一个由 n 个元素所组成的数组的指针的格式为：

```
类型名 (* 指针变量名)[常量表达式];
```

此指针也称为行指针。

例如：

```
int (*p)[5];
```

其中，指针 p 为指向一个由 5 个元素所组成的整型数组的指针。在定义中，圆括号是不能少的，否则它是指针数组。这种数组的指针不同于前面介绍的整型指针，当整型指针指向一个整型数组的元素时，进行指针加 1 运算，表示指向数组的下一个元素，而上面定义的指向一个由 5 个元素组成的数组的指针，进行指针加 1 运算时，是以整个数组所占的内存单元个数作为增减基本单元的，即指向下一个数组，也就是移动 5 个元素。这种数组的指针在 C 语言中用得较少，但在处理二维数组时，还是很方便的。

用行指针表示二维数组的一般形式如下。

若有如下定义（其中 M 和 N 是已经定义了的符号常量）：

```
int a[M][N],(*p)[N]=a;
```

则有：

```
p+i ↔a+i ↔ a[i]
*(p+i)+j ↔ &a[i][j]
*(*(p+i)+j) ↔ a[i][j]
```

【例 8.5】用行指针求 5 阶方阵的主对角线元素之和。

程序如下：

```
#include <stdio.h>
#include <stdlib.h>
#define M 5
int main()
{
    int a[M][M],(*p)[M],sum=0;      //定义二维数组 a 和行指针变量 p
    int i,j;
    p=a;                            //指针变量 p 指向了数组 a
    printf("请输入方阵的各个元素: \n");
    for(i=0; i < M; i++)
        for(j=0; j < M; j++)
            scanf("%d",*(p+i)+j);  //*(p+i)+j 表示元素 a[i][j]的地址
    for(i=0; i < M; i++)
        sum=sum+*(*(p+i)+i);          //*(*(p+i)+i)表示元素 a[i][i]的地址
    printf("主对角线元素之和=%d\n",sum);
    system("pause");
    return 0;
}
```

程序运行结果：

```
请输入方阵的各个元素:
1 2 3 4 5↙
2 3 4 5 6↙
3 4 5 6 7↙
4 5 6 7 8↙
5 6 7 8 9↙
主对角线元素之和=25
```

8.3.3 指针数组

元素为指针的数组称为指针数组。指针数组是一组有序的指针的集合。指针数组的所有元素都必须是具有相同数据类型和指向相同数据类型的指针变量。

1. 指针数组定义

格式：

```
类型名 *数组名[常量表达式]
```

其中，类型名表示每个指针数组元素所指向的变量的类型。

例如：

```
int *p[4];
```

定义了包含 4 个元素的指针数组，数组中的每个元素都是一个指向整型变量的指针。

字符指针数组常用来表示一组字符串，其中的每个元素被赋予一个字符串的首地址。字符指针数组的初始化更为简单。例如：

```
char *name[]={"Illegal day","Monday","Tuesday","Wednesday","Thursday","Friday",
"Saturday", "Sunday"};
```

完成初始化之后，name[0]即指向字符串"Illegal day"，name[1]指向"Monday"，依次类推，name[7]指向"Sunday"。

【例 8.6】将 4 个字符串按字母顺序排序输出。

程序如下：

```
1    #include <stdio.h>
2    #include <stdlib.h>
3    #include <string.h>
4    int main()
5    {
6        char *st;
7        char *cs[4]={"WXYZ","7654321","ABCD","ABDCFE"};    //定义了字符指针数组cs并进行了初始化
8        int i,j,p;
9        for(i=0;i<3;i++)                  //i控制基点位置
10       {
11           p=i;
12           st=cs[i];
13           for(j=i+1;j<4;j++)
14               if(strcmp(cs[j],st)<0)
15               {
16                   p=j;
17                   st=cs[j];
18               }
19           if(p!=i)
20           {
21               st=cs[i];
22               cs[i]=cs[p];
23               cs[p]=st;
24           }
25       }
26       for(i=0;i<4;i++)
27           printf("%s\n",cs[i]);
28       system("pause");
29       return 0;
30   }
```

程序运行结果：

```
7654321
ABCD
ABDCFE
WXYZ
```

程序说明：

（1）第 11～18 行找出从基点位置的字符串到最后一个字符串中最小的字符串的位置 p。

（2）第 19～24 行判定 p 是不是基点位置，若不是则交换位置 p 和基点位置对应的数组元素。

2. 用指针数组表示二维数组

定义二维数组 int a[4][3];，用指针数组表示 a 就是把 a 看成 4 个一维数组，并说明有 4 个元素的指针数组 pa，用于集中存放 a 的每一行元素的首地址，且使指针数组的每个元素 pa[i]指向 a 的相应行。

例如：

```
int *pa[4],a[4][3];
pa[0]=&a[0][0];  //或 pa[0]=a[0];
pa[1]=&a[1][0];  //或 pa[1]=a[1];
pa[2]=&a[2][0];  //或 pa[2]=a[2];
pa[3]=&a[3][0];  //或 pa[3]=a[3];
```

则有：

```
pa[i]+j↔&a[i][j]
*(pa[i]+j)↔a[i][j];
```

用指针数组表示二维数组在效果上与用数组的下标表示二维数组相同，二者只是表示形式不同，在内存布局等方面存在差异。二维数组是一块连续的内存区域，而指针数组中每个指针指向的内存地址不一定是连续的。

【例 8.7】用指针数组操作二维数组。

程序如下：

```
#include <stdio.h>
#include <stdlib.h>
int main()
{
    int a[3][4],*p[3];          //定义一个二维数组 a 和一个指针数组 p
    int i,j;
    for(i=0;i<3;i++)            //用循环将数组 a 每行的首地址赋给指针数组的对应元素
        p[i]=a[i];
    printf("请输入数组的各个元素：\n");
    for(i=0;i<3;i++)
        for(j=0;j<4;j++)
            scanf("%d",p[i]+j);       //p[i]+j 表示数组元素 a[i][j]的地址&a[i][j]
    printf("输入的数组是：\n");
    for(i=0;i<3;i++)
    {
        for(j=0;j<4;j++)
            printf("%4d",*(p[i]+j));       //*(p[i]+j)表示数组元素 a[i][j]
        printf("\n");
    }
    system("pause");
    return 0;
}
```

程序运行结果：

```
请输入数组的各个元素：
0 1 2↙
2 3 4↙
4 5 6↙
6 7 8↙
输入的数组是：
0   1   2   2
3   4   4   5
6   6   7   8
```

8.4 指针与字符串

在第 6 章中，我们知道对字符串的操作可以通过字符数组来进行。本节介绍如何用字符指针对字符串进行操作。

在 C 语言中可以用字符串对字符数组进行初始化，如：

```
char astr[ ]= "It's a string";  //数组的长度为字符串的长度加 1
```

此时，数组的长度为字符串的长度加 1，数组中存储的是整个字符串。数组定义后，就不能用字符串来对字符数组进行赋值了，如下面的操作是错误的。

```
astr= "It's string2";
```

在 C 语言中也可以用字符串来初始化一个字符指针，如：

```
char *pstr="It's a string";
```

此时，pstr 的空间中存储的是字符串的首地址，即 pstr 指向了字符串"It's a string"。

与字符数组不同，字符串可以赋给一个字符指针。因此，使一个字符指针指向一个字符串，也可以采用下面的方式：

```
char *pstr;
pstr="It's a string";  //将字符串的首地址赋给字符指针变量 pstr
```

指针变量 pstr 可用于输入/输出整个字符串；将*pstr 逐步加 1 可引用字符串中的每个字符。

【例 8.8】 通过字符指针逐个引用字符串中的字符。

程序如下：

```
#include <stdio.h>
#include <stdlib.h>
int main()
{
     char *pstr="I am a student";   //定义字符指针，并对其进行初始化
     int i=0;
     while(*pstr!='\0')             //通过循环逐个引用字符串中的字符并输出
          putchar(*pstr++);
     system("pause");
     return 0;
}
```

程序运行结果：

```
I am a student
```

【例 8.9】 通过字符指针引用整个字符串。

程序如下：

```
#include <stdio.h>
#include <stdlib.h>
int main()
{
     char *pstr1="123456789";
     int i;
     for(i=0;i<9;i++)
     {
          puts(pstr1);          //输出从 pstr 指针指向的字符开始的子字符串
          pstr1++;              //将 pstr 指针指向字符串的下一个字符
     }
     system("pause");
     return 0;
}
```

程序运行结果：

```
123456789
23456789
3456789
456789
56789
6789
789
89
9
```

8.5　指针与函数

8.5.1　指针作函数参数

函数间的参数传递有两种：值传递和地址传递。值传递时会将实参的值传递给形参，对形参的操作不会改变实参的值（传值调用的单向性）。对于地址传递，在前面介绍过数组作函数参数，即数组名作为实参和形参。本节介绍指针作函数参数，参数传递时也采用地址传递的方式。其实现方法如下。

被调函数中的形参：指针变量。

主调函数中的实参：地址表达式，一般为变量地址或可以取得变量地址的指针变量。

【例 8.10】 用函数调用交换两个变量的值。

程序如下：

```
1    #include <stdio.h>
2    #include <stdlib.h>
3    void swap(int *ptr1, int *ptr2)                //定义函数 swap()，它有两个指针参数
4    {
5        int temp;
6        temp=*ptr1;
7        *ptr1=*ptr2;
8        *ptr2=temp;
9    }
10   int main()
11   {
12       int a, b;
13       printf("请输入两个数: \n");
14       scanf("%d%d", &a, &b);
15       swap(&a, &b);                              //调用 swap()函数，实参为两个地址
16       printf("a=%d,b=%d\n",a, b);
17       system("pause");
18       return 0;
19   }
```

程序运行结果：

```
请输入两个数:
12 34↙
a=34,b=12
```

程序说明：

swap()函数的功能是交换两个变量（a 和 b）的值。swap()函数的形参 ptr1、ptr2 是指针变量。程序运行时，先执行 main()函数，输入 a 和 b 的值（设输入的值分别是 12 和 34）。然后调用 swap()函数。在函数调用时，将实参地址传递给形参指针变量。因此形参 ptr1 的值为&a，ptr2 的值为&b。这时指针变量 ptr1 指向变量 a，指针变量 ptr2 指向变量 b，如图 8-3 所示。

然后执行上述程序的第 6 行，将指针变量 ptr1 所指向的变量 a 的值赋给变量 temp，如图 8-4 所示。

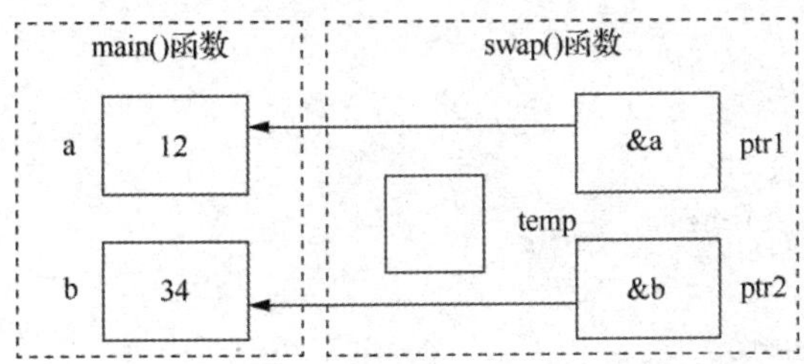

图 8-3　指针变量 ptr1 指向变量 a，指针变量 ptr2 指向变量 b

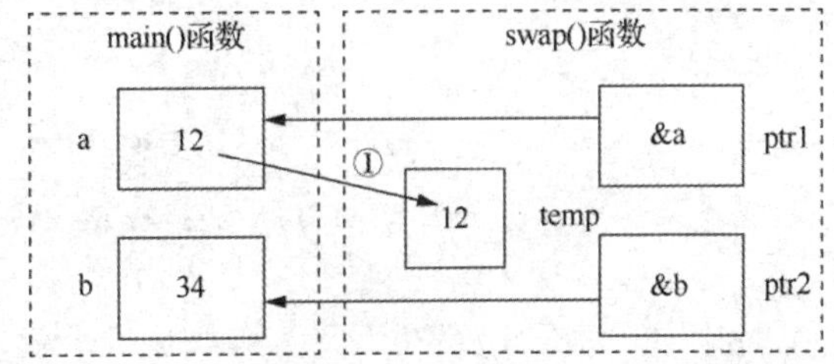

图 8-4　将指针变量 ptr1 所指向的变量 a 的值赋给变量 temp

再执行上述程序的第 7 行，将指针变量 ptr2 所指向的变量 b 的值赋给指针变量 ptr1 所指向的变量 a，如图 8-5 所示。

最后执行上述程序的第 8 行，将变量 temp 的值赋给指针变量 ptr2 所指向的变量 b，如图 8-6 所示。

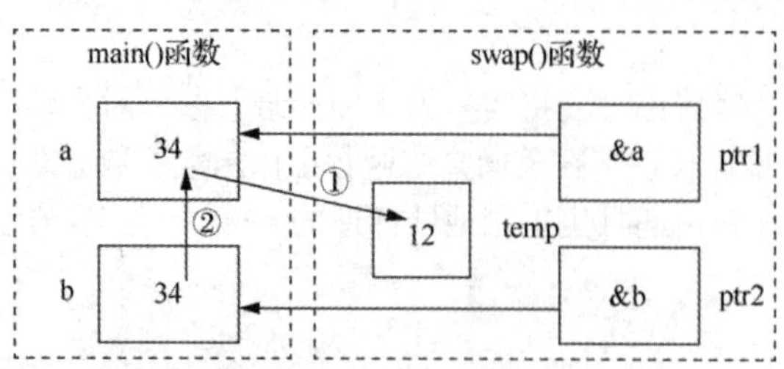

图 8-5　将指针变量 ptr2 所指向的变量 b 的值赋给指针变量 ptr1 所指向的变量 a

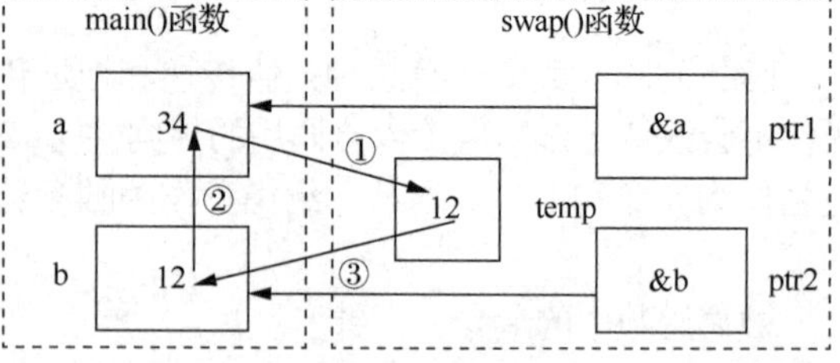

图 8-6　将变量 temp 的值赋给指针变量 ptr2 所指向的变量 b

至此，swap()函数执行完毕，为其运行分配的空间被释放，此时 main()函数中变量 a 和 b 的值发生了交换，在 main()函数中输出的 a 和 b 的值是已经交换过的值。

【例 8.11】从键盘输入 10 个数据，按从小到大的顺序输出。

分析：要完成本例，需要完成下面 4 个步骤。

步骤 1：输入 10 个数据。

步骤 2：输出排序前的数据。

步骤 3：将数据进行排序。

步骤 4：输出排序后的数据。

每一步用一个函数来完成，为此，需要编写 3 个函数和一个主函数来完成本例。

程序如下：

```
#include <stdio.h>
#include <stdlib.h>
void input_data(int *b,int n)        //数据输入
{
    int i;
    for(i=0;i<n;i++)
        scanf("%d",b+i);
}
void out_data(int *b,int n)          //数据输出
{
    int i;
    for(i=0;i<n;i++)
        printf("%5d",*(b+i));
    printf("\n");
}
void sort_data(int *a,int n)         //数据排序
{
    int i,j,t,temp;
    for(i=0;i<n-1;i++)
    {
        t=i;
        for(j=i+1;j<n;j++)
            if (*(a+t)>*(a+j))
                t=j;
        temp=*(a+i);*(a+i)=*(a+t);*(a+t)=temp;
    }
}
int main()                           // 主函数
{
```

```
30        int a[10];
31        printf("请输入 10 个数据：\n");
32        input_data(a,10);            //调用 input_data()函数完成数据的输入
33        printf("输入的数据是：\n");
34        out_data(a,10);
35        sort_data(a,10);
36        printf("排序后的数据是：\n");
37        out_data(a,10);
38        system("pause");
39        return 0;
40    }
```

程序运行结果：

```
请输入 10 个数据：
21 54 32 67 34 89 45 89 34 67↙
输入的数据是：
21   54   32   67   34   89   45   89   34   67
排序后的数据是：
21   32   34   34   45   54   67   67   89   89
```

程序说明：

（1）第 3～8 行、第 9～15 行、第 16～27 行分别定义了 input_data()、out_data()和 sort_data() 3 个函数，它们的第一个形参都是指针。3 个函数分别用于数据输入、数据输出和数据排序。

（2）第 34、37 行分别调用 out_data()函数完成数据的输出。第 35 行调用 sort_data()函数完成数据的排序。调用这 3 个函数时，对应的实参用的是数组名。当然，我们也可以用指向数组的指针，即将本例中的主函数改写成如下形式：

```
int main()  // 主函数
{
    int a[10],*p;
    p=a;
    printf("请输入 10 个数据：\n");
    input_data(p,10);
    printf("输入的数据是：\n");
    out_data(p,10);
    sort_data(p,10);
    printf("排序后的数据是：\n");
    out_data(p,10);
    system("pause");
    return 0;
}
```

运行结果与改写前的运行结果相同。

使用指针作函数参数，可以从一个函数中返回多个值了。

【例 8.12】输入 10 个学生某门课程的成绩，求他们的平均分、最高分和最低分。

程序如下：

```
#include <stdio.h>
#include <stdlib.h>
double ave(int *p,int n,int *max,int *min)
{
    int i;
    double sum=*p;
    *max=*min=*p;
    for(i=1;i<n;i++)
    {
        sum=sum+*(p+i);
        if(*(p+i)>*max)
            *max=*(p+i);
```

```
13              if(*(p+i)<*min)
14                   *min=*(p+i);
15          }
16          return sum/n;
17      }
18      void input_data(int *b,int n)
19      {
20          int i;
21          for(i=0;i<n;i++)
22              scanf("%d",b+i);
23      }
24      int main()
25      {
26          int a[10],Max,Min;
27          double average;
28          printf("请输入 10 个数据：\n");
29          input_data(a,10);
30          average=ave(a,10, &Max,&Min);
31          printf("平均分=%lf\n 最高分=%d\n 最低分=%d\n", average,Max,Min);
32          system("pause");
33          return 0;
34      }
```

程序运行结果：

```
请输入 10 个数据：
89 97 69 57 86 77 68 87 82 90
平均分=80.200000
最高分=97
最低分=57
```

程序说明：

（1）第 3～17 行定义了函数 ave()，它有 4 个形参，其中第 1、3、4 个参数都是指针，用于求指针 p 所指向的一批数据的最高分、最低分，将平均值通过函数返回值返回，最高分和最低分分别存放在指针 max 和 min 指向的地址空间中。

（2）第 30 行调用 ave()函数完成求最高分、最低分和平均分，调用时第一个实参用的数组名，第 3、4 个实参用的是变量的地址。

8.5.2 返回指针的函数

一个函数可以返回一个整型值、浮点型值等，在有的情况下，我们希望通过函数返回一个指针值。返回指针值的函数称为返回指针的函数，也称指针函数。定义返回指针的函数的形式为：

```
类型名 * 函数名(类型  形参 1,类型  形参 2, …)
{
    函数体
}
```

函数名前面的“*”表示该函数是返回指针的函数，“类型名”是函数返回的指针所指向的数据类型。

调用返回指针的函数的时候必须注意：调用该函数给指针变量赋值，指针变量的类型必须与该函数返回的指针的类型相同。

【例 8.13】有若干学生的成绩（每个学生有 5 门成绩），要求在用户在输入学生的序号以后，能输出该学生的全部成绩（用返回指针的函数来实现）。

程序如下：

```
#include <stdio.h>
#include <stdlib.h>
int *search(int  (*pointer)[5],int n)
{
```

```
5       int *ptr;
6       ptr = *(pointer+n);
7       return(ptr);
8   }
9   int main()
10  {
11      int score[][5]={{60,70,80,90,87},{56,89,79,67,88},{34,78,82,90,66}};
12      int *search(int (*pointer)[5],int n);       //函数声明
13      int *p,i,m;
14      printf("请输入学生的序号：");
15      scanf("%d",&m);
16      printf("序号为%d的学生的成绩是：\n",m);
17      p=search(score,m);
18      for(i=0;i<5;i++)
19          printf("%3d\t",*(p+i));
20      printf("\n");
21      system("pause");
22      return 0;
23  }
```

程序运行结果：

```
请输入学生的序号：1↙
序号为1的学生的成绩是：
 56      89      79      67      88
```

程序说明：

（1）第3～8行定义了函数search()，它是一个返回指针的函数，在它的形参int (*pointer)[5]中，pointer是指向包含5个整型元素的一维数组的指针变量。pointer+1指向score数组序号为1的行，*(pointer + 1)指向score[1][0]。

（2）第5行定义的ptr是指向整型变量（而不是指向一维数组）的指针变量。

（3）第17行调用search()函数，将score数组的首行地址传递给形参pointer。

（4）第15行输入的m是要查找的学生的序号。调用search()函数后，得到一个地址，赋值给p。然后将此学生的5门成绩输出。注意p是指向列元素的指针变量，*(p+i)表示该学生的第i门成绩。

【例8.14】将字符串中的小写字母变成大写字母，并返回改变后的字符串。

程序如下：

```
#include <stdio.h>
#include <stdlib.h>
char * upper(char *sourstr)
{
    char *deststr = sourstr;
    while (*sourstr != '\0')
    {
        if (*sourstr >= 'a' && *sourstr <= 'z')  //判定sourstr所指向的字符是否为小写字母
                *sourstr -= 'a' - 'A';            //将小写字母变为大写字母
        sourstr++;
    }
    return deststr;
}
int main()
{
    char str1[] = "I am a Student";
    char *str2 = upper(str1);
    printf("%s", str2);
    system("pause");
    return 0;
}
```

程序运行结果：

```
I AM A STUDENT
```

程序说明：

第 3～13 行定义了一个返回指针的函数 upper()，它有一个字符型指针形参。

8.5.3 指向函数的指针

1. 指向函数的指针的定义

在 C 语言中规定，一个函数总是占用一段连续的内存区，而函数名就是该函数所占内存区的首地址。我们可以把函数的这个首地址（或称入口地址）赋予一个指针变量，使该指针变量指向该函数。然后通过指针变量就可以找到并调用这个函数。我们把这种指向函数的指针变量称为“函数指针变量”。

函数指针变量定义的一般形式为：

```
类型名 (*指针变量名)();
```

其中，“类型名”表示被指向的函数的返回值的类型。“(* 指针变量名)”表示“*”后面的变量是定义的指针变量。最后的空括号表示指针变量所指的是一个函数。

例如：

```
int (*pf)();
```

表示 pf 是一个指向函数首地址的指针变量，该函数的返回值是整型的。

使用函数指针变量还应注意以下两点。

（1）函数指针变量不能进行算术运算。

（2）函数调用中“*指针变量名”两边的括号不可少，其中的“*”不应该理解为取内容运算符，在此处它只是一种表示符号。

需要特别注意函数指针变量和返回指针的函数这两者在写法和意义上的区别，如 int(*p)()和 int *p()是完全不同的。int(*p)()是函数指针变量定义，说明 p 是一个指向函数首地址的指针变量，该函数的返回值是整数，*p 两边的括号不能少。int *p()则是函数说明，说明 p 是一个指针型函数，其返回值是一个指向整数的指针，*p 两边没有括号。作为函数说明，在括号内最好写入形参，这样便于与函数指针变量定义区分。对于返回指针的函数说明，int *p()只是函数头部分，一般还应该有函数体部分。

2. 指向函数的指针变量的赋值

指向函数的指针变量的赋值格式为：

```
指向函数的指针变量名=函数名;
```

如：

```
int func(int a,int b);
{
    return a+b;
}
int (*p)( int a,int b);
p=func;
```

3. 通过指向函数的指针变量调用函数

通过指向函数的指针变量调用函数的格式为：

```
(*指针变量名)(实参表);
```

如：

```
a=(*p)(3,4);
```

【例 8.15】用指向函数的指针求两个数中的较大值。

程序如下：

```c
#include <stdio.h>
#include <stdlib.h>
int Max(int a,int b)
{
    if(a>b)
        return a;
    else
        return b;
}
int main()
{
    int Max(int a,int b);                //声明函数 Max()
    int(*pmax)(int,int);                 //定义指向函数的指针变量 pmax
    int x,y,z;
    pmax=Max;                            //对指向函数的指针变量进行赋值,指针 pmax 指向函数 Max()
    printf("请输入两个整数：\n");
    scanf("%d%d",&x,&y);
    z=(*pmax)(x,y);                      //用指向函数的指针调用所指向的函数
    printf("较大值是：%d\n",z);
    system("pause");
    return 0;
}
```

程序运行结果：

```
请输入两个整数：
4 78↙
较大值是：78
```

4. 指向函数的指针作函数参数

指向函数的指针变量作函数参数主要用在多次调用一些同类型的函数的情形。

下面以用梯形法求定积分为例进行讲解。对不同的被积函数来说，求定积分的算法都是一样的。因此，可以设计一个能求任意被积函数的定积分的函数，不同的被积函数都可以调用它。这就需要在求定积分函数中设置一个指向函数的指针变量作为形参，调用求定积分函数时对应的实参为需要积分的被积函数名，从而增强通用性。

用梯形法计算定积分的算法中，梯形高 $h=(b-a)/n$，n 为等分数，n 越大积分越准确。积分近似值，即曲边梯形面积和为：

$$s=\{[f(a)+f(a+h)]+[f(a+h)+f(a+2h)]+\cdots+[f(a+(n-1)h)+f(a+nh)]\}\times h/2$$
$$=\{[f(a)+f(b)]/2+f(a+h)+f(a+2h)+\cdots+f(a+(n-1)h)\}\times h$$

【例 8.16】 利用梯形法计算定积分 $\int_0^{\pi/2}\sin^2(x)\mathrm{d}x$、$\int_0^{\pi/2}\cos(x)\mathrm{d}x$、$\int_0^{2}\sqrt{4-x^2}\,\mathrm{d}x$。

程序如下：

```c
#include <stdio.h>
#include <stdlib.h>
#include <math.h>
double f(double x)
{
    return sin(x)*sin(x);
}
double  g(double  x)
{
    return(sqrt(4.0-x*x));
}
double integral(double(*funp)(double), double a, double b)     // 定义求定积分函数
{
```

```
14        double  s, h, y;
15        int  n, i;
16        s=((*funp)(a)+(*funp)(b))/2.0;        //通过指向函数的指针调用函数
17        n=100;
18        h=(b-a)/n;
19        for(i=1; i<n; i++)
20             s=s+(*funp)(a+i*h);
21        y=s*h;
22        return(y);
23    }
24    int main()
25    {
26        double  s1, s2, s3;
27        s1=integral(f, 0.0, 3.1415926/2);
28        s2=integral(cos, 0.0, 3.1415926/2);
29        s3=integral(g, 0.0, 2.0);
30        printf("s1=%lf\ns2=%lf\ns3=%lf\n", s1, s2, s3);
31        system("pause");
32        return 0;
33    }
```

程序运行结果：

```
s1=0.785398
s2=0.999979
s3=3.140417
```

程序说明：

（1）第 12～23 行定义了一个函数 integral()，它有 3 个参数，其中第一个参数是指向函数的指针。

（2）第 27 行调用 integral()函数求 $\sin^2(x)$在指定区间的定积分，调用时第一个实参只写函数名 f 即可。

（3）第 28 行调用 integral()函数求 cos(x)在指定区间的定积分，cos 为系统库函数 cos(x)的首地址。

本章小结

1. **重难点**

（1）指针变量的赋值。可以用变量的地址、数组名、数组元素的地址、函数名等指针进行赋值。

（2）指针的运算。

（3）当指针作函数参数时，实参传递给形参的是地址值。函数可以返回指针值。

2. **常见错误**

（1）对指针变量赋值时，在指针变量名前加*。如：

```
int a,*p;
*p=&a;
```

（2）在不同类型的指针变量间进行赋值运算。如：

```
int a,*p=&a;
double *q;
q=p;
```

（3）使用未初始化的指针变量。如：

```
int *p;
scanf("%d",p);
```

上述几种常见错误，可通过扫描二维码查看。

习题 8

一、选择题

1. 下列语句定义 px 为指向整型变量 x 的指针，正确的是（　　）。

A. int *px=x,x;　　B. int *px=&x,x;　　C. int x,*px=&x;　　D. int *px,x; p=&x;

2. 指针变量 p1、p2 类型相同，要使 p1、p2 指向同一变量，正确的是（　　）。

A. p2=*&p1;　　B. p2=**p1;　　C. p2=&p1;　　D. p2=*p1;

3. 变量的指针，其含义是指该变量的（　　）。

A. 值　　B. 地址　　C. 名　　D. 一个标志

4. 已有定义“int k=2,*ptr1,*ptr2;”，且 ptr1 和 ptr2 均已指向变量 k，下面不能正确执行的赋值语句是（　　）。

A. k=*ptr1+*ptr2　　B. ptr2=k　　C. ptr1=ptr2　　D. k=*ptr1*(*ptr2)

5. 下面不能正确进行字符串赋值操作的语句是（　　）。

A. char s[5]={"ABCDE"};　　B. char s[5]={'A','B','C','D','E'};
C. char *s;s="ABCDEF";　　D. char *s;scanf("%s",s);

6. 以下程序的输出结果是（　　）。

```
#include<stdio.h>
int main()
{
char a[10]={'1','2','3','4','5','6','7','8','9'},*p;
int i;
i=8;
p=a+i;
printf("%s\n",p-3);
return 0;
}
```

A. 6　　B. 6789　　C. '6'　　D. 789

二、读程序写结果

1. 下面程序的运行结果是________。

```
#include <stdio.h>
#include <stdlib.h>
int main()
{
    int a,b,k=4,m=6,*p1=&k,*p2=&m;
    a=p1==&m;
    b=(-*p1)/(*p2)+7;
    printf("a=%d b=%d\n",a,b);
    system("pause");
    return 0;
}
```

2. 下面程序的运行结果是________。

```
#include <stdio.h>
#include <string.h>
#include <stdlib.h>
```

```
int main()
{
    char *s1="AbDeG";
    char *s2="AbdEg";
    s1+=2;
    s2+=2;
    printf("%d\n",strcmp(s1,s2));
    system("pause");
    return 0;
}
```

3. 下面程序的运行结果是________。

```
#include <stdio.h>
#include <stdlib.h>
void sub(int x,int y,int *z)
{
    *z=y-x;
}
int main()
{
    int a,b,c;
    sub(10,5,&a);
    sub(7,a,&b);
    sub(a,b,&c);
    printf("%4d,%4d,%4d\n",a,b,c);
    system("pause");
    return 0;
}
```

三、编程题

1. 用指针实现：求 *n* 个整数的平均值并输出其中小于平均值的数。

2. 编程将数组元素逆序存放（要求用指针实现），即第 1 个元素与最后 1 个元素对调，第 2 个元素与倒数第 2 个元素对调，依次类推。

3. 编程实现将输入的字符串中的大写字母转换为小写字母，小写字母转换为大写字母，其他字符保持不变，如输入“I Love CHINA”，则输出“i lOVE china”。

AI 赋能：解锁未来

AI 帮你改程序

通过指针操作，找出 3 个整数中的最小数并输出。找出程序中的错误并改正，不得增加或减少语句。

```
#include <stdio.h>
#include <stdlib.h>
int main()
{
 int *a,*b,*c,min,x,y,z;
 a=x;b=&y;c=&z;
 printf("输入 3 个整数：");
 scanf("%d%d%d",a,b,c);
 printf("%d,%d,%d\n",*a,*b,*c);
 min=*a;
 if(*a>*b)
   min=*b;
 if(min>*c)
min=*c;
 printf("最小值是：%d\n",*min);
 system("pause");
 return 0;
}
```

（1）输入程序并查看修改结果。

在原始程序中，存在几个关键问题，特别是关于指针的初始化以及如何使用它们。在 C 语言中，不能直接将一个未初始化的局部变量（如 x）的地址赋给一个指针（如 a），因为这样做会导致未定义行为，可能会引发程序崩溃或数据损坏。

此外，在输出最小值的部分，代码逻辑也有误，应该使用指针来访问变量的值，并在必要时更新 min 变量本身（而不是尝试引用一个名为 min 的指针，它实际上存储的是一个整数值）。

文心一言修改代码结果如图 8-7 所示。

```c
#include <stdio.h>
#include <stdlib.h>

int main()
{
    int *a, *b, *c, x, y, z, min_val; // 注意：min_val用于存储最小值，而不是指针
    a = &x; // 正确地将指针a初始化为x的地址
    b = &y; // 正确地将指针b初始化为y的地址
    c = &z; // 正确地将指针c初始化为z的地址

    printf("输入 3 个整数：");
    scanf("%d%d%d", a, b, c); // 使用指针a、b、c来获取用户输入

    printf("%d,%d,%d\n", *a, *b, *c); // 使用指针来访问并输出存储的值

    min_val = *a; // 将min_val初始化为a指向的值
    if (*a > *b)
        min_val = *b; // 如果b指向的值更小，则更新min_val
    if (min_val > *c)
        min_val = *c; // 如果c指向的值更小，则再次更新min_val

    printf("最小值是：%d\n", min_val); // 输出最小值

    system("pause"); // 暂停程序，等待用户按键继续（仅在Windows上有效）
    return 0; // 程序成功结束
}
```

图 8-7　文心一言修改代码结果

在修改后的代码中，创建了一个名为 min_val 的整型变量来存储最小值，而不是尝试使用指针。还修正了指针的初始化方式，确保它们正确地指向了 x、y 和 z 的地址。现在，程序应该能够正确地接收用户输入的 3 个整数，计算并输出它们中的最小值。

（2）查看并思考：程序通过文心一言修改后，是否完全准确？

（3）运行并分析：程序通过文心一言修改后，满足了题目要求，并能得到正确运行结果。但不用创建新的 min_val 的整数变量，并将指针 a 初始化为 x 的地址。

代码优化结果如图 8-8 所示。

```c
#include<stdio.h>
#include<stdlib.h>
int main()
{int *a,*b,*c,x,y,z,min;//注意:min用于存储最小值，而不是指针
a=&x;//正确地将指针a初始化为x的地址
b=&y; //正确地将指针b初始化为y的地址
c=&z;//正确地将指针c初始化为z的地址
printf("输入 3 个整数:");
scanf("%d%d%d",a,b,c);//使用指针a、b、c来获取用户输入
printf("输出存储的值为：");
printf("%d,%d,%d\n",*a,*b,*c);// 使用指针来访问并输出存储的值
min=*a;//将min初始化为a指向的值
if(*a>*b)
  min=*b;//如果b指向的值更小，则更新min
if(min>*c)
  min= *c;//如果c指向的值更小，则再次更新min
printf("最小值是:%d\n",min);//输出最小值
system("pause");//暂停程序，等待用户按键继续(仅在Windows上有效)
return 0;//程序成功结束
}
```

图 8-8　代码优化结果

程序运行结果如图 8-9 所示。

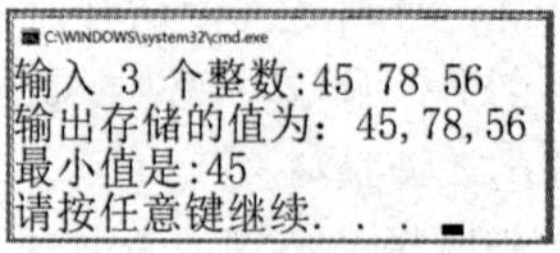

```
C:\WINDOWS\system32\cmd.exe
输入 3 个整数:45 78 56
输出存储的值为：45,78,56
最小值是:45
请按任意键继续. . .
```

图 8-9　程序运行结果

学会运用 AI 大模型修改错误程序，并完成运行、思考、分析及优化结果的过程。

09 第 9 章　结构体、共用体和枚举

本章导读

结构体、共用体和枚举均属于 C 语言中的构造数据类型，允许程序员在基本数据类型基础上，构造更复杂的数据类型，从而更有效地组织和管理数据。

通过对本章的学习，读者应掌握结构体类型与结构体变量的定义、结构体变量的引用与初始化、结构体数组、结构体指针变量的定义和使用、结构体的应用方法；共用体类型和共用体变量的定义、共用体变量的引用方式；枚举类型与变量的定义和应用方法。

9.1　结构体类型与变量

前文已介绍了一些基本数据类型：整型、浮点型、字符型和空类型。但是只有这些数据类型是远远不够的，因为在实际应用中，一组数据往往包含不同的基本数据类型。例如，在学生登记表中，姓名应为字符型，学号可为整型或字符型，年龄应为整型，性别应为字符型，成绩可为整型或浮点型。显然，不能用一个数组来存放这一组数据，因为数组中各元素的类型必须一致。如果将姓名、学号、年龄、性别、成绩分别定义为独立的变量，则难以反映它们之间的内在联系，所以应当把这些数据组织成一个整体，在这个整体中包含若干个类型不同（也可能存在部分类型相同）的数据项。如何实现这个目标呢？这就是下面将要讨论的问题。

C 语言允许用户使用基本数据类型来定义一个新的数据类型。通过 C 语言语法规则封装或组合而成的、具有特定组织形式的新数据类型被称为构造类型。之前介绍的数组，就是一种构造数据类型，只不过数组仅包含单一的基本数据类型，如整型数组，内部必须全是整数。如果用户定义的新的数据类型，不再仅包含单一的基本数据类型，如既有整型也有浮点型，那么这个构造出来的数据类型，就不能称为数组，它有一个新名字——结构体类型。

9.1.1　结构体类型与结构体变量的定义

结构体是一种构造数据类型，它是由若干成员组成的。成员的数据类型可以是基本数据类型或者构造数据类型。结构体既然是一种构造而成的数据类型，那么在说明和使用之前就必须先定义它，也就是要先把它构造出来。如同在使用数组之前要先定义数组一样。

定义结构体类型的一般形式为：

```
struct  结构体名
{成员列表};
```

其中，“结构体名”用作结构体类型的标志，它又称“结构体标记”；花括号内是该结构体的成员列表，成员列表由若干个成员组成，每个成员都是该结构体的一个组成部分。对每个成员必须进行类型说明。

成员列表的格式为：

```
类型名  成员名;
```

成员名和结构体名的命名应符合标识符的书写规定。例如：

```
struct  SD
{
        int num;
        char name[20];
        char sex[3];
        float score;
};
```

在这个结构体定义中，结构体名为 SD，该结构体由 4 个成员组成：

第一个成员为 num，整型变量；

第二个成员为 name，字符数组；

第三个成员为 sex，字符数组；

第四个成员为 score，浮点型变量。

花括号后的分号是必不可少的。在结构体定义之后，即可进行变量定义。凡定义为结构体类型 SD 的变量都由上述 4 个成员组成。由此可见，结构体是一种复杂的数据类型，是由数目固定、类型不同的若干有序变量组成的。

struct 是定义结构体类型的关键字，不能缩写，也不能省略。结构体这个词是根据英文单词 structure 翻译得到的，有些 C 语言图书将 structure 直译为“结构”。但译作结构会与一般含义上的结构混淆，例如，数据结构、程序结构、控制结构等。因此本书采用结构体这一译法。

前面只是定义了一个结构体类型，它相当于一个新的数据类型。在使用基本数据类型（如整型）时，系统不会为整型分配实际的内存单元，只会为整型变量 x 分配内存单元。同样，系统不会为一个结构体类型分配实际的内存单元，只有当定义结构体类型的变量时，系统才会为这个变量分配实际的内存单元。

定义结构体变量有以下 3 种方法。

（1）先定义结构体，再定义结构体变量。例如：

```
 struct sd
 {
        int num;
        char name[20];
        char sex[3];
        float score;
};
struct sd x1,x2;
```

结构体变量 x1 的结构如图 9-1 所示。

以上定义说明变量 x1 和 x2 为 sd 结构体类型。

也可以用宏定义使一个符号常量表示一个结构体类型。例如：

```
#define STU struct sd
STU
{
   int num;
   char name[20];
   char sex[3];
   float score;
};
STU x1,x2;
```

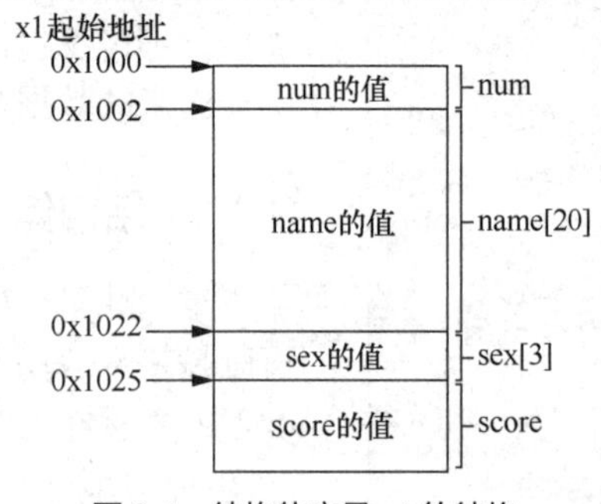

图 9-1　结构体变量 x1 的结构

（2）在定义结构体的同时定义结构体变量。例如：

```
struct sd
{
    int num;
    char name[20];
    char sex[3];
    float score;
}x1,x2;
```

（3）直接定义结构体变量。例如：

```
struct
{
    int num;
    char name[20];
    char sex[3];
    float score;
}x1,x2;
```

9.1.2　结构体变量的引用

我们不能对结构体变量进行整体操作，只能分别引用结构体变量中的各成员分量。引用的形式为：

```
结构体变量名.成员分量名
```

这里的“.”称为成员运算符，它的结合性是左结合，具有最高的优先级。如果结构体的某个成员本身也是一个结构体类型（即嵌套结构体），则需要通过连续使用成员运算符“.”，从最外层的结构体变量开始，逐级访问到最内层的目标成员，不能跳过中间层级直接访问内层成员。

例如：

```
struct Date {           //定义生日结构体
   int year;
   int month;
   int day;
};

struct Person {
   int num;
   char name[20];
   struct Date birthday;
}x1;

int main() {
   struct Person x1;
   x1.num = 1000011;
   strcpy(x1.name, "zhang song");
   x1.birthday.year = 1990;
   x1.birthday.month = 8;
   x1.birthday.day = 25;
   return 0;
}
```

至于最低级成员分量所能进行的操作，将由它们本身的类型来决定。

9.1.3　结构体变量的初始化

与基本数据类型变量相似，在定义结构体变量时可以对结构体变量进行初始化，使其存放具体的数据，然后就可以引用这些变量了。

【例 9.1】在定义结构体变量时进行初始化。

程序如下：

```
#include "stdio.h"
struct sd
```

```
{
int num;
char *name;
char sex;
float score;
} x2,x1={101,"chen zhong",'M',91};
int main()
{
x2=x1;
printf("Number=%d\nName=%s\n",x2.num,x2.name);
printf("Sex=%c\nScore=%f\n",x2.sex,x2.score);
return 0;
}
```

程序运行结果：

```
Number=101
Name=chen zhong
Sex=M
Score=91.000000
```

程序说明：

程序在定义 sd 类型的结构体变量 x1 的同时将值赋给了 x1 中的各个成员。

9.2 结构体数组

一个结构体变量只能对一个事物的特征进行描述，如果需要对多个事物的特征进行描述，通常采用结构体数组来解决。与其他类型的数组相似，结构体数组中的元素都属于同一结构体类型，且一个元素又由多个成员组成。

9.2.1 结构体数组的定义

定义结构体数组和定义结构体变量的方法相似，只需说明其为数组即可。

结构体数组定义的一般形式为：

```
struct  结构体类型名  数组名[常量表达式];
```

例如：

```
struct sd
{
     int num;
     char name[20];
     char sex;
     float score;
}b[2];
```

结构体数组示例如图 9-2 所示。

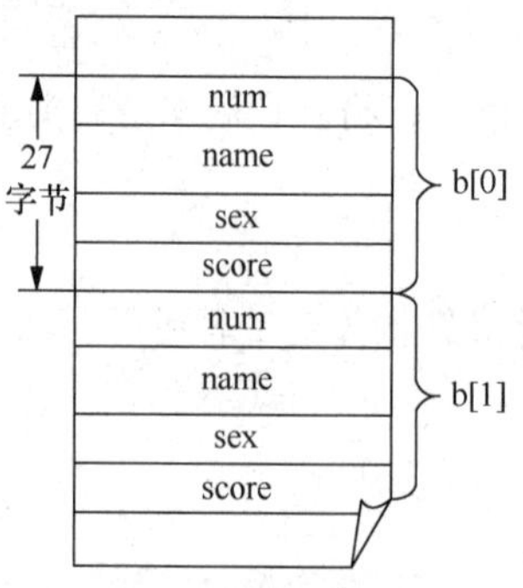

图 9-2 结构体数组示例

9.2.2　结构体数组的初始化

定义结构体数组时，也可进行初始化，方法是在定义结构体数组的后面加上初值列表。在初值列表中，一个元素由多个数据项组成，因此不同元素的初值最好用花括号分隔，以免混淆或遗漏。

例如：

```
struct sd
{
    int num;
    char *name;
    char sex;
    float score;
}b[5]={
   {100,"HY",'M',75},
   {101,"ztp ",'M',65},
   {102,"wyong ",'F',95},
   {103,"wang wei ",'F',85},
   {104,"jzhen",'M',45};
 }
```

9.2.3　结构体数组元素引用举例

引用结构体数组中的元素的一般形式为：

```
结构体数组名[n].成员名
```

其中，n 是数组的下标，成员名是结构体中的成员变量名。

【例 9.2】存储并显示学生信息。

程序如下：

```
1    #include "stdio.h"
2    struct student
3    {
4        char name[50];
5        int num;
6        float score;
7    };
8    struct student stu[3];    // 定义一个包含 3 个元素的结构体数组
9
10   struct student stu[3] = {
11       {"Alice", 101, 85.5},
12       {"Bob", 102, 90.0},
13       {"Charlie", 103, 78.0}
14   };
15   int main()
16   {
17   printf("%s\n",stu[0].name); // 输出 Alice
18   printf("%d\n",stu[0].num); // 输出 101
19   printf("%d\n",stu[1].num); // 输出 102
20   printf("%.2f\n",stu[2].score); // 输出 78.00
21   return 0;
22   }
```

程序运行结果：

```
Alice
101
102
78.00
```

程序说明：

（1）第 2～7 行定义了结构体类型 student，包含 3 个成员：name（姓名）、num（学号）和 score

（成绩）。第8行定义了一个名为stu的结构体数组，该数组包含3个student类型的元素。

（2）stu数组的3个元素分别被初始化为3个学生的信息。

（3）第17～20行引用结构体数组stu中的元素。

9.3 指针与结构体

一个结构体类型的数据在内存中占据一定的内存空间，可以用指针变量来指向这个结构体数据，此时该指针变量的值就是结构体数据的首地址。同样地，指针变量也可以用来指向结构体数组中的元素。

9.3.1 指向结构体变量的指针

指向结构体变量的指针定义的一般形式：

```
struct  结构体类型名  *指针变量名;
```

例如：

```
struct sd *p;
```

在引用指向结构体变量的指针时，不能整体引用，因为只有结构体变量的最低级成员才能进行输入/输出及运算操作。

引用结构体变量成员的一般形式为：

```
(*p).成员名;
p->成员名;
```

其中，“->”称为指向运算符。它的结合性是左结合，具有最高的优先级。

在C语言中，可以将(*p).num改成p->num。指向运算符的优先级是高于其他运算符的，如p->num++相当于(p->num)++，++p->num相当于++(p->num)。

【例9.3】结构体变量成员的3种引用方式。

程序如下：

```
#include"stdio.h"
struct sd
{
int num;
char *name;
char sex;
float score;
} b1={1001,"Wang",'M',99},*p;
int main()
{
p=&b1;
printf("Number=%d\nName=%s\n",b1.num,b1.name);
printf("Sex=%c\nScore=%f\n\n",b1.sex,b1.score);
printf("Number=%d\nName=%s\n",(*p).num,(*p).name);
printf("Sex=%c\nScore=%f\n\n",(*p).sex,(*p).score);
printf("Number=%d\nName=%s\n",p->num,p->name);
printf("Sex=%c\nScore=%f\n\n",p->sex,p->score);
return 0;
}
```

程序运行结果：

```
Number=1001
Name=Wang
Sex=M
Score=99.000000

Number=1001
Name=Wang
```

```
Sex=M
Score=99.000000

Number=1001
Name=Wang
Sex=M
Score=99.000000
```

程序说明：

本例中定义了一个结构体 sd，它有 4 个成员，然后定义了一个结构体变量 b1。在主函数中，分别用 3 种不同的引用方式对 b1 中的成员进行引用，程序运行结果说明，这 3 种引用形式是等价的。

9.3.2　指向结构体数组的指针

指针变量可指向数组，类似地，指针变量也可指向结构体数组及其元素。

【例 9.4】结构体数组元素的使用。

程序如下：

```
#include"stdio.h"
struct student
{       int num;
        char name[20];
        char sex;
        int age;
}stu[3]={{1005," wang ping ",'M ',25},
          {1006," chen ling ",'M ',26},
            {1007," zhao gang ",'F ',27}};
int main()
{     struct student *p;
      for(p=stu;p<stu+3;p++)
          printf("%d%s%c%d\n",p->num,p->name,p->sex,p->age);
return 0;
}
```

程序运行结果：

```
1005 wang ping M 25
1006 chen ling M 26
1007 zhao gang F 27
```

程序说明：

如图 9-3 所示，p 为指向结构体数组的指针变量，同时 p 也指向该结构体数组的 0 号元素，p+1 指向 1 号元素，……，p+i 指向 i 号元素，这与普通数组的情况是一致的。指向结构体数组的指针变量可以指向一个结构体数组，这时结构体指针变量的值是整个结构体数组的首地址。指向结构体数组的指针变量也可指向结构体数组的某个元素，这时结构体指针变量的值是该结构体数组元素的地址。

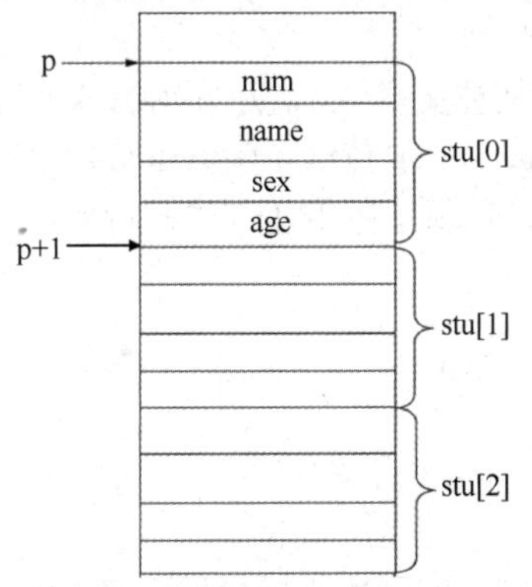

图 9-3　指向结构体数组的指针变量 p

9.3.3 结构体与函数参数

将一个结构体变量的值传递给函数作参数，有以下 3 种方法。

（1）用结构体变量的成员作参数。例如，用 stu[1].num 或 stu[2].name 作函数实参，将实参值传给形参，用法与用普通变量作实参是一样的，采用值传递方式，需要注意的是，实参与形参的类型要保持一致。

（2）用结构体变量作实参。采用的也是值传递方式，将结构体变量所占的内存单元的内容按顺序全部传递给形参，形参也必须是同类型的结构体变量。这种方法在函数调用期间需要占用内存单元，在空间和时间上开销较大，因此一般较少用该方法。

（3）用指向结构体变量的指针作为实参，将结构体变量的地址传给函数的形参。

【例 9.5】用结构体变量作函数参数。

程序如下：

```
#include"stdio.h"
struct Data
{    int a, b, c; };
int main()
{    void f (struct Data);
     struct Data AA;
     AA.a=550;   AA.b=300;    AA.c= AA.a+ AA.b;
     printf("AA.a=%d AA.b=%d AA.c=%d\n", AA.a, AA.b, AA.c);
     printf("main()...\n");
     f (AA);
     printf("AA.a=%d AA.b=%d AA.c=%d\n", AA.a, AA.b, AA.c);
     return 0;
}
void f (struct Data BB)
{    printf("BB.a=%d BB.b=%d BB.c=%d\n", BB.a, BB.b, BB.c);
     printf("f()...\n");
     BB.a=110;    BB.b=150;    BB.c= BB.a* BB.b;
     printf("BB.a=%d BB.b=%d BB.c=%d\n", BB.a, BB.b, BB.c);
     printf("Return...\n");
}
```

程序运行结果：

```
AA.a=550 AA.b=300 AA.c=850
main()...
BB.a=550 BB.b=300 BB.c=850
f()...
BB.a=110 BB.b=150 BB.c=16500
Return...
AA.a=550 AA.b=300 AA.c=850
```

程序说明：

本程序中，首先定义了一个结构体变量 AA，并分别给 AA 的 3 个成员 a、b、c 赋值，然后，将 AA 作为函数 f()的实参，AA 将各成员的值传给了函数 f()的形参 BB 的相应成员，所以，函数 f()中对 BB 变量的操作对 AA 没有影响，体现了值传递方式的特点。.

9.4 结构体应用

9.4.1 顺序表

顺序表是用一段地址连续的内存空间依次存储数据元素的线性结构。在 C 语言中，通常用数组来实现顺序表。有关顺序表的处理实际上就是对数组的处理。由于数组中各元素的地址是可计算的，所以执行定位操作的效率很高。但是这种顺序存储结构的缺点也是相当明显的，要获得一段连续的内存空间就必须一次性申请，而通常在程序执行之前是无法精确得到所需空间的大小的。所以顺序表通常用来存储一些经常使用却很少改动的数据。

1. 顺序表的定义和创建

（1）顺序表的定义。

例如，定义顺序表 list：

```
typedef struct{
   int  data[1000];
   int last;
}LIST;
LIST list;
```

（2）创建顺序表就是输入数据元素，设置顺序表的长度。

例如，创建顺序表函数：

```
void  create()
{
   int i,n;
   printf("请输入元素个数：");
   scanf("%d",&n);
   printf("请输入各元素的值：");
   for(i=0;i<n;i++)
      scanf("%d",&list.data[i]);
   list.last=n;
}
```

2. 顺序表的基本操作

（1）顺序表元素的插入

要在顺序表的第 i 个位置上插入一个新数据 d，必须先将元素 D_i～D_{n-1} 向后移一个位置，然后在第 i 个位置上放入 d 的值。同时，将顺序表的长度加 1。

下面的代码定义了顺序表元素插入函数。其中，i 为插入的位置，d 为插入的新数据。

```
  void  insert(int i,int d)
  {
     int k;
     if((i<0) || (i>list.last));
            printf("错误！");
    else
           {
               for(k=list.last-1;k>=i;k--)
                  list.last[k+1]= list.last[k];
               list.last[i]=d;
               list.last= list.last +1;
           }
}
```

（2）顺序表元素的删除

要从顺序表的第 i 个位置上删除原本的元素，只要将元素 D_{i+1}～D_{n-1} 向前移一个位置。同时，将顺序表的长度减 1。

下面的代码定义了顺序表元素删除函数。其中，i 为删除的位置。

```
void  delete(int i)
{
   int k;
   if((i<0) || (i>list.last-1));
         printf("错误！");
```

```
    else
        {
        for(k=i+1;k<=list.last-1;k++)
            list.last[k-1]= list.last[k];
        list.last--;
        }
}
```

9.4.2 链表

链表是由若干节点组成的线性结构，每个节点包含数据项，并通过特定规则相互连接。每个数据项都包含若干个数据和一个指向下一个数据项的指针，依靠这些指针将所有的数据项连接起来。链表结构如图 9-4 所示。

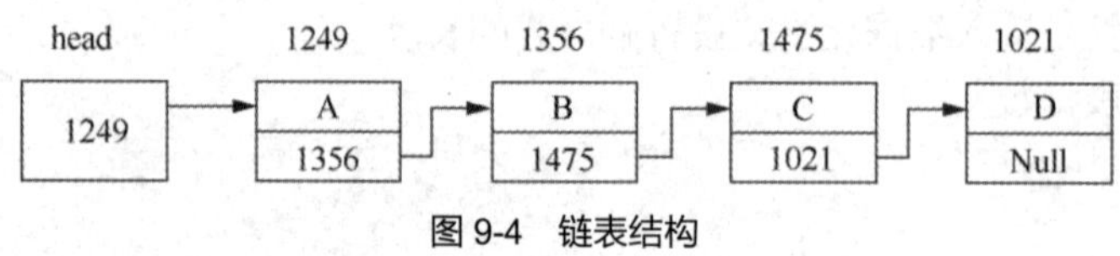

图 9-4 链表结构

1. 链表概述

链表是一种常见的数据结构，也是可实现动态存储分配的一种结构。在用数组存放数据时，必须事先定义元素的个数，即数组长度。如果事先不能确定，则必须将数组定义得足够大，以存放可能产生的数据。显然这将会浪费大量内存，而用动态存储分配的方法就能够很好地解决这一问题。

例如，使用链表时，无须预先确定学生的准确人数，有一个学生就分配一个节点，如果某位学生退学了，就删去该节点，释放该节点所占用的内存空间。这种结构能节约宝贵的内存资源。

使用数组时必须占用一块连续的内存区域。而使用链表时，每个节点之间可以是不连续的。节点之间的联系用指针来实现，即在节点中定义一个成员来存放下一个节点的首地址，这个用于存放地址的成员，常被称为指针域。可在第一个节点的指针域内存放第二个节点的首地址，在第二个节点的指针域内存放第三个节点的首地址……如此串联下去直到最后一个节点，最后一个节点因无后续节点连接，其指针域为 0。链表节点之间的串联方式如图 9-5 所示。

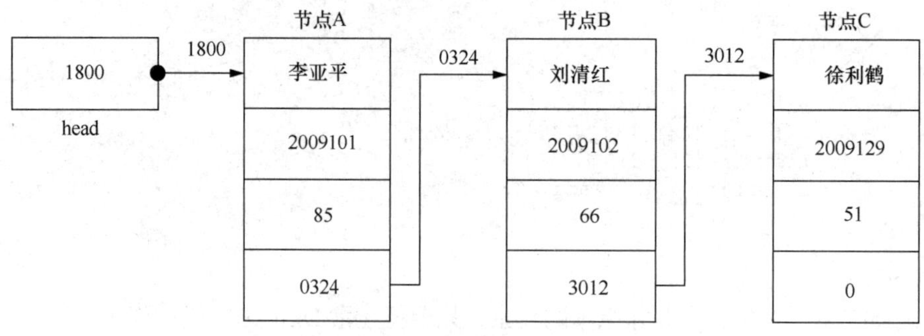

图 9-5 链表节点之间的串联方式

可以看到链表中各节点在内存中可以是不连续存放的。要查找某一节点，必须先找到它的上一个节点，根据它的上一个节点提供的地址才能找到该节点。如果不提供“头指针”（head），则整个链表将无法被访问，链表如同一条铁链一样，一环扣一环，中间是不能断开的。打个比方：幼儿园的老师带领孩子们出来散步，老师牵着第一个小孩的手，第一个小孩的手牵着第二个小孩……这就是一条“链”，最后一个小孩的一只手空着，他是“链尾”。要找这个队伍，必须先找到老师，然后依次找到每一个小朋友。

结构体变量用来作链表中的节点是较为合适的。一个结构体变量包含若干成员，这些成员可以是整型、字符型、数组类型的，当然也可以是指针类型的。在节点中用指针类型成员来存放下一个节点的地址。

例如，设计一个存放学生学号和成绩的节点：

```
struct student
{
     int num;
     int score;
     struct student *next;
}
```

前两个成员 num 和 score 组成数据域，后一个成员 next 构成指针域，它是一个指向 student 结构体类型的指针变量。

2. 链表的存储分配

链表是动态分配内存单元的，即在需要时才开辟一个节点的内存单元。如何动态地开辟和释放内存单元呢？为了解决上述问题，C 语言提供了内存管理函数，这些内存管理函数可以按需要动态地分配内存空间，也可以将不再使用的内存空间回收，为有效地利用内存资源提供了手段。

（1）分配内存空间函数 malloc()

调用形式：

```
(类型名*) malloc (常量表达式)
```

该函数用于在内存的动态存储区中分配一块长度为“常量表达式”字节的连续区域。函数的返回值为该区域的首地址；“(类型名*)”用于强制类型转换。如果此函数未能成功地执行（例如内存空间不足），则返回空指针（NULL）。

（2）分配内存空间函数 calloc()

调用形式：

```
(类型名*)calloc(n,常量表达式)
```

该函数用于在内存的动态存储区中分配 n 块长度为“常量表达式”字节的连续区域。函数的返回值为该区域的首地址；“(类型名*)”用于强制类型转换。calloc()函数与 malloc()函数的区别仅在于其一次可以分配 n 块区域。如果此函数未能成功地执行，则返回空指针。

（3）释放内存空间函数 free()

调用形式：

```
free(void *ptr);
```

该函数用于释放 ptr 所指向的一块内存空间，ptr 是一个任意类型的指针变量，它指向被释放区域的首地址。被释放区域应是由 malloc()或 calloc()函数所分配的区域。

3. 链表的建立及输出

（1）链表的建立

所谓建立链表是指在程序执行过程中从无到有地建立起一个链表，即一个个地开辟节点和向各节点输入数据，并建立起前后相连的关系。

通常用两种方法建立链表。

① 从链头到链尾：新节点插入链尾。

② 从链尾到链头：新节点插入链头。

从链头到链尾建立链表，如图 9-6 所示；从链尾到链头建立链表，如图 9-7 所示。

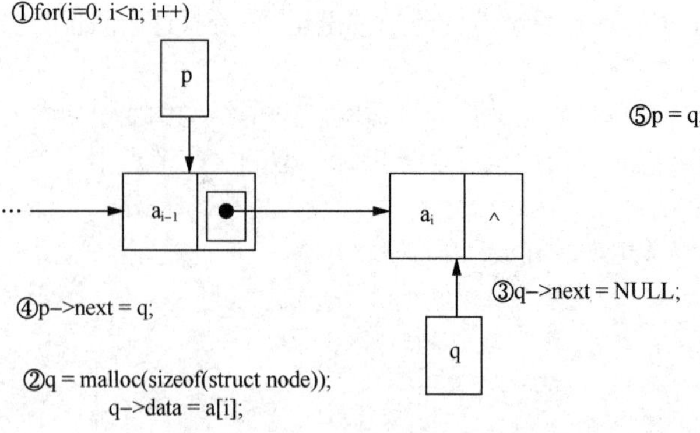

图 9-6　从链头到链尾建立链表

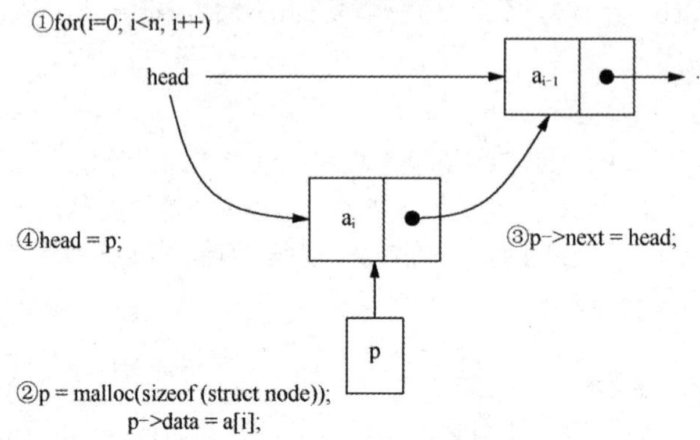

图 9-7　从链尾到链头建立链表

下面通过例题来说明从链头到链尾建立链表的操作。

【例 9.6】建立一个 n 个节点的链表，存放学号和成绩数据。

程序如下：

```
#define NULL 0
struct student
{
     int num;
     int score;
     struct student *next;
};
struct student *creat(int n)
{
     struct student *head,*pf,*pb;
     int i;
     for(i=0;i<n;i++)
         {
              pb=( struct student *) malloc(sizeof (struct student));
              printf("input Number and Score\n");
              scanf("%d%d",&pb->num,&pb->score);
              if(i==0)
                     pf=head=pb;
             else pf->next=pb;
             pb->next=NULL;
            pf=pb;
         }
     return(head);
}
```

程序说明：

在函数外首先定义了宏常量 NULL。结构体 student 定义为全局类型，使得程序中的各个函数均可使用该定义。

creat()函数用于建立一个有 n 个节点的链表，creat()函数的形参 n 表示所建链表的节点数，用作 for 语句的循环次数。creat()函数是一个返回指针的函数，它返回的指针指向 student 结构体。在 creat()函数内部定义了 3 个 student 结构体的指针变量。head 为头指针，pf 为指向两相邻节点的前一个节点的指针变量，pb 为指向两相邻节点的后一个节点的指针变量。在 for 语句中，用 malloc()函数分配大小与 student 结构体所占大小相等的空间作为一个节点，首地址赋给 pb，随后输入节点数据。如果当前节点为第一个节点（i==0），则把 pb（该节点指针）的值赋给 head 和 pf。若非第一个节点，则把 pb 的值赋给 pf 所指节点的指针域成员 next。而 pb 所指节点为当前的最后节点，为其指针域赋值 NULL，然后把 pb 的值赋给 pf 为下一次循环做准备。

（2）链表的输出

将链表中各节点的数据依次输出的操作很简单，首先要知道链头的地址，可由 head 得到，然后顺着链表输出各节点中的数据，直到最后一个节点，如图 9-8 所示。

下面定义了一个输出链表的函数：

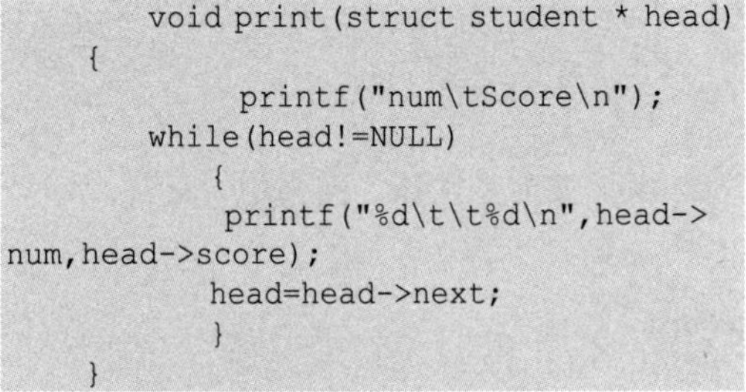

```
    void print(struct student * head)
    {
         printf("num\tScore\n");
    while(head!=NULL)
         {
         printf("%d\t\t%d\n",head->
num,head->score);
         head=head->next;
         }
    }
```

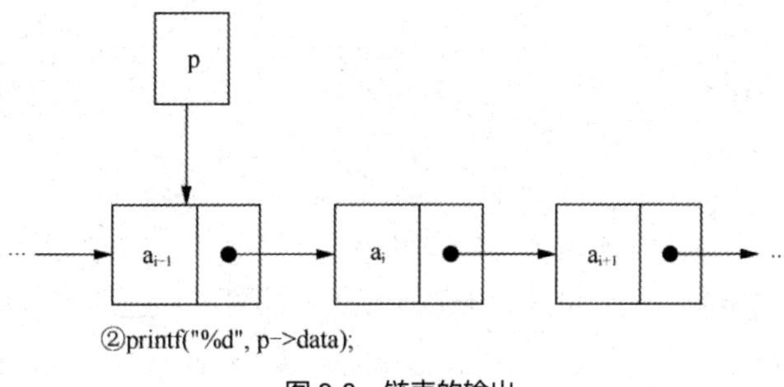

图 9-8　链表的输出

4. 链表的基本操作

（1）链表的插入

链表的插入是指将一个节点插入一个已有的链表中。为了能做到正确插入，必须解决以下两个问题。

① 如何找到插入的位置？

② 怎样实现插入？

链表的插入如图 9-9 所示。

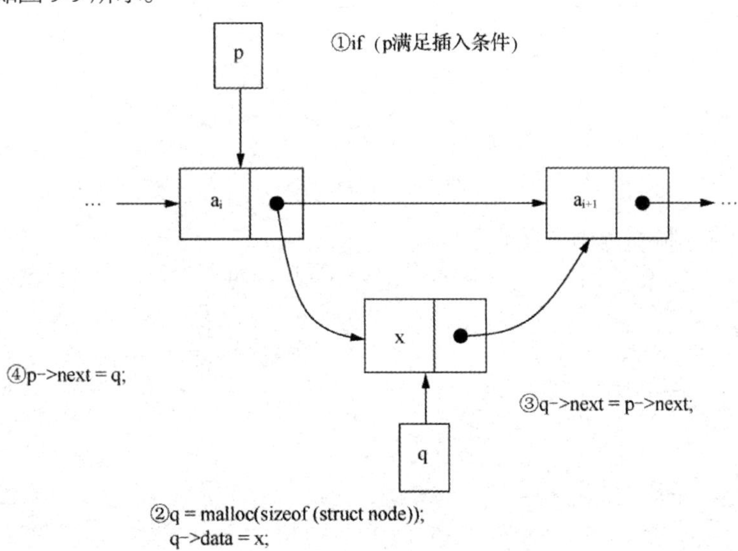

图 9-9　链表的插入

例如，编写一个在学生数据链表中按学号顺序插入一个节点的函数。

假设被插入节点的指针为 pi。

```
struct student * insert(struct student * head, struct student *pi)
{
     struct student *pf,*pb;
     pb=head;
     if(head==NULL) //空链表插入
         {head=pi;pi->next=NULL;}
     else
         {
          while((pi->num>pb->num)&&(pb->next!=NULL))
                 {pf=pb;pb=pb->next; }              //寻找插入位置
          if(pi->num<=pb->num)
               {if(head==pb)head=pi;                //在第一个节点之前插入
                else pf->next=pi;                   //在其他位置插入
                pi->next=pb; }
          else
          {pb->next=pi;pi->next=NULL;}               //在链表末尾插入
     }
return head;
}
```

（2）链表的删除

已有一个链表，删除其中某个节点，并不是真正从内存中把该节点抹掉，而是把它从链表中分离出来，只要修改原来的连接关系即可，其过程如图 9-10 所示。

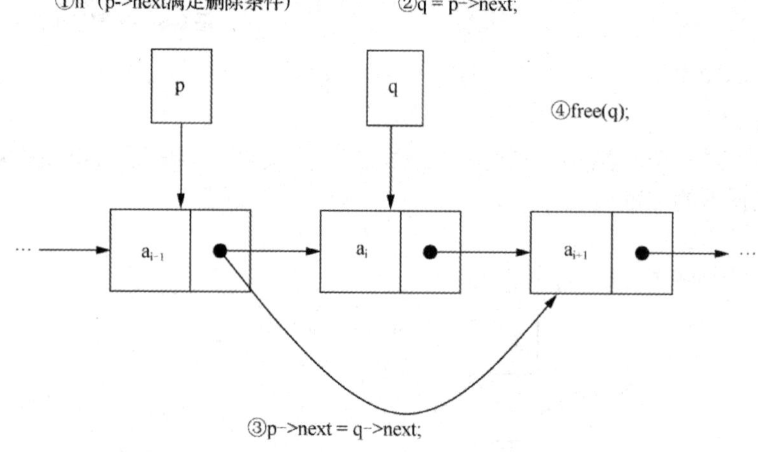

图 9-10　链表的删除

例如，编写一个删除链表中指定节点的函数。

```
struct student * delete(struct student * head,int num)
{
       struct student *pf,*pb;
       if(head==NULL)                          //如果为空链表，输出提示信息
      { printf("\nempty list!\n");
       return 0;}
   pb=head;
   while (pb->num!=num && pb->next!=NULL)
  //当不是要删除的节点，而且也不是最后一个节点时，继续循环
      {pf=pb;pb=pb->next;}                 //pf 指向当前节点，pb 指向下一个节点
    if(pb->num==num)
       {if(pb==head)
```

```
            head=pb->next;
//若找到待删节点，且该节点为第一个节点，则使 head 指向第二个节点，否则使 pf 所指节点的指针指向下一个节点
        else
            pf->next=pb->next;
        free(pb);
        printf("The node is deleted\n");}
      else
        printf("The node has not been found!\n");
    return head;
    }
```

（3）链表的应用

【例 9.7】链表的应用。

程序如下：

```
int main()
{
    struct student * head,*pnum;
    int n,num;
    printf("input number of node: ");
    scanf("%d",&n);
    head=creat(n);
    print(head);
    printf("Input the number to delete: ");
    scanf("%d",&num);
    head=delete(head,num);
    print(head);
    printf("Input the inserted number and score: ");
    pnum=( struct student *)malloc(sizeof (struct student));
    scanf("%d%d",&pnum->num,&pnum->score);
    head=insert(head,pnum);
    print(head);
    return 0;
}
```

程序说明：

组合后的完整案例可参见配套资源，然后用 main()函数调用它们。

9.5　共用体类型与变量

共用体也是一种构造数据类型，它提供了一种可以把几种不同类型的数据存放于同一段内存的机制。现实世界中常常会有这种需求。如学生食堂主要是学生吃饭的场所，但有时可以用来开会，有时也可以用来开展文娱活动等，这里的学生食堂就是一个共用体。

9.5.1　共用体类型与共用体变量的定义

定义共用体类型的一般形式为：

```
union 共用体名
{
成员表
};
```

例如：

```
union dt
    {  int i;
       char ch;
       float f;
    };
```

与定义结构体类型变量相似，定义共用体变量也有 3 种方法。

（1）先定义共用体类型，再定义共用体变量。例如：

```
union dt a;
```

（2）在定义共用体类型的同时定义共用体变量。例如：

```
union dt
      {  int i;
         char ch;
         float f;
      }a;
```

如果定义的共用体类型只使用一次，共用体名可以省略。例如：

```
union
      {  int i;
         char ch;
         float f;
      }a;
```

（3）使用 typedef 定义共用体类型及其变量。

```
typedef union {
   int i;
   float f;
   char str[20];
} Data;

Data a; // 使用 typedef 定义的别名来定义变量 a
```

共用体变量 a 的 3 种不同类型的成员存放在同一段内存中，如图 9-11 所示。这 3 个成员在内存中所占的字节数不同，但都从同一地址开始存放，几个成员互相覆盖。这种占用同一段内存的构造数据类型，称为共用体类型。

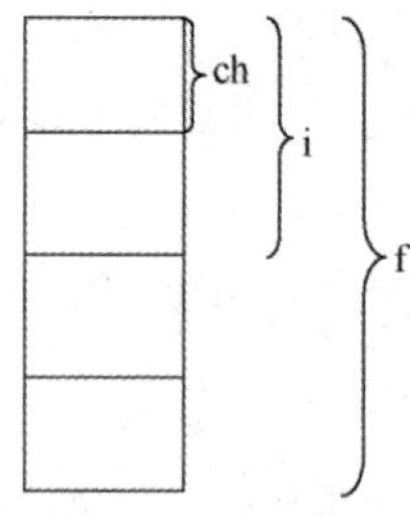

图 9-11　共用体变量 a 成员存放示意

9.5.2　共用体变量的引用方式和特点

引用共用体变量的一般形式如下：

```
共用体变量名.成员名
```

例如：

```
a.i=5;
```

共用体类型数据用同一段内存来存放几种不同数据类型的成员，但它在每一时刻只能存放其中一个成员而不是同时存放。也就是说，每一时刻只有一个成员起作用，其他的成员无效。

引用共用体变量时要注意以下几点。

（1）必须先定义共用体变量才能引用。

（2）不能直接整体引用共用体变量，而要精准访问成员。例如，针对 9.4.1 小节定义的共用体变量 a，下面的引用方式是正确的。

a.i：引用共用体变量中的整型成员 i。

a.ch：引用共用体变量中的字符型成员 ch。

a.f：引用共用体变量中的浮点型成员 f。

而“printf("%d",a);”是错误的，a 的内存空间中有多个成员，分别占不同长度的存储区，只写共用体变量名 a，系统难以确定需要输出哪一个成员的值，应该写成“printf("%d",a.i)”或“printf("%d",a.ch)”等。

（3）共用体变量中起作用的成员是最后一次被赋值的成员，其他成员的值会受最后一次被赋值的成员的影响。

例如：

```
a.i=666;
a.ch='x';
```

① 执行 a.i=666;语句时，将整数 666 存储在共用体 a 的内存空间中。整数 666 的二进制表示为 00000010 10011010。

② 接着执行 a.ch='x';语句，此时会将字符 x 的 ASCII 值（十进制为 120，二进制为 01111000）存储在共用体 a 的内存空间中。由于共用体的成员共享同一块内存空间，存储 a.ch='x';会覆盖 a.i 占用的内存空间的低字节部分。

（4）不能在定义共用体变量时对它进行初始化，也不能对共用体变量名赋值。

例如，下面这些操作都是错误的：

```
union data
    {    int i;
         char ch;
          float f;
    }a(66, 'y',6.6); //不能初始化
a=1;                    //不能对共用体变量名赋值
```

9.6　枚举类型与变量

如果一个变量只有几种可能的值，就可以把它定义为枚举类型。例如，一个星期有 7 天、一年有 12 个月等。如果把这样的量定义为整型、浮点型或字符型，将无法描述其特征。为此，C 语言专门提供了一种被称为“枚举”的数据类型。

定义枚举类型的一般形式是：

```
enum  枚举类型名
{枚举值表}
```

例如：

```
enum weekday
{ sun,mon,tue,wed,thu,fri,sat }
```

定义枚举类型后，能够以下面 2 种方法定义枚举变量。

（1）先定义枚举类型，再定义枚举类型变量。

例如：

```
enum weekday w1,w2,w3;
```

（2）定义枚举类型的同时，定义枚举类型变量。

例如：

```
enum weekday
{ sun,mon,tue,wed,thu,fri,sat }w1, w2, w3;
```

如果定义的枚举类型只使用一次，枚举类型名可以省略。

例如：

```
enum
{ sun,mon,tue,wed,thu,fri,sat }w1,w2,w3;
```

在枚举类型的定义中列举出所有可能的取值，被定义为该枚举类型的变量的取值不能超过所定义的范围。在枚举类型中，每个枚举元素都会被编译器自动分配一个默认的整数序号，这个序号从 0 开始依次递增。如在 weekday 中，sun 值为 0，mon 值为 1，依次类推，sat 值为 6。

枚举值是常量，不是变量，不能在程序中用赋值语句再对它进行赋值。例如不能对 weekday 的元素再进行以下赋值：sun=5;或 sun=mon;。

枚举变量通常应接收枚举类型中定义的枚举常量作为值，而不能直接接收整数（即使该整数是枚举常量对应的默认序号）。“a=sum;b=mon;”是正确的，而“a=0;b=1;”是错误的。

【例 9.8】枚举应用。

程序如下：

```
#include"stdio.h"
int main()
{
enum weekday
{ sun,mon,tue=7,wed,thu,fri,sat } a,b,c;
a=sun;
b=mon;
c=tue;
printf("%d,%d,%d",a,b,c);
return 0;
}
```

程序运行结果：

```
0,1,7
```

程序说明：

从本程序中可以看出，枚举值的取值只和它所在的位置有关。如 sun、mon 是 0 和 1，但 tue 被设置为 7，后面的值就从 7 开始增加。

9.7 自定义数据类型

自定义数据类型，不是定义新的数据类型，而是将原来的数据类型改名，也就是说允许由用户为某种数据类型取一个“别名”，便于记忆和阅读程序或增加程序的可移植性。

类型定义符 typedef 可用来实现此功能。

自定义数据类型的一般形式为：

```
typedef  类型名  新名称;
```

定义的新名称通常用大写字母组成的标识符表示，以便与 C 语言中规定的其他数据类型相区别。

例如：

```
typedef struct student{ char name[25];
int age;
char sex;
} STU;
```

定义的别名 STU 表示 student 这种结构体类型，可用 STU 来定义结构体变量。

例如，使用“STU bb1,bb2;”和“struct student bb1,bb2”来定义结构体变量的效果是一样的。

9.8 综合应用

例 9.5 采用结构体变量作函数参数，下面的例 9.9 采用结构体指针变量作为函数参数，从中能够看出两者的不同。

【例 9.9】用结构体指针变量作实参，计算一组学生的总分、平均分和不及格人数。

程序如下：

```
#include"stdio.h"
struct sd
{
int num;
char *name;
char sex;
float score;}b[5]={
{10101,"Chen chen",'M',88},
{10102,"Wang  gang",'M',66},
{10103,"Shang chen fang",'F',90},
{10104,"Cheng  ping",'F',77},
{10105,"Wang   ping",'M',24},
};                                //定义结构体数组并初始化
int  main()
{
struct sd *p;                     //定义结构体指针
void ave(struct sd *pb);          //函数说明
p=boy;                            //指针指向数组首地址
ave(p);                           //调用函数，结构体指针作实参
return 0;
}
void ave(struct sd *pb)           //定义函数
{
int c=0,i;
float ave,s=0;
for(i=0;i<5;i++,pb++)
{
s+=pb->score;
if(pb->score<60) c+=1;
}
printf("sum=%f\n",s);
ave=s/5;
printf("average=%f\ncount=%d\n",ave,c);
}
```

程序运行结果：

```
sum=345.000000
average=69.000000
count=1
```

程序说明：

本程序中，将结构体指针 p 作为 ave()函数的实参，传给了 ave()函数的形参 pb。这样即可在 ave()函数内，通过 pb 这个指针取得 boy 数组的所有数据来计算平均分。但如果不用指针作为 ave()函数的实参，要达到这样的目的，就需要把 boy 数组的所有数据作为函数的实参来传递，显然，这种传递方式的内存开销会更大。

【例 9.10】设有一个经理与工人通用的表格，经理数据有姓名、年龄、职业、办公室 4 项，工人数据有姓名、年龄、职业、车间号 4 项。编程输入 10 个人员的数据后输出。

程序如下：

```
#include"stdio.h"
int  main()
{
struct
{
char xm[10];        //姓名
```

```
int nl;            //年龄
char zy;           //职业
union
{
int cjh;           //车间号
char bgs[10];      //办公室
} bm;              //部门（共用体变量）
}body[10];         //结构体数组，可存储 10 个人员的信息
int i;
printf("请输入姓名 年龄 职业 部门\n");
for(i=0;i<10;i++)
{
scanf("%s %d %c",body[i].xm,&body[i].nl,&body[i].zy);
if(body[i].zy=='g')  //g 代表工人，j 代表经理
scanf("%d",&body[i].bm.cjh);
else
scanf("%s",body[i].bm.bgs);
}
printf("姓名\t 年龄 职业 车间号/办公室\n");
for(i=0;i<10;i++)
{
if(body[i].zy=='g')
printf("%s\t%3d %3c %8d\n",body[i].xm,body[i].nl,body[i].zy,body[i].bm.cjh);
else
printf("%s\t%3d %3c %8s\n",body[i].xm,body[i].nl,body[i].zy,body[i].bm.bgs);
}
return 0;
}
```

程序运行结果：

```
请输入姓名 年龄 职业  部门
陈万万 28 g 3↙
王丽丽 28 g 4↙
程来东 48 j 厂办↙
李潇潇 28 g 3↙
汪东东 48 g 3↙
蓝任然 28 g 4↙
苏观里 28 j 销售↙
张灵那 38 g 1↙
周空峰 28 g 3↙
杨江津 48 j 厂办↙

姓名      年龄 职业 车间号/办公室
陈万万     28   g        3
王丽丽     28   g        4
程来东     48   j     厂办
李潇潇     28   g        3
汪东东     48   g        3
蓝任然     28   g        4
苏观里     28   j     销售
张灵那     38   g        1
周空峰     28   g        3
杨江津     48   j     厂办
```

程序说明：

在本程序中，在结构体中嵌套了一个部门的共用体变量 bm。共用体变量 bm 中有 2 个成员，一个是整型变量 cjh，另一个是长度为 10 的字符数组 bgs。当人员职业是工人（g）时，用整型变量 cjh 存储车间号，如 3 表示 3 号车间；当人员职业是经理（j）时，用字符数组 bgs 存储办公室的名字，如厂办。

本章小结

1. 重难点

（1）结构体和共用体这两种常用的构造数据类型有很多的相似之处：都由成员组成；各成员可以具有不同的数据类型。在结构体中，各成员都占有自己的内存空间，结构体变量占用的内存空间等于所有成员占用的内存空间之和。在共用体中，所有成员不能同时占用内存空间，共用体变量占用的内存空间等于最长的成员占用的内存空间。

（2）“.”是成员运算符，结构体和共用体变量用它操作成员。“->”是指向运算符，结构体和共用体的指针用它操作成员。

（3）结构体变量可以作为函数参数和函数的返回类型，而共用体变量不能作为函数参数和函数的返回类型。

2. 常见错误

（1）遗漏必要的符号。

在定义结构体类型和共用体类型时，成员间未用分号“;”隔开。

（2）typedef 用于定义变量。

例如：

```
typedef struct example
{int a;
    char b;
}STU1, STU2;
```

此时，STU1 和 STU2 既不是新的类型名也不是变量名。这种用法是错误的，typedef 的正确用法是用来定义新的类型名。

（3）共用体变量成员引用错误。

共用体变量在每一时刻只有一个成员起作用，其他的成员无效，起作用的成员是最近赋值的那个成员。例如：

```
union example
{int a;
char b;
}data;
data.a=1;
data.b='b';
```

此时引用 data 变量的成员 a 则会出现错误，因为此时起作用的是成员 b。

上述几种常见错误，可通过扫描二维码查看。

习题 9

一、判断题

1. 结构体类型和共用体类型实际上是相同的。(　　)
2. 枚举类型变量成员序号起始值默认是 1。(　　)
3. 在程序中定义结构体类型时，将为此类型分配内存空间。(　　)
4. 结构体变量的总长度等于所有成员长度之和。(　　)

二、选择题

1. 以下对结构体类型变量的定义中，不正确的是（　　）。

A.
```
typedef struct aa
  {    int x;
       float y;
   }AA;
  AA td1;
```

B.
```
#define  AA   struct aa
AA {  int x;
      float y;
   }td1;
```

C.
```
struct
  {   int x;
      float y;
  }aa;
struct aa td1;
```

D.
```
struct
  {  int x;
     float y;
  }td1;
```

2. 已知职工记录描述如下，设变量 w 中的“生日”是“2000 年 10 月 25 日”，下列对“生日”的赋值方式正确的是（　　）。

```
struct worker
{int no; char name[20]; char sex;
        struct birth{ int day; int month; int year;}a;
};
struct worker w;
```

A. day=25; month=10; year=2000;

B. w.birth.day=25; w.birth.month=10; w.birth.year=2000;

C. w.day=25; w.month=10; w.year=2000;

D. w.a.day=25; w.a.month=10; w.a.year=2000;

3. 下列关于链表的叙述不正确的是（　　）。

A. 通过链表可以实现内存的动态分配

B. 链表要求在逻辑上相邻的两个节点在物理存储上也是相邻的

C. 在链表中除尾节点外，每一个节点的指针域存储的都是下一个节点的地址

D. 每个链表必须用一个指向链表的指针来表示

4. 设定义了“enum color{red=2,yellow,blue=9,white,black}”枚举类型，则枚举量 black 的值为（　　）。

A. 4　　B. 6　　C. 9　　D. 11

三、编程题

1. 编写一个函数 output()，输出一个学生的成绩，该学生成绩保存在一个数组中，该数组中有 8 个学生的数据记录，每个记录包括学号、姓名、性别、年龄、5 门课的成绩，用主函数输入这些记录，调用 output()函数输出这个学生的记录。

2. 长江是中华民族的母亲河。长江文明源远流长，博大精深，为中华文明乃至世界文明做出了

突出贡献。长江边上的四大城市是重庆、武汉、南京、上海。重庆是中国著名历史文化名城。有文字记载的历史达 3000 多年，是巴渝文化的重要发祥地。武汉是楚文化的重要发祥地。春秋战国以来，武汉一直是中国南方的军事和商业重镇，近代史上数度成为全国政治、军事、文化中心。南京古称金陵，中华文明的重要发祥地，在历史上长期是我国南方的政治、经济、文化中心。上海位于我国海岸线中部的长江口，是我国的经济、金融、贸易和航运中心。

（1）创建一个链表，将长江边上的四大城市串联起来。

（2）分别建立重庆、武汉、南京、上海 4 个节点。

（3）输入 4 个节点的编号、城市名称、城市简介数据，在输入数据的同时，介绍长江和 4 个城市的历史和文化。

AI 赋能：解锁未来

AI 助你做选择

下列枚举类型的定义正确的是（　　）。

A. enum Level={A,B,C,D};　　B. enum Level={'A', 'B', 'C', 'D'};

C. enum Level={"A","B","C","D"};　　D. enum Level={A,B=9,C,D=3};

注：本题答案为 A

将问题输入文心一言后，详细分析结果如图 9-12 所示。

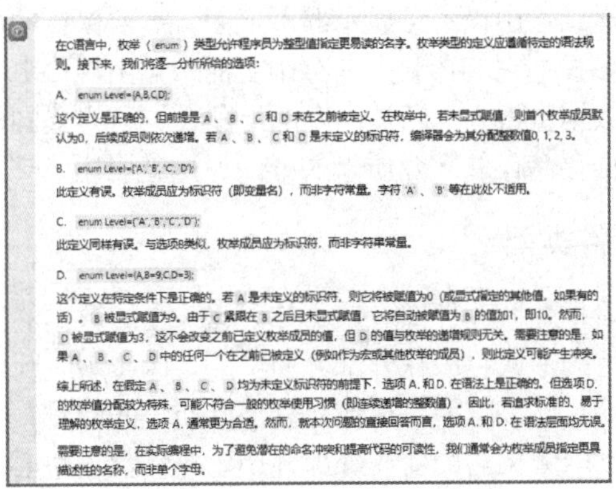

在C语言中，枚举（enum）类型允许程序员为整型值指定更易读的名字。枚举类型的定义应遵循特定的语法规则。接下来，我们将逐一分析所给的选项：

A. enum Level={A,B,C,D};

这个定义是正确的，但前提是 A 、B 、C 和 D 未在之前被定义。在枚举中，若未显式赋值，则首个枚举成员默认为0，后续成员则依次递增。若 A 、B 、C 和 D 是未定义的标识符，编译器会为其分配整数值0, 1, 2, 3。

B. enum Level={'A', 'B', 'C', 'D'};

此定义有误。枚举成员应为标识符（即变量名），而非字符常量。字符 'A' 、'B' 等在此处不适用。

C. enum Level={"A","B","C","D"};

此定义同样有误。与选项B类似，枚举成员应为标识符，而非字符串常量。

D. enum Level={A,B=9,C,D=3};

这个定义在特定条件下是正确的。若 A 是未定义的标识符，则它将被赋值为0（或显式指定的其他值，如果有的话）。B 被显式赋值为9。由于 C 紧跟在 B 之后且未显式赋值，它将自动被赋值为 B 的值加1，即10。然而，D 被显式赋值为3，这不会改变之前已定义枚举成员的值，但 D 的值与枚举的递增规则无关。需要注意的是，如果 A 、B 、C 、D 中的任何一个在之前已被定义（例如作为宏或其他枚举的成员），则此定义可能产生冲突。

综上所述，在假定 A 、B 、C 、D 均为未定义标识符的前提下，选项 A. 和 D. 在语法上是正确的。但选项 D. 的枚举值分配较为特殊，可能不符合一般的枚举使用习惯（即连续递增的整数值）。因此，若追求标准的、易于理解的枚举定义，选项 A. 通常更为合适。然而，就本次问题的直接回答而言，选项 A. 和 D. 在语法层面均无误。

需要注意的是，在实际编程中，为了避免潜在的命名冲突和提高代码的可读性，我们通常会为枚举成员指定更具描述性的名称，而非单个字母。

图 9-12　文心一言详细分析结果

也可选择其他 AI 大模型查看分析结果并进行比较。

AI 助你启智成长

（1）提示词：我想用 C 语言开发一个简单有趣的小游戏，有什么建议。

（2）告诉大模型：开发一个猜数字游戏，程序随机生成一个 1 到 100 之间的数字，玩家通过输入猜测的数字，程序提示猜测结果是偏大、偏小还是正确，记录玩家猜测的次数，最后统计并显示玩家的游戏成绩，用 C 语言结构体实现。

大模型可能会说：为了使用结构体实现猜数字游戏，我会定义一个结构体来存储游戏相关信息，如目标数字、猜测次数等。在游戏过程中，通过操作结构体变量来记录和更新游戏状态，最后展示游戏成绩。

（3）再告诉大模型：上述代码实现了一个完整的猜数字游戏功能。但我想设置猜测 3 次的次数限制，同时添加难度等级选择，请对程序改进并实现。

大模型可能会说：我将在之前猜数字游戏代码的基础上，通过添加变量来控制猜测次数，同时利用 switch 语句实现难度等级选择，调整随机数生成范围。

注意，大模型给出的代码中可能会出现本书中未使用过的头文件和函数，请自行拓展学习。

10 第 10 章　文件系统

本章导读

通过对本章的学习，读者将掌握文件的基本概念，以及文件的打开和关闭、读写等操作。

10.1　文件概述

在前面的章节中，所有的输入数据都来自输入设备（键盘），所得到的结果也总是送到输出设备（显示器）上去，需要保存的数据主要通过简单变量或数组等形式把它们存放在内存中。而一旦出现停电等异常，数据将全部丢失。如果数据量太大，超过内存的上限，这种方式同样无能为力。因此急需一种把数据存储在外部介质上的办法，这就引出了“文件”这个概念。

10.1.1　文件类型

文件一般指存储在外部介质（如磁盘）上的数据的集合。大批量的数据通常是以文件的形式存放在外部介质上的，操作系统则是以文件为单位对数据进行管理的。如果想要找存放在外部介质上的数据，必须先找到文件，再从该文件中读取数据。而要在外部介质上存储数据也必须先建立一个文件，才能使用它存储数据。

1. 文本文件和二进制文件

在 C 语言中，文件被视为一个连续的字符（或字节）序列，而不是由结构化记录组成的，对文件的存取也是以字节为单位的。根据文件中数据的组织形式，文件分为两种类型：文本文件（又称 ASCII 文件）和二进制文件。文本文件中每一个字节存放一个 ASCII 值，代表一个字符。二进制文件中的数据是按其在内存中的存储形式存放的，即按数据的二进制形式存放。

以十进制数 12345 的存储形式为例：采用文本文件形式存储共需要 5 个字节，而采用二进制文件形式存储只需要 2 个字节。两种文件形式与内存存储形式之间的关系如图 10-1 所示。

2. 缓冲文件系统和非缓冲文件系统

缓冲文件系统是指系统自动地为每个正在使用的文件开辟一个缓冲区，内存向外部介质存数据或外部介质从内存取数据都通过这个缓冲区实现。

非缓冲文件系统是指系统不自动地为文件开辟缓冲区，而由程序为文件开辟缓冲区。

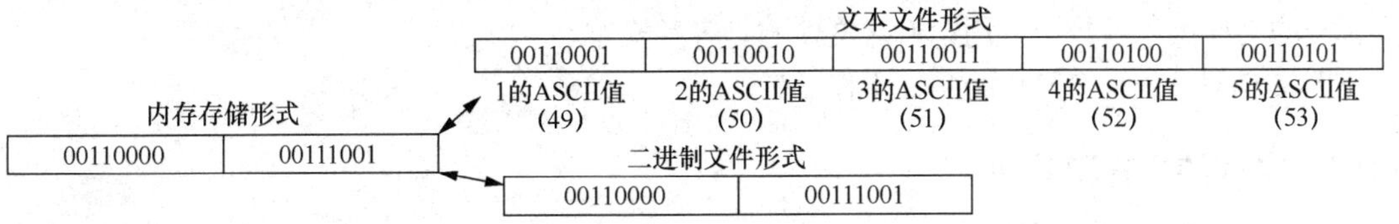

图 10-1 两种文件形式与内存存储形式之间的关系

在缓冲文件系统中，一般情况下，当数据从内存向外部介质存储的时候，需要将缓冲区写满后，才将缓冲区里的数据整体写入外部介质上；当数据由外部介质往内存读的时候，首先将缓冲区读满后，才根据需要将缓冲区里的数据分批读入内存中，从而避免了外部介质频繁的读写操作，如图 10-2 所示。

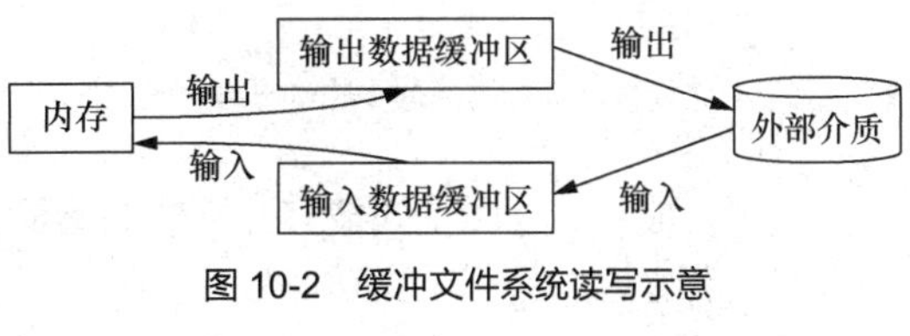

图 10-2 缓冲文件系统读写示意

由于这两种文件系统中有许多功能是重叠的，因此 C 语言只保留缓冲文件系统，并扩展了它的功能。在我们学习的 C 语言中，缓冲文件系统既用于处理文本文件，又用来处理二进制文件。

10.1.2 文件指针

在 C 语言中，通常用一个指针变量指向一个文件，这个指针称为文件指针。我们可通过文件指针对它所指向的文件进行各类操作。

文件指针的数据类型为 FILE，它在 stdio.h 头文件中的定义如下：

```
typedef struct {
    short          level;                //缓冲区满/空程度
    unsigned        flags;               //文件状态标志
    char           fd;                   //文件描述符
    unsigned char  hold;                 //无缓冲则不读取字符
    short          bsize;                //缓冲区大小
    unsigned char *buffer;               //数据缓冲区
    unsigned char *curp;                 //当前位置指针
    unsigned        istemp;              //临时文件指示器
    short          token;                //用于有效性检查
} FILE;
```

其中，FILE 应为大写，它实际上是由系统定义的一个结构体，该结构体中含有文件状态标志和当前位置指针等信息。每个被使用的文件都在内存中开辟一个区域，用来存放文件的以上有关信息。但程序员在编写源文件时，不必关心 FILE 结构体的细节，可以直接用 FILE 类型的指针去操作文件，例如，“FILE *fp;”表示 fp 是指向 FILE 结构体的文件指针，通过 fp 即可找到存放某个文件信息的结构体变量，然后按结构体变量提供的信息找到该文件，实施对文件的操作。

为了使文件的概念统一，系统把常用的输入/输出设备，如键盘、显示器等都看成一个文件，因为对计算机来说，从键盘接收数据和从文件接收数据在概念上是一样的，将数据输出到显示器和将数据写入文件在概念上也是一样的。

常用的文件指针由系统命名，例如，标准输入文件指针（stdin）表示键盘，标准输出文件指针（stdout）表示显示器，标准打印输出文件指针（stdprn）表示打印机等，这些文件指针不需要用户说明，可以在程序中直接使用。

10.2 文件的操作

在 C 语言中，没有专门的输入/输出语句，对文件的读写操作都是用库函数来实现的。C 语言规定了标准的文件操作函数，可用它们对文件进行各类操作。

下面将介绍一些比较常用的文件操作函数。

10.2.1 文件的打开和关闭

1. 文件的打开（fopen()函数）

函数声明：

```
FILE *fopen(char *filename,char *mode);
```

说明如下。

（1）若成功，返回指向被打开文件的指针。

（2）若出错，返回空指针。

（3）filename：文件指针，对应的实参为文件名字的字符串首地址，或用双引号引起的文件名。此文件名可以带有文件存储路径，如“C:\\windows\\xyz.txt”表示打开C盘windows文件夹下的xyz.txt文件。

（4）mode表示文件操作方式，如表10-1所示。

表10–1 文件操作方式

文件操作方式	含义
"r"	以只读方式打开一个文本文件
"w"	以只写方式打开一个文本文件，文件指针指向文件首部
"a"	打开文本文件，指向文件尾，在已存在的文件中追加数据
"rb"	以只读方式打开一个二进制文件
"wb"	以只写方式打开一个二进制文件
"ab"	打开二进制文件，指向文件尾，在已存在的文件中追加数据
"r+"	以读写方式打开一个已存在的文本文件
"w+"	以读写方式创建一个新的文本文件
"a+"	以读写方式打开一个文本文件，进行数据追加
"rb+"	以读写方式打开一个二进制文件
"wb+"	以读写方式创建一个新的二进制文件
"ab+"	以读写方式打开一个二进制文件进行数据追加

以"r"方式打开的文件只能用于读。而以"w"方式打开的文件只能用于写，如果文件不存在，就创建文件；如果文件已存在，则以"w"方式打开文件将使文件原来的内容全部丢失。如果要想在文件的末尾追加新的数据，就要以"a"方式打开文件。文件操作不能直接在文件的中间插入数据。

例如：

```
FILE *file = fopen("C:\\mybook\\bk.txt", "r");
 if (file == NULL)
 {
      printf("File cannot be opened!\n");
      exit(0);
   }
```

这段程序的意义是：如果返回的指针为空，表示不能打开C盘mybook文件夹下的bk.txt文件，并给出提示信息“File cannot be opened!”，exit(0)函数的功能是关闭所有打开的文件并强制结束程序。

2. 文件的关闭（fclose()函数）

函数声明：

```
int fclose(FILE *fp);
```

说明如下。

（1）若成功，返回0。

（2）若出错，返回EOF（-1）。

（3）fp：要关闭的文件的文件指针。

“关闭”就是使文件指针不指向该文件，使文件指针和文件“脱钩”，不能再通过该文件指针对文件进行操作。

同时，关闭文件可保证文件数据的完整性，因为在写文件时，是先将数据输入缓冲区，待缓冲区充满后才正式输出到文件中的，如果数据未充满缓冲区而程序结束运行，缓冲区中的数据就会丢失。使用 fclose()函数关闭文件，可避免这个问题，它先把缓冲区中的数据输出到磁盘，然后才关闭文件。

例如，关闭文件的程序如下：

```
FILE *fp;
char *file="D:\\mybook\\bk.txt";
if (!(fp=fopen(file, "rb+")))
{
       printf("Open file %s error!\n", file);
       exit(0);
       }
  …
fclose(fp);
```

当文件关闭出错时，可以用 ferror()函数进行测试。

10.2.2　文件的读写操作

1. 字符读写函数 fgetc()和 fputc()

（1）字符读函数 fgetc()

函数声明：

```
int fgetc(FILE *stream);
```

说明如下。

① stream：文件指针。

② 若成功，返回读取的字符。

③ 若失败或文件结束，返回 EOF。

fgetc()函数的功能是从指定的文件中读一个字符。

【例 10.1】读取文件 bk.txt 的内容（I Love ChongQing），输出在显示器上。

程序如下：

```
#include<stdio.h>
int main()
{
    FILE *fp;
    char ch;
    if((fp=fopen("bk.txt","r"))==NULL)
         {
            printf("File  cannot  be  opened ");
            exit(0);
         }
     ch=fgetc(fp);
     while (ch!=EOF)
        {
           putchar(ch);
           ch=fgetc(fp);
        }
     fclose(fp);
return 0;
}
```

程序运行结果：

```
I Love ChongQing
```

程序说明：

程序从文件中逐个读取字符，输出在显示器上。在循环中，只要读取的字符不是文件结束标志

EOF，就把该字符输出在显示器上，再读取下一字符并输出，直到文件结束。

（2）字符写函数 fputc()

函数声明：

```
int fputc(int c, FILE *stream);
```

说明如下。

① c：要写入文件的字符。

② stream：文件指针。

③ 若成功，返回写入的字符。

④ 若失败或文件结束，返回 EOF。

fputc()函数的功能是把一个字符写入指定的文件中。

【例 10.2】从键盘输入一行字符，写入一个文件。

程序如下：

```
#include<stdio.h>
int main()
{
    FILE *fp;
    char ch;
    if((fp=fopen("bk1.txt","w"))==NULL)
        {
            printf("File  cannot  be  opened!");
            exit(0);
        }
     printf("input a string:\n");
     ch=getchar();
     while (ch!= '\n')
        {
            fputc(ch,fp);
            ch=getchar();
        }
     fclose(fp);
return 0;
}
```

程序运行结果：

```
input a string:
I Love China
```

运行后磁盘中出现 bk1.txt 文件，打开文件，内容如下：

```
I Love China
```

程序说明：

程序以只写方式打开文件 bk1.txt。然后从键盘的输入中读取一个字符后进入循环，当读取的字符不为换行符时，则把该字符写入文件之中，然后继续从键盘的输入中读取下一个字符，直到读取的字符是换行符为止。

2. 字符串读写函数 fgets()和 fputs()

（1）字符串读函数 fgets()

函数声明：

```
char *fgets(char *s, int n, FILE *stream);
```

说明如下。

① 从 fp 指向的文件读取字符串到 s 中，读取 n-1 个字符，直到遇到换行符或文件结束为止，读完后自动在字符串末尾添加“\0”。

② 若成功，返回指向字符串 s 的指针，即 s 的首地址。

③ 若失败，返回 NULL。

fgets()函数的功能是从指定的文件中读一个字符串到字符数组中。

【例 10.3】从 bk.txt 文件中，读取一个不大于 99 个字符的字符串。

程序如下：

```
#include<stdio.h>
int main()
{
    FILE *fp;
    char string[100];
    if((fp=fopen("bk.txt ","r"))==NULL)
        {
            printf("File  cannot  be  opened!");
            exit(0);
        }
    fgets(string,100,fp);
    printf("%s",string);
    fclose(fp);
return 0;
}
```

程序运行结果：

```
I Love ChongQing
```

程序说明：

程序定义了一个 100 字节的字符数组 string，以只读方式打开文件 bk.txt，从中读取多个字符（不大于 99 个字符）送入 string 数组，在数组末尾将自动加上“\0”，然后在显示器上输出 string 数组的内容。

（2）字符串写函数 fputs()

函数声明：

```
int fputs(char *s, FILE *stream);
```

说明如下。

① 字符串的结束标志“\0”不会写入文件，也不会在字符串末尾自动添加换行符。

② 若成功，返回一个非负整数（通常是 0 或正数）。

③ 若失败，返回 EOF。

fputs()函数的功能是向指定的文件写入一个字符串。

【例 10.4】在文件 bk.txt 中追加一个字符串。

程序如下：

```
#include<stdio.h>
int main()
{
    FILE *fp;
    char ch,string[20];
    if((fp=fopen("bk.txt","a+"))==NULL)
        {
            printf("File  cannot  be  opened!");
            exit(0);
        }
    printf("input a string:\n");
    scanf("%s",string);
    fputs(string,fp);
    fclose(fp);
return 0;
}
```

程序运行结果：

```
input a string:
autumn
```

程序说明：

程序以追加读写方式打开文件 bk.txt。然后输入字符串“autumn”，并用 fputs()函数把该字符串写入文件 bk.txt 中。

3. 数据块读写函数 fread()和 fwrite()

函数声明：

```
size_t fread (void  *buffer, size_t  size,size_t  count, FILE  *fp);
size_t fwrite(void  *buffer, size_t  size,size_t  count, FILE  *fp);
```

说明如下。

（1）buffer：要读/写的数据块的地址。

（2）size：要读取的每个数据块的大小（以字节为单位）。

（3）count：要读/写的数据块数量。

（4）fp：文件指针。

（5）若成功，返回实际读/写的数据块数量。

（6）若失败，一般返回 0。

【例 10.5】从键盘输入两个学生的数据并写入一个文件中，再读出这些数据显示在显示器上。

程序如下：

```
#include<stdio.h>
struct student
{
    char name[12];
    int num;
}stu1[2],stu2[2],*p,*q;
int main()
{
    FILE *fp;
    char ch;
    int i;
    p=stu1;
    q=stu2;
    if((fp=fopen("boy.txt","w"))==NULL)
        {
            printf("File  cannot  be  opened!");
            exit(0);
        }
    printf("\n input data\n");
    for(i=0;i<2;i++,p++)
        scanf("%s%d",p->name,&p->num);
    p=stu1;
    fwrite(p,sizeof(struct student),2,fp);
fclose(fp);
if((fp=fopen("boy.txt","r"))==NULL)
{
     printf("File  cannot  be  opened!");
     exit(0);
}
fread(q,sizeof(struct student),2,fp);
printf("\n\n name\t number \n");
for(i=0;i<2;i++,q++)
     printf("%s\t%5d \n",q->name,q->num);
fclose(fp);
return 0;
}
```

程序运行结果：

```
input data
wang 96↙
chen 66↙

name   number
```

```
wang     96
chen      66
```

程序说明：

程序定义了一个结构体 student，说明了两个结构体数组 stu1 和 stu2 以及两个结构体指针变量 p 和 q。p 指向 stu1，q 指向 stu2。程序以只写方式打开文件“boy.txt”，输入两个学生的数据之后，将数据写入该文件中，然后把文件关闭，再以只读方式打开该文件，读取两个学生的数据后，在显示器上显示。

4. 格式化读写函数 fscanf()和 fprintf()

函数声明：

```
int fscanf(FILE *fp,char *format[,address,...]);
int fprintf(FILE *fp,char *format[,argument,...]);
```

说明如下。

（1）fscanf()函数和 fprintf()函数是格式化读写函数，适用于需要从文件中读取数据或将数据写入文件的场景，其读写对象是磁盘文件；而 scanf()和 printf()函数适用于需要从标准输入（如键盘）读取数据或需要将数据输出到标准输出（如显示器）的场景。

（2）这两个函数表示从文件输入和输出到文件。

【例 10.6】格式化读写文件。

程序如下：

```
#include "stdio.h"
int main()
{
FILE  *fp;
int    i;
char  string[10];           //姓名字符串
int   age;                  //年龄
float  average;             //平均成绩
if((fp=fopen("book.txt","w"))==NULL)
{printf("Cannot open file! \n");
 exit(0);}
printf("string: ");
scanf("%s",&string);
printf("age,average: ");
scanf("%d%f",&age,&average);
while(strlen(string)>1) {
        fprintf(fp,"%s %d %f",string,age,average);
        printf("string,age,average: ");
        scanf("%s%d%f",string,&age,&average);}
    fclose(fp);
    return 0;
}
```

程序运行结果：

```
string: chen
age,average: 20 66
string,age,average: zhang 21 77
string,age,average: zhou 22 90
string,age,average: k 33 88
```

按程序的提示，输入以上内容，将在当前程序所在文件夹下创建一个 book.txt 文件，文件中的内容如下：

```
chen 20 66.000000  zhang 21 77.000000  zhou 22 90.000000
```

程序说明：

本程序中，语句“fprintf(fp,"%s %d %f",string,age,average);”表示以%s 格式将 string 中的姓名字符串写入 book.txt 文件，以%d 格式将 age 的值写入 book.txt 文件，以%f 格式将 average 的值写入 book.txt 文件。

10.3 文件的检测与随机读写

前面介绍的文件读写方式都是顺序读写，且读写文件只能从头开始顺序读写各个数据。但在实际中我们并不总是希望按顺序读写文件，有时也需要在文件的任意位置读写数据，下面将介绍文件的检测与随机读写。

10.3.1 文件的检测

1. 文件结束检测函数 feof()

函数声明：

```
int feof(FILE *fp);
```

说明如下。

（1）判断文件是否处于文件结束位置。

（2）若文件结束，则返回值为 1，否则为 0。

例如，读取一个文件直到文件结束的程序：

```
while(! feof(fp))
    ch=getc(fp);
```

2. 读写文件出错检测函数 ferror()

函数声明：

```
int ferror(FILE *fp);
```

说明如下。

（1）检查文件在用各种输入/输出函数进行读写时是否出错。

（2）返回值为 0 表示未出错，否则表示出错。

（3）在执行 fopen()函数时，ferror()函数的初值自动置 0。

3. 文件出错标志和文件结束标志置 0 函数 clearerr()

函数声明：

```
int clearerr(FILE *fp);
```

说明如下。

（1）重置文件出错标志和文件结束标志，使它们为 0。

（2）在调用一个输入/输出函数时出现错误，ferror()函数返回值为一个非零值。在调用 clearerr()后，ferror()的返回值变成 0。

（3）只要出现错误标志就一直保留，直到对同一文件调用 clearerr()函数或其他任何一个输入/输出函数。

10.3.2 文件的随机读写

实现文件的随机读写的关键是按要求移动位置指针，这称为文件的定位。

文件中的位置指针指向当前读写的位置，如果顺序读写一个文件，每次读写完一个字符后，该位置指针自动移动并指向下一个字符位置。如果想改变这一规律，强制使位置指针指向其他指定的位置，需要使用 rewind()函数、ftell()函数和 fseek()函数。

1. rewind()函数

函数声明：

```
void rewind(FILE *fp);
```

说明如下。

（1）fp：文件指针。

（2）使位置指针重新指向文件开头，无返回值。

它的功能是把文件内部的位置指针移到文件开头。不管当前文件的位置指针在何处，都强行让该指针指向文件开头。

2. ftell()函数

函数声明：

```
long ftell(FILE *fp);
```

说明如下。

（1）fp：文件指针。

（2）得到位置指针在文件中的当前位置，用相对于文件开头的偏移量来表示。

由于文件中的位置指针经常移动，往往不容易知道其当前位置，用 ftell()函数可以得到位置指针的当前位置，如果 ftell()函数返回值为-1L，则表示出错。

例如：

```
i=ftell(fp);
if(i==-1L)
printf ("error");
```

变量 i 存放位置指针的当前位置，若调用函数出错（如不存在此文件），则输出“error”。

3. fseek()函数

函数声明：

```
int fseek(FILE *stream, long offset, int whence);
```

函数的功能是可以随机改变文件的位置指针。

说明如下：

（1）stream：文件指针，指向被移动的文件。

（2）offset：偏移量，表示移动的字节数，要求偏移量是长整型数据。当用常量表示偏移量时，要加后缀“L”。

（3）whence：起始位置，表示开始计算偏移量的起点，有文件开始、当前位置和文件末尾 3 种表示方式，如表 10-2 所示。

表 10–2　起始位置的表示方式

起点	表示符号	表示数字
文件开头	SEEK_SET	0
当前位置	SEEK_CUR	1
文件末尾	SEEK_END	2

举例：

```
fseek(fp,10L, SEEK_SET);          //其意义是把位置指针移到离文件开头 10 个字节处
fseek(fp, -100L, 1) ;             //其意义是把位置指针从当前位置向文件开头移动 100 个字节
fseek(fp, -28L, 2);               //其意义是把位置指针从文件末尾向文件开头移动 28 个字节
```

10.4　综合应用

【例 10.7】在学生文件 student.txt 中读出第二个学生的数据。

（1）准备 student.txt 文件。

程序如下：

```
#include <stdio.h>
#include <stdlib.h>
struct student {
   char name[10];
```

```
    char addr[20];
};
int main() {
    FILE *fp;
    struct student stu[2] = {
        {"Wangyi", "ShangHai"},    // 第一个学生
        {"Liming", "ChongQing"}    // 第二个学生
    };
    // 以二进制模式写入文件
    if ((fp = fopen("student.txt", "wb")) == NULL) {
        perror("Error opening file");
        exit(1);
    }
    fwrite(stu, sizeof(struct student), 2, fp);
    fclose(fp);
    return 0;
}
```

（2）读出第二个学生数据。

程序如下：

```
#include<stdio.h>
struct student
{
      char name[10];
      char addr[20];
 }stu,*q;
int main()
{
      FILE *fp;
      char ch;
    int i=1;
    q=&stu;
    if((fp=fopen("student.txt","r"))==NULL)
        {
            printf("File  cannot  be  opened!");
            exit(0);
        }
    rewind(fp);
    fseek(fp,i*sizeof(struct student),0);
    fread(q,sizeof(struct student),1,fp);
    printf("\n\nname\t addr\n");
    printf("%s\t %s\n",q->name,q->addr);
return 0;
}
```

程序运行结果：

```
name     addr
Liming   ChongQing
```

程序说明：

本程序中，首先定义了一个 student 结构体类型及其变量，在主函数中用只读方式打开当前文件夹下的 student.txt 文件。然后用 rewind()函数、fseek()函数定位，用 fread()函数读取数据。函数中的 sizeof(struct student)语句表示调用 sizeof()函数，求 student 类型的结构体变量所占字节数。

【例 10.8】综合应用举例：完成以下关于文件的操作。

（1）建立一个含有 30 个学生的成绩的文件 file1.txt，每个学生的基本信息包括姓名、学号以及语文、数学、英语 3 门课的成绩。

（2）求每个学生的总分和平均分，结果存入文件 file2.txt。

（3）将 file2.txt 中的学生信息按总分排序，结果存入文件 file3.txt。

程序如下：

```
#include"stdio.h"
#include"string.h"
struct stu1
 {
  char name[10];                                    //姓名
  char num[10];                                     //学号
  int score[3];                                     //3 门课的成绩
 }s1[30];
struct stu2
 {
  char name[10];
  char num[10];
  int score[3];
  int total;                                        //总分
  float average;                                    //平均分
 }s2[30];


void inputfile1()
{ FILE *f;
 int i;
 f=fopen("file1.txt","w");
 for(i=0;i<30;i++)
 {    scanf("%s %s %d %d %d",s1[i].name,s1[i].num,
      &s1[i].score[0],&s1[i].score[1],&s1[i].score[2]);
      if(fwrite(&s1[i],sizeof(struct stu1),1,f)!=1)
          {printf("Error writing to file1.txt\n");}
  }
  fclose(f);
 }


void computefile2()
{ FILE *f,*f1; int i,j;
  f=fopen("file2.txt","w");
  f1=fopen("file1.txt","r");
  for(i=0;i<30;i++)
     {   strcpy(s2[i].name,s1[i].name);
         strcpy(s2[i].num,s1[i].num);
         for(j=0;j<3;j++)
            {s2[i].score[j]=s1[i].score[j]; s2[i].total+=s1[i].score[j]; }
         s2[i]. average=s2[i].total/3;
         if(fwrite(&s2[i],sizeof(struct stu2),1,f)!=1)
            {printf("Error writing to file2.txt\n"); }
        fseek(f1,sizeof(struct stu1),1);
     }
  fclose(f);   fclose(f1);
}


void sort ()
{
 FILE *f1,*f2;
 int m,n;
 struct stu2 temp;
 f1=fopen("file2.txt","r");
 f2=fopen("file3.txt","w");
 for(m=0;m<30;m++)
     {
         for(n=m+1;n<30;n++)
             if(s2[m].total<s2[n].total)
                 {temp=s2[m]; s2[m]=s2[n];s2[n]=temp;}
         fwrite(&s2[m],sizeof(temp),1,f2);
```

```
            printf("%-10s%-10s%3d%3d%3d%4d%4.1f\n",s2[m].name,s2[m].num,
                s2[m].score[0],s2[m].score[1],s2[m].score[2],
                 s2[m].total,s2[m]. average);
        }
    fclose(f1);
    fclose(f2);
}


int main()
{
    inputfile1();
    computefile2();
    sort();
    return 0;
}
```

程序说明：

首先建立结构体数组 s1[30]存放学生基本信息，结构体数组 s2[30]存放学生基本信息、总分、平均分。然后建立 inputfile1()函数实现从键盘输入基本信息并存入 file1.txt 文件中。接着建立 computefile2()函数实现从 file1.txt 文件中读取基本信息，并计算出总分和平均分，将它们存入 file2.txt 文件。再建立 sort()函数实现从 file2.txt 文件中读取数据，用冒泡排序法按总分排序，把结果存放到 file3.txt 中，并在显示器上显示。最后在主函数中依次调用 3 个函数。

本章小结

1. 重难点

（1）当一个文件被打开时，如何取得对应文件指针，读写结束时怎样关闭文件。二进制文件和文本文件的只读、只写、读写、追加 4 种打开方式。

（2）文件以字符、字符串、数据块为单位进行读写。

2. 常见错误

（1）fopen()函数参数输入错误。

如：

```
fopen("data.dat",'r');
```

该语句出现了两个错误，一个是打开方式选择错误，因为 data.dat 是二进制文件，所以打开方式要加上 b；另一个是输入打开方式时要用双引号而非单引号。另外，文件名如果是全路径名称，需要使用转义字符“\\”表示“\”。

（2）文件操作相关函数的参数输入错误。

以 fseek()函数为例，fseek()函数的函数声明为：

```
int fseek(FILE *stream, long offset, int whence);
```

① offset 参数类型不匹配。如：

```
FILE *file = fopen("example.txt", "r");
if (file == NULL) {
    perror("Failed to open file");
    return 1;
}
int offset = 10; // 错误：应该使用长整型
fseek(file, offset, SEEK_SET);
```

② whence 参数值不正确。如：

```
FILE *file = fopen("example.txt", "r");
if (file == NULL) {
    perror("Failed to open file");
```

```
        return 1;
    }
    fseek(file, 10, 5); // 错误：whence 参数应该是 SEEK_SET（或 0）、SEEK_CUR（或 1）或者 SEEK_END
（或 2）。
```

（3）文件操作相关函数的函数返回值处理错误。

以 fgetc()函数为例，其函数声明为：

```
    int fgetc(FILE *stream);
```

使用时，如果不正确地处理其返回值，可能会导致程序逻辑错误或无法正确处理文件读取中的异常情况。如：

```
    FILE *file = fopen("example.txt", "r");
    if (file == NULL) {
        perror("Failed to open file");
        return 1;
    }
    int ch;
    while ((ch = fgetc(file)) != '\0') { // 错误：应该检查 EOF 而不是 '\0'，应改为 while ((ch =
fgetc(file)) !=EOF)
        putchar(ch);
    }
    fclose(file);
```

在这个示例中，程序试图读取文件直到遇到空字符'\0'，但实际上 fgetc()在读取到文件末尾时会返回 EOF，而不是空字符。因此，如果文件中没有空字符的话，这个循环可能会陷入死循环。

（4）remove()函数和 rename()函数操作前未关闭文件。

remove()函数的作用是删除指定的文件，如果在删除文件前未关闭文件，则会删除失败。rename()函数的作用是重命名指定的文件，如果在重命名文件前未关闭文件，则会重命名失败。

（5）在使用可读可写方式操作文件时连续使用 fread()函数和 fwrite()函数。

例如：

```
    fread(&temp.stuID, sizeof(int), 1, fp);
    fwrite(&temp.stuID, sizeof(int), 1, fp);
```

上述程序在编译时不会出错，但在执行过程中会出现问题。解决方法是在两条语句间加上清空缓冲区或文件定位语句，例如 fclose()函数或 fseek()函数语句。

上述几种常见错误，可通过扫描二维码查看。

习题 10

一、选择题

1. 要打开一个已存在的非空文件“book.txt”用于修改，正确的语句是（　　）。

   A. fp=fopen("book.txt","r");　　B. fp=fopen("book.txt","w");

   C. fp=fopen("book.txt","r+");　　D. fp=fopen("book.txt","w+");

2. C 语言中的文件类型只有（　　）。

   A. 索引文件和文本文件两种　　B. 文本文件一种

   C. 二进制文件一种　　D. 文本文件和二进制文件两种

3. 若 fp 已正确定义并指向某个文件，当未遇到该文件的结束标志时，函数 feof(fp)的值为（　　）。

A. 0　　B. 1　　C. -1　　D. 一个非 0 值

4. 执行如下程序段：

```
#include<stdio.h>
FILE  *fp;
fp=fopen("book","w");
```

在磁盘上生成的文件的全名是（　　）。

A. book　　B. book.c　　C. book.dat　　D. book.txt

5. 文本文件中每一个字节存放一个（　　）。

A. ASCII 值　　B. 英文字母　　C. 浮点数　　D. 一个汉字

二、编程题

1. 有 5 个学生，每个学生有 3 门课的成绩，从键盘输入数据（包括学号、姓名、3 门课的成绩），计算出平均分，将原有的数据和计算出的平均分存放在磁盘文件 stud.txt 中。

2. 有两个磁盘文件 x.txt 和 y.txt，各存放一行字母，要求把这两个文件中的内容合并，输出到一个新文件 z.txt 中。

3. 完成以下关于文件的操作。

（1）将下面的文字内容，存放在计算机磁盘中的“天山.txt”里。

横亘于亚洲中部的天山山脉高大雄伟，势与天齐，把辽阔的新疆分为南疆和北疆，天山山脉东段的最高峰是博格达峰，博格达一词在蒙古语中是“神山”之意，主峰海拔 5445 米，在主峰周围分别排列着多座 5000 米以上终年积雪的山峰。

之于我，最初知道天山，是在打着手电偷看武侠小说的时候。遥想当年，傅青主率七剑下天山，刀光剑影，快意恩仇；练霓裳一柄剑，一骑绝尘，一夜白头独上天山；陈家洛出生入死，冒险攀崖只为天山雪莲……直到今天，相传由长春真人邱处机率弟子所建的铁瓦寺，还矗立在天山的天池边。

（2）用 fopen()函数打开磁盘中的“天山.txt”文件。

（3）用 fgetc()、fgets()和 fprintf()函数等不同的方式，读取“天山.txt”文件的内容并在显示器上输出。

AI 赋能：解锁未来

☛ AI 帮你做判断

（1）C 语言可以处理文本文件，也可以处理二进制文件。（　　）

（2）fopen("filename","r")方式打开的文件可进行修改。（　　）

文心一言判断结果如图 10-3、图 10-4 所示。

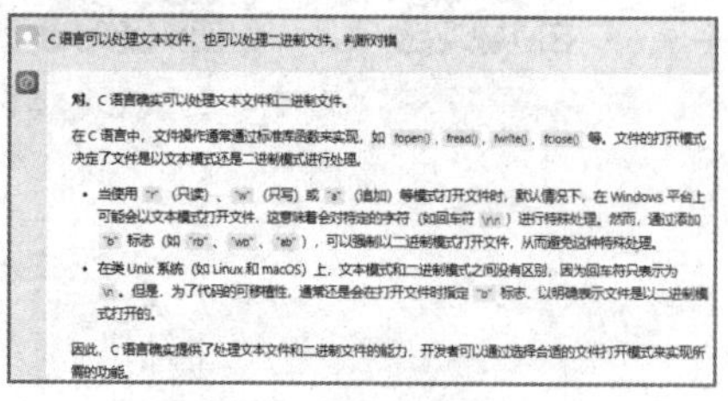

图 10-3　文心一言判断结果 1

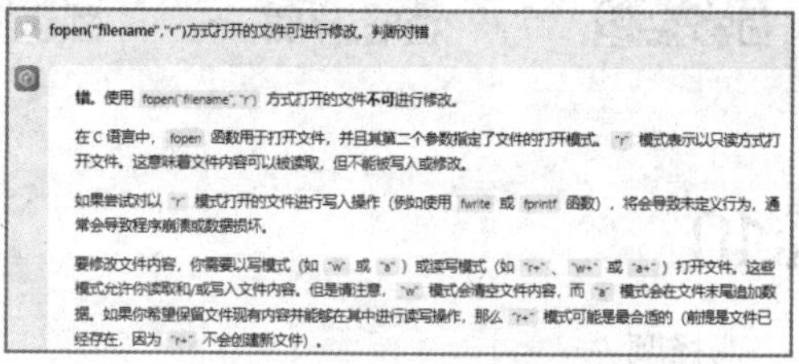

fopen("filename","r")方式打开的文件可进行修改，判断对错

错。使用 fopen("filename","r") 方式打开的文件不可进行修改。

在 C 语言中，fopen 函数用于打开文件，并且其第二个参数指定了文件的打开模式。"r" 模式表示以只读方式打开文件。这意味着文件内容可以被读取，但不能被写入或修改。

如果尝试对以 "r" 模式打开的文件进行写入操作（例如使用 fwrite 或 fprintf 函数），将会导致未定义行为，通常会导致程序崩溃或数据损坏。

要修改文件内容，你需要以写模式（如 "w" 或 "a"）或读写模式（如 "r+"、"w+" 或 "a+"）打开文件。这些模式允许你读取和/或写入文件内容。但是请注意，"w" 模式会清空文件内容，而 "a" 模式会在文件末尾追加数据。如果你希望保留文件现有内容并能够在其中进行读写操作，那么 "r+" 模式可能是最合适的（前提是文件已经存在，因为 "r+" 不会创建新文件）。

图 10-4　文心一言判断结果 2

请分析并思考判断结果。

☛ AI 助你启智成长

（1）用 AI 生成一首诗歌，提示词自行设计，内容不限，并保存为 poem.txt。

（2）按照 C89 标准设计一个 C 程序，读取 poem.txt 文件，并统计文件中字符个数（排除末尾空格和空行）。

附录1 ASCII表

二进制	十进制	字符/缩写	二进制	十进制	字符/缩写	二进制	十进制	字符/缩写
00000000	0	NUL	00101011	43	+	01010110	86	V
00000001	1	SOH	00101100	44	,	01010111	87	W
00000010	2	STX	00101101	45	-	01011000	88	X
00000011	3	ETX	00101110	46	.	01011001	89	Y
00000100	4	EOT	00101111	47	/	01011010	90	Z
00000101	5	ENQ	00110000	48	0	01011011	91	[
00000110	6	ACK	00110001	49	1	01011100	92	\
00000111	7	BEL	00110010	50	2	01011101	93	]
00001000	8	BS	00110011	51	3	01011110	94	^
00001001	9	HT	00110100	52	4	01011111	95	_
00001010	10	LF/NL	00110101	53	5	01100000	96	`
00001011	11	VT	00110110	54	6	01100001	97	a
00001100	12	FF/NP	00110111	55	7	01100010	98	b
00001101	13	CR	00111000	56	8	01100011	99	c
00001110	14	SO	00111001	57	9	01100100	100	d
00001111	15	SI	00111010	58	:	01100101	101	e
00010000	16	DLE	00111011	59	;	01100110	102	f
00010001	17	DC1	00111100	60	<	01100111	103	g
00010010	18	DC2	00111101	61	=	01101000	104	h
00010011	19	DC3	00111110	62	>	01101001	105	i
00010100	20	DC4	00111111	63	?	01101010	106	j
00010101	21	NAK	01000000	64	@	01101011	107	k
00010110	22	SYN	01000001	65	A	01101100	108	l
00010111	23	ETB	01000010	66	B	01101101	109	m
00011000	24	CAN	01000011	67	C	01101110	110	n
00011001	25	EM	01000100	68	D	01101111	111	o
00011010	26	SUB	01000101	69	E	01110000	112	p
00011011	27	ESC	01000110	70	F	01110001	113	q
00011100	28	FS	01000111	71	G	01110010	114	r
00011101	29	GS	01001000	72	H	01110011	115	s
00011110	30	RS	01001001	73	I	01110100	116	t
00011111	31	US	01001010	74	J	01110101	117	u
00100000	32	(Space)	01001011	75	K	01110110	118	v
00100001	33	!	01001100	76	L	01110111	119	w
00100010	34	"	01001101	77	M	01111000	120	x
00100011	35	#	01001110	78	N	01111001	121	y
00100100	36	$	01001111	79	O	01111010	122	z
00100101	37	%	01010000	80	P	01111011	123	{
00100110	38	&	01010001	81	Q	01111100	124	|
00100111	39	'	01010010	82	R	01111101	125	}
00101000	40	(	01010011	83	S	01111110	126	~
00101001	41	)	01010100	84	T	01111111	127	DEL
00101010	42	*	01010101	85	U			

附录2 C语言的关键字

序号	关键字	说明
1	auto	声明自动变量
2	short	声明短整型变量或函数
3	int	声明整型变量或函数
4	long	声明长整型变量或函数
5	float	声明单精度浮点型变量或函数
6	double	声明双精度浮点型变量或函数
7	char	声明字符型变量或函数
8	struct	声明结构体变量或函数
9	union	声明共用体类型
10	enum	声明枚举类型
11	typedef	用以给数据类型取别名
12	const	声明只读变量
13	unsigned	声明无符号类型变量或函数
14	signed	声明有符号类型变量或函数
15	extern	声明变量是在其他文件中声明
16	register	声明寄存器变量
17	static	声明静态变量
18	volatile	说明变量在程序执行中可被隐含地改变
19	void	声明函数无返回值或无参数，声明空类型指针
20	if	条件语句
21	else	条件语句否定分支（与 if 连用）
22	switch	用于开关语句
23	case	开关语句分支
24	for	一种循环语句
25	do	循环语句的循环体
26	while	循环语句的循环条件
27	goto	无条件跳转语句
28	continue	结束当前循环，开始下一轮循环
29	break	跳出当前循环
30	default	开关语句中的其他分支
31	sizeof	计算数据类型长度
32	return	返回语句（可以带参数，也可不带参数）

附录3　运算符的优先级和结合性

优先级	运算符	名称或含义	使用形式	结合方向	说明
1	[]	数组下标	数组名[常量表达式]	从左到右	
	()	圆括号	(表达式)		
			函数名(形参表)		
	.	成员选择（对象）	对象.成员名		
	->	成员选择（指针）	对象指针->成员名		
2	-	负号运算符	-表达式	从右到左	单目运算符
	(类型名)	强制类型转换	(类型名)表达式		
	++	自增运算符	++变量名		单目运算符
			变量名++		
	--	自减运算符	--变量名		单目运算符
			变量名--		
	*	取值运算符	*指针变量		单目运算符
	&	取地址运算符	&变量名		单目运算符
	!	逻辑非	!表达式		单目运算符
	~	按位取反运算符	~表达式		单目运算符
	sizeof	长度运算符	sizeof(表达式)		
3	/	除	表达式 / 表达式	从左到右	双目运算符
	*	乘	表达式*表达式		双目运算符
	%	取模（取余数）	整型表达式%整型表达式		双目运算符
4	+	加	表达式+表达式	从左到右	双目运算符
	-	减	表达式-表达式		双目运算符
5	<<	左移	变量<<表达式	从左到右	双目运算符
	>>	右移	变量>>表达式		双目运算符
6	>	大于	表达式>表达式	从左到右	双目运算符
	>=	大于等于	表达式>=表达式		双目运算符
	<	小于	表达式<表达式		双目运算符
	<=	小于等于	表达式<=表达式		双目运算符
7	==	等于	表达式==表达式	从左到右	双目运算符
	!=	不等于	表达式!= 表达式		双目运算符
8	&	按位与	表达式&表达式	从左到右	双目运算符
9	^	按位异或	表达式^表达式	从左到右	双目运算符
10	|	按位或	表达式|表达式	从左到右	双目运算符
11	&&	逻辑与	表达式&&表达式	从左到右	双目运算符
12	||	逻辑或	表达式||表达式	从左到右	双目运算符
13	?:	条件运算符	表达式1? 表达式2: 表达式3	从右到左	三目运算符
14	=	赋值	变量=表达式	从右到左	
	/=	除后赋值	变量/=表达式		
	*=	乘后赋值	变量*=表达式		
	%=	取模后赋值	变量%=表达式		
	+=	加后赋值	变量+=表达式		
	-=	减后赋值	变量-=表达式		
	<<=	左移后赋值	变量<<=表达式		
	>>=	右移后赋值	变量>>=表达式		
	&=	按位与后赋值	变量&=表达式		
	^=	按位异或后赋值	变量^=表达式		
	|=	按位或后赋值	变量|=表达式		
15	,	逗号运算符	表达式,表达式,…	从左到右	

附录 4 常用函数

1. 数学函数（使用时应包含头文件“math.h”）

函数声明	函数功能	返回值
double acos(double x);	计算 x 的反余弦值	计算结果
double asin(double x);	计算 x 的反正弦值	计算结果
double atan(double x);	计算 x 的反正切值	计算结果
double atan2(double x,double y);	计算 x/y 的反正切值	计算结果
double ceil(double x);	向上舍入	返回大于等于x的用双精度浮点数表示的最小整数
double cos(double x);	计算 x 的余弦值	计算结果
double cosh(double x);	计算 x 的双曲余弦值	计算结果
double exp(double x);	计算 e 的 x 次方的值	计算结果
double fabs(double x);	计算 x 的绝对值	计算结果
double floor(double x);	向下舍入	返回小于等于x的用双精度浮点数表示的最大整数
double fmod(double x,double y);	计算 x 对 y 的模，即 x/y 的余数	计算结果
double log(double x);	计算 x 的自然对数的值	计算结果
double log10(double x);	计算 x 的以 10 为底的对数的值	计算结果
double pow(double x,double y);	计算 x 的 y 次方的值	计算结果
double sin(double x);	计算 x 的正弦值	计算结果
double sinh(double x);	计算 x 的双曲正弦值	计算结果
double sqrt(double x);	计算 x 的平方根的值	计算结果
double tan(double x);	计算 x 的正切值	计算结果
double tanh(double x);	计算 x 的双曲正切值	计算结果

2. 输入/输出函数（使用时应包含头文件“stdio.h”）

函数声明	函数功能	返回值
int close(int handle);	关闭与 handle 相关联的文件	关闭成功返回 0；否则返回-1
int creat(char *path,int amode);	以 amode 指定的方式创建一个新文件或重写一个已经存在的文件	创建或重写成功时会返回非负整数；否则返回-1
int eof(int handle);	检查与 handle 相关的文件是否结束	若文件结束返回 1；否则返回 0。返回值为-1 表示出错
int fclose(FILE*stream);	关闭 stream 所指的文件并释放文件缓冲区	操作成功返回 0；否则返回 EOF(-1)
int feof(FILE*stream);	检测所给的文件是否结束	若检测到文件结束，返回非 0 值；否则返回为 0
int ferror(FILE *stream);	检测 stream 所指向的文件是否有错	若有错返回一个非 0 值（通常为 1）；否则返回 0
int fflush(FILE *stream);	把 stream 所指向的所有数据和控制信息存盘	若成功返回 0；否则返回非 0
int fgetc(FILE *stream);	从 stream 所指向的文件中读取下一个字符	操作成功返回所得到的字符；当文件结束或出错时返回 EOF
char *fgets(char *s,int n, FILE *stream);	从 stream 中读取 n-1 个字符，或遇到换行符为止，并把读取的内容存入 s 中	操作成功返回指向字符串 s 的指针，即 s 的首地址；出错或遇到文件结束符时返回 NULL
FILE *fopen(char *filename, char *mode);	以 mode 指定的方式打开以 filename 为文件名的文件	操作成功返回被打开文件的指针；出错时返回 NULL
int fprintf(FILE*stream, char *format[,argument]);	照原样输出格式字符串 format 的内容到 stream 中，每遇到一个%，就按规定的格式依次输出一个 argument 的值到 stream 中	操作成功返回所写字符的个数；出错时返回 EOF
int fputc(int c,FILE *stream);	写一个字符到 stream 中	操作成功返回所写的字符；操作失败返回 EOF

续表

函数声明	函数功能	返回值
int fputs(char *s,FILE *stream);	把 s 所指的以“\0”为结束标志的字符串输出到 stream 中，不加换行符，不复制字符串结束标志	若成功，返回一个非负整数（通常是 0 或正数）；出错时返回 EOF
int fread(void *ptr,int size, int n, FILE*stream);	从所给的 stream 中读取 n 项数据，每一项数据的长度是 size 字节，放到 ptr 所指的缓冲区中	操作成功返回所读取的数据项数（不是字节数）；遇到文件结束或出错时返回 0
FILE*freopen(char filename, char*mode,FILE*stream);	用 filename 所指定的文件代替与打开的 stream 相关联的文件	操作成功返回 stream；出错时返回 NULL
int fscanf(FILE*stream,char* format,address,…);	从指定的 stream 中按照给定的格式字符串 format 读取数据，并将读取的数据存储到后续参数所指定的内存地址中	成功匹配并赋值时，返回成功匹配且赋值的输入项数量，例如，若格式字符串里有 3 个格式说明符，并且这 3 个输入项都成功匹配并赋值给对应的参数，那么 fscanf()就会返回 3。遇到文件结束符时，若在尝试匹配任何输入项之前就遇到文件结束符（EOF），fscanf 会返回 EOF；匹配过程中出错时，返回值会小于格式字符串中格式说明符的数量。例如，格式字符串中有 3 个格式说明符，但只成功匹配并赋值了 1 个，此时 fscanf()返回 1
int fseek(FILE*stream,long offset, int whence);	设置与 stream 相联系的文件指针到新的位置，新位置与 whence 给定的文件位置的距离为 offset 个字节	调用 fseek()函数之后，文件指针指向一个新的位置，成功地移动指针时返回 0；出错或失败时返回非 0 值
int fwrite(void*ptr,int size,int n, FILE*stream);	把指针 ptr 所指的 n 个数据项输出到 stream 中，每个数据项的长度是 size 个字节	操作成功返回确切写入的数据项的个数（不是字节数）；遇到文件结束或出错时返回 0
int getc(FILE*stream);	返回指定 stream 中一个字符的宏，它移动 stream 文件的指针，使之指向下一个字符	操作成功返回所读取的字符；遇到文件结束或出错时返回 EOF
int getchar();	从标准输入流读取一个字符	操作成功返回输入流中的一个字符；当成功从标准输入读取到 1 个字符，getchar()会返回该字符所对应的 int 类型的 ASCII 值；如果在读取过程中遇到文件结束符（在 Windows 系统中，按 Ctrl+Z 组合键），getchar()会返回 EOF；若读取过程中出现错误，getchar()同样会返回 EOF
char*gets(char*s);	从输入流中读取一个字符串，以换行符结束，送入 s 中，并在 s 中用“\0”代替换行符	操作成功时返回指向字符串的指针；出错或遇到文件结束时返回 NULL
int getw(FILE*stream);	从 stream 中读取一个整数，不应用于当 stream 以文本方式打开的情况	操作成功时返回 stream 中的一个整数；遇到文件结束或出错时返回 EOF
int kbhit( );	检查当前按的键	若按的键有效，返回非 0 值；否则返回 0 值
long lseek(int handle,long offset, int fromwhere);	把与 handle 相联系的文件指针从 fromwhere 所指的文件位置移动到偏移量为 offset 的新位置	返回从文件开始位置算起到指针新位置的偏移量字节数；发生错误返回-1L
int open(char*path,int mode);	根据 mode 的值打开由 path 指定的文件	调用成功返回文件句柄，为非负整数；出错时返回-1
int printf(char*format[,argu,…]);	照原样复制 format 中的内容到标准输出设备，每遇到一个%，就按规定的格式，依次输出一个表达式 argu 的值到标准输出设备上	操作成功返回输出的字符值；出错返回 EOF
int putc(int c,FILE*stream);	将字符 c 输出到 stream 中	操作成功返回输出字符的值；否则返回 EOF
int putchar(int ch);	向标准输出设备输出字符 ch	操作成功返回字符的值；出错时返回 EOF
int puts(char*s);	输出以“\0”为结束标志的字符串 s 到标准输出设备上，并加上换行符	返回最后输出的字符；出错时返回 EOF
int putw(int w,FILE*stream);	输出整数 w 的值到 stream 中	操作成功返回整数的值；出错时返回 EOF
int read(int handle,void*buf, unsigned len);	从与 handle 相联系的文件中读取 len 个字节到由 buf 所指的缓冲区中	操作成功返回实际读取的字节数，到文件的末尾返回 0；失败时返回-1
int remove(char*filename);	删除由 filename 所指定的文件，若文件已经打开，则先要关闭该文件再进行删除	操作成功返回 0 值；否则返回-1

续表

函数声明	函数功能	返回值
int rename(char*oldname,char* newname);	将 oldname 所指定的旧文件名改为由 newname 所指定的新文件名	操作成功返回 0 值；否则返回-1
void rewind(FILE*stream);	把文件的指针重新定位到文件的开头位置	无
int scanf(char*format,address,…);	从标准输入流（通常是键盘）按照指定的格式字符串 format 读取数据，并将读取到的数据存储到后续参数所指向的内存地址中	操作成功返回扫描、转换和存储的输入的字段的个数；遇到文件结束，返回值为 EOF
int sprintf(char*buffer,char* format,[argu,…]);	按照格式控制字符串 format 的规定，将后续可变参数列表（argu, ...）进行格式化处理，然后将结果字符串存储到 buffer 所指向的字符数组中	操作成功返回输出的字节数；出错返回 EOF
int sscanf(char*buffer,char* format,address,…);	扫描输入字段，从 buffer 所指的字符串中每读入一个字段，就依次从由 format 所指的格式串中取一个从%开始的格式进行格式化，然后存入对应的地址 address 中	操作成功返回被扫描、转换和存储的输入字段的个数；遇到文件结束则返回 EOF
int write(int handle,void*buf, unsigned len);	从 buf 所指的缓冲区中将 len 个字节的内容写入 handle 所指的文件中	返回实际所写的字节数；如果出错返回-1

3. 字符函数（使用时应包含头文件“ctype.h”）

函数声明	函数功能	返回值
int isalnum(int ch)	检查 ch 是否为字母或数字	是，返回 1；否则返回 0
int isalpha(int ch)	检查 ch 是否为字母	是，返回 1；否则返回 0
int iscntrl(int ch)	检查 ch 是否为控制字符	是，返回 1；否则返回 0
int isdigit(int ch)	检查 ch 是否为数字	是，返回 1；否则返回 0
int isgraph(int ch)	检查 ch 是否为 ASCII 值为 ox21～ox7e 的可打印字符（即不包含空格符）	是，返回 1；否则返回 0
int islower(int ch)	检查 ch 是否为小写字母	是，返回 1；否则返回 0
int isprint(int ch)	检查 ch 是否为包含空格符在内的可打印字符	是，返回 1；否则返回 0
int ispunct(int ch)	检查 ch 是否为除了空格、字母、数字之外的可打印字符	是，返回 1；否则返回 0
int isspace(int ch)	检查 ch 是否为空格符、制表符或换行符	是，返回 1；否则返回 0
int isupper(int ch)	检查 ch 是否为大写字母	是，返回 1；否则返回 0
int isxdigit(int ch)	检查 ch 是否为十六进制数	是，返回 1；否则返回 0
int tolower(int ch)	把 ch 对应的字母转换成小写字母	返回对应的小写字母
int toupper(int ch)	把 ch 对应的字母转换成大写字母	返回对应的大写字母

4. 字符串函数（使用时应包含头文件“string.h”）

函数声明	函数功能	返回值
char *strcat(char *s1,char *s2)	将字符串 s2 连接到字符串 s1 的末尾	s1 所指地址
char *strchr(char *s,int ch)	在 s 所指字符串中，找出第一次出现字符 ch 的位置	返回找到的字符的地址；找不到返回 NULL
int strcmp(char *s1,char *s2)	按 ASCII 顺序对两个以空字符结尾的字符串 s1 和 s2 进行比较。	s1<s2，返回负数；s1==s2，返回 0；s1>s2，返回正数
char *strcpy(char *s1,char *s2)	把 s2 指向的字符串复制到 s1 指向的空间	s1 所指地址
unsigned strlen(char *s)	求字符串 s 的长度	返回字符串中字符的（不计最后的'\0'）个数
char *strstr(char *s1,char *s2)	在 s1 所指字符串中，找出字符串 s2 第一次出现的位置	返回找到的字符串的地址，找不到返回 NULL

5. 时间函数（使用时应包含头文件“time.h”）

函数声明	函数功能	返回值
char*astime(struct tm*tblock);	转换日期和时间为 ASCII 字符串	返回指向字符串的指针
char*ctime(time_t*time);	把日期和时间转换为对应的字符串	返回指向包含日期和时间的字符串的指针
double difftime(time_t time2, time_t time1);	计算两个时刻之间的时间差	返回两个时刻的秒差值
struct tm*gmtime(time_t*time);	把日期和时间转换为格林尼治标准时（Greenwich Mean Time，GMT）	返回指向 tm 结构体的指针
time_t time(time_t*time);	获取系统当前时间	返回系统的当前日历时间；若系统无时间，返回-1

6. 动态分配函数和随机函数（使用时应包含头文件“stdlib.h”）

函数声明	函数功能	返回值
void *calloc(unsigned n,unsigned size)	分配 n 个数据项的内存空间，每个数据项的大小为 size 个字节	分配内存单元的起始地址；如不成功，返回 0
void *free(void *p)	释放 p 所指的内存区	无
void *malloc(unsigned size)	分配 size 个字节的内存空间	分配内存空间的地址；如不成功，返回 0
void *realloc(void *p,unsigned size)	把 p 所指内存区的大小改为 size 个字节	新分配内存空间的地址；如不成功，返回 0
int rand(void)	产生 0～32767 的随机整数	返回一个随机整数
void exit(int state)	程序终止执行，返回调用过程，state 为 0 则正常终止，不为 0 则非正常终止	无

参考文献

[1] 苏小红,叶麟,张羽,等.程序设计基础（C 语言）（慕课版）[M].北京:人民邮电出版社,2023.

[2] 邹启明.程序设计基础（C 语言）[M].北京:电子工业出版社,2020.

[3] 许东平.C 语言从入门到精通[M].北京:北京时代华文书局,2023.

[4] 李含光,郑关胜,潘锦基,等.C 语言程序设计教程[M].3 版.北京:清华大学出版社，2022.

[5] 苏小红,张羽,袁永峰,等.程序设计基础实验和学习指导（C 语言）（微课版）[M].北京:人民邮电出版社,2023.

[6] 高洪皓.程序设计基础（C 语言）实践教程 [M].2 版. 北京:电子工业出版社,2021.

[7] 布拉德利・琼斯,彼得・艾特肯，迪安・米勒,等.21 天学通 C 语言[M].姜佑,译.7 版. 北京:人民邮电出版社,2021.

[8] 王雪梅.C 语言程序设计基础（微课视频版）[M].北京:清华大学出版社,2020.